Diseño de moda

Patronaje

LAS BASES

Editora : Eva Domingo

Primera edición : 2012
Segunda edición : 2017

Publicado originalmente en francés por Éditions Eyrolles con el título :
Le modélisme de mode (vol. 1) - Coupe à plat: les bases, de Teresa Gilewska.

c/ Impresores, 20
P. E. Prado del Espino
28660 Boadilla del Monte, Madrid
Tel. : 91 559 98 32
E-mail : info@editorialeldrac.com
www.editorialeldrac.com

Diseño de cubierta : José María Alcoceba
Traducción : Ana María Aznar
Revisión técnica : Esperanza González

ISBN : 978-84-9874-238-1
Depósito legal : M-33.184-2016
Impreso en Artes Gráficas COFÁS
Impreso en España – *Printed in Spain*

Teresa Gilewska

Diseño de moda

Patronaje

LAS BASES

Sumario

Introducción

Este libro es el resultado de casi treinta años de reflexión sobre los primeros pasos de una aprendiz de modista. Ya fuera a mis numerosos alumnos de Polonia, Francia o China, o a aquellas personas que, sin pretender hacer de ello su profesión, deseaban poder confeccionar su propio vestuario, siempre he querido hacerles entender que la concepción de una prenda de vestir no es fruto de la casualidad. Lo mismo que el cuerpo humano, la ropa que lo viste responde a unas reglas de arquitectura precisas que todos, hasta el más grande de los creadores, deben seguir.

Lejos de encorsetar, esas reglas de construcción son de aplicación sencilla siempre que se comprendan y se sigan sus etapas. He visto con demasiada frecuencia a diseñadores trabajar con bloques (patrones de base de la talla 38 o 40 que les sirven como base de trabajo), sin que por ello ahorraran tiempo o llegaran a entender el recorrido estructural de la prenda que iban a realizar. No rechazo esos métodos, pero insisto en que ¡es mejor tener el bloque en la cabeza que la cabeza en el bloque!

Esa es la razón por la que en este libro no se encuentra el patrón "listo para copiar y cortar", sino unas indicaciones elementales que permiten realizar y comprender la construcción detallada del vestido, falda, blusa, chaqueta, etc. De este modo, se podrán hacer todas las bases con facilidad y lógica.

Conviene no quemar etapas, porque comprender es progresar y progresar es obtener mejores resultados. Para satisfacer la creatividad de cada uno, he agrupado por capítulos los elementos de detalle, como escotes, cuellos, mangas, bolsillos... para que cada cual pueda adaptar y personalizar a su antojo un modelo, una vez realizada la base de la prenda.

He querido que este libro fuera, más que un método, una herramienta de aprendizaje de la lógica de las prendas de vestir, un modo de descifrar su estructura y su organización.

Teresa Gilewska

Generalidades

Este libro permite aprender fácilmente las bases necesarias para dibujar un patrón y montarlo en plano.

La técnica de realización de los patrones se explica en detalle y en su totalidad. Los modelos presentados se acompañan de numerosos diagramas descriptivos con los que aprender y, sobre todo, comprender la estructura de la prenda que se va a confeccionar.

El método desarrollado en este libro está al alcance de todos, ya se trate de profesionales o de aficionados.

Pero antes de entrar en el tema en sí, es decir, en la construcción de patrones y en la descripción paso a paso de los modelos, hay que abordar unas generalidades: medidas corporales, tallas y representación en plano.

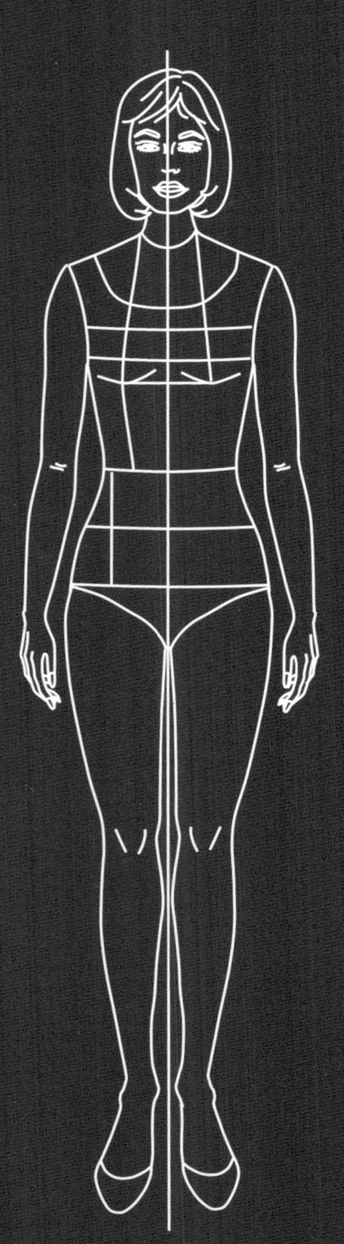
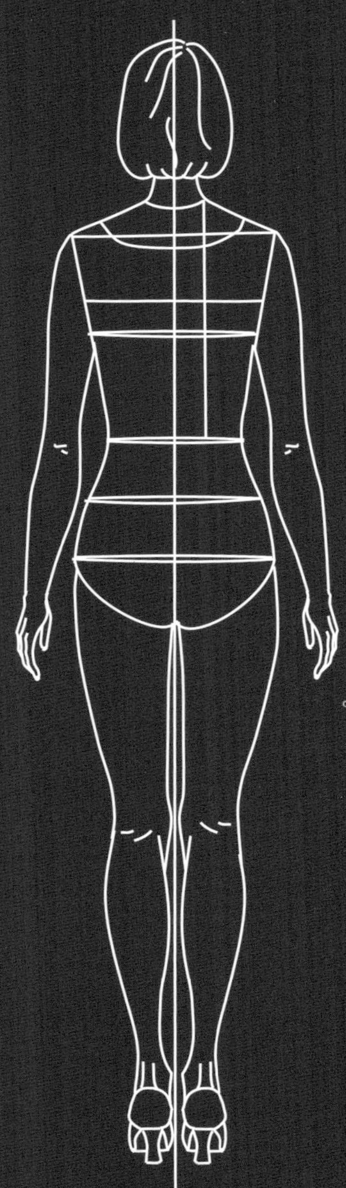

Medidas del cuerpo

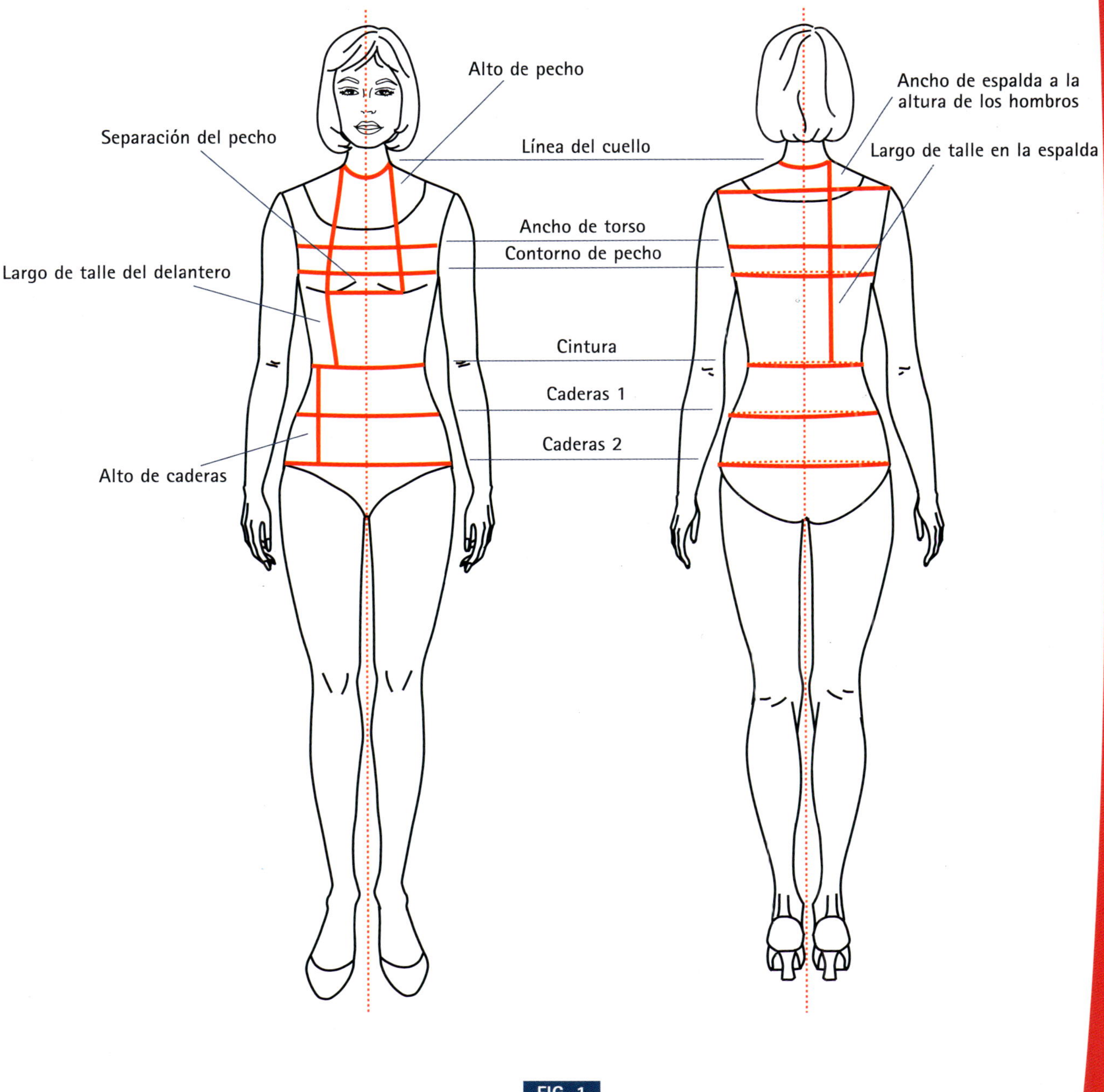

Alto de pecho

Separación del pecho

Línea del cuello

Ancho de espalda a la altura de los hombros

Largo de talle en la espalda

Ancho de torso

Contorno de pecho

Largo de talle del delantero

Cintura

Caderas 1

Caderas 2

Alto de caderas

FIG. 1

Cualquiera que sea el modelo elegido o la talla deseada, conviene hacer primero un patrón base sobre el que luego se efectuarán las modificaciones que se deseen. Antes de empezar a hacer el patrón, es importante tomar las medidas adecuadamente.

En primer lugar hay que marcar la cintura con una cinta (ligeramente apretada), en el hueco que se forma arriba del hueso de la pelvis.

Esa línea de cintura servirá también de referencia para tomar las medidas de los largos.

No hay que añadir holgura a las medidas, luego se aumentarán en el patrón-base a la hora de transformarlo.

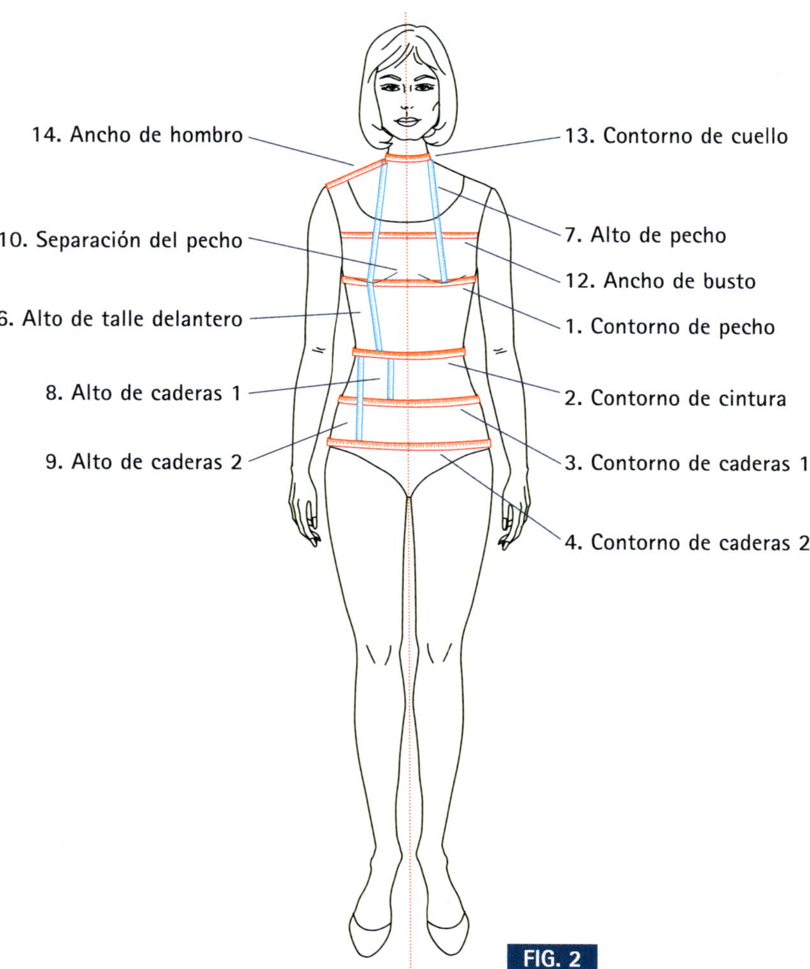

FIG. 2

1. Contorno de pecho: colocar el metro sobre la parte más prominente del pecho (los "salientes"), ver página 12.

2. Contorno de cintura: medirlo sobre la cinta.

3. Contorno de caderas 1: a unos 10 cm de la cintura, hacia abajo.

4. Contorno de caderas 2: a unos 20 cm de la cintura, hacia abajo.

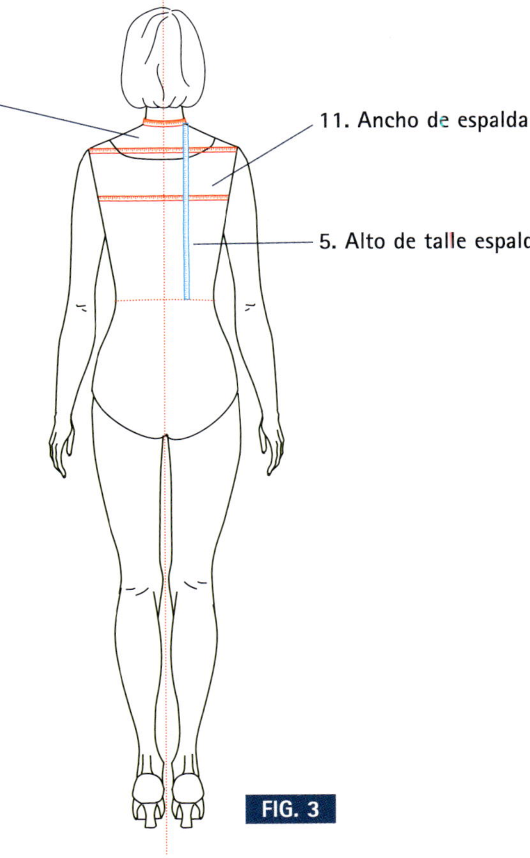

FIG. 3

5. Alto de talle espalda: desde el hombro, en la base del cuello, hasta la cintura.

6. Alto de talle delantero: desde el hombro, en la base del cuello, hasta la cintura, pasando sobre la parte más prominente del pecho.

7. Alto de pecho: desde el hombro, en la base del cuello, hasta el saliente del pecho.

8. Alto de caderas 1: a 10 cm de la cintura, hacia abajo.

9. Alto de caderas 2: a 20 cm de la cintura, hacia abajo.

10. Separación del pecho: de un saliente a otro.

11. Ancho de espalda: de un brazo a otro, en la unión de la articulación de los brazos.

12. Ancho de busto: de un brazo a otro, en la unión de la articulación de los brazos.

13. Contorno de cuello: en la base del cuello.

14. Ancho de hombro: desde el cuello hasta la corona de la manga.

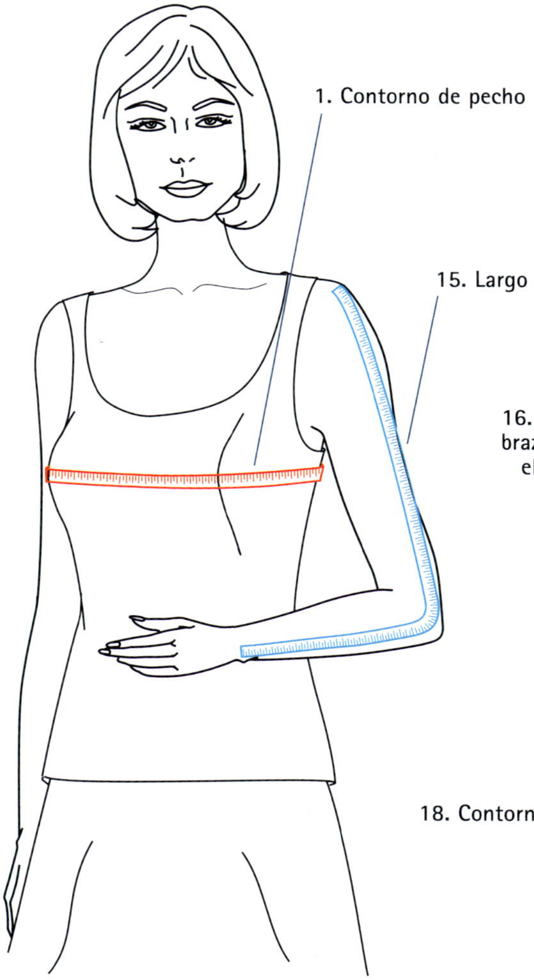

1. Contorno de pecho

15. Largo de brazo

FIG. 4

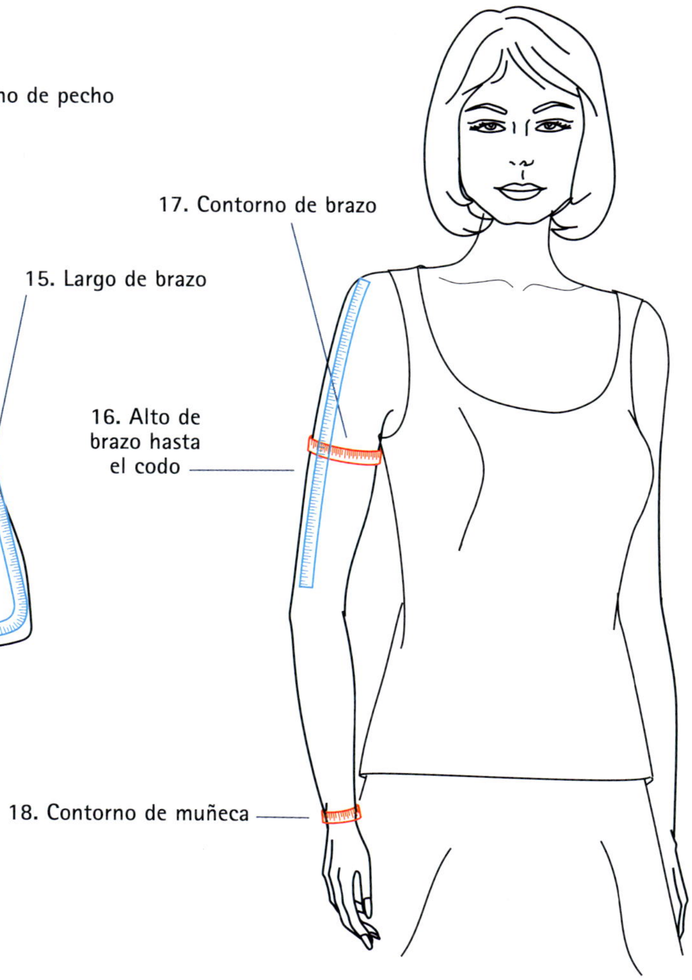

17. Contorno de brazo

16. Alto de brazo hasta el codo

18. Contorno de muñeca

FIG. 5

15. Largo de brazo.

16. Alto de brazo hasta el codo.

17. Contorno de brazo: en la parte más gruesa del brazo.

18. Contorno de muñeca.

19. Ancho de espalda a la altura de los hombros. Entre los extremos de los hombros, a la altura del saliente de los huesos, (ver página 11).

Tallas

En un principio, el baremo de las tallas (o cuadro de medidas) de Francia se elabora a partir de una media obtenida a partir de las medidas corporales de entre 1.000 y 10.000 mujeres, tomadas por el IFTH (Instituto francés del textil y del vestir).

Tomando como referencia esas tallas estándar se establecen los patrones de base.

Sin embargo, este cuadro no es único, ya que para responder a las necesidades y a la demanda de los clientes, ciertos fabricantes de confección especializados en un tipo de prendas de vestir crean para su propio uso o por necesidad unas tallas intermedias o unos cuadros de medidas adaptadas.

Asimismo, el baremo de las tallas varía para ciertas medidas muy discutidas por los profesionales. Por ejemplo, la medida del alto de talle de la espalda se toma a partir del cuello, ya sea en el centro o en el hombro, lo que arroja dos valores distintos debido a la curva de la espalda entre los omoplatos.

No existe, por tanto, un único baremo de tallas; pero cada cuadro está indicado para un uso específico y se aplica siguiendo unos métodos de construcción del patrón base que le son propios.

La campaña de medición efectuada en 2003-2004 reveló unas modificaciones importantes en las medidas corporales, respecto a la medición realizada en torno a 1950.

El baremo de las tallas corresponde a una estatura de 168 a 172 cm.

Tallas anglosajonas	XS	S	M	L	XL				
Tallas internacionales		1	2	3	4				
Tallas francesas	**34**	**36**	**38**	**40**	**42**	**44**	**46**	**48**	**Progresión**
1. Contorno de pecho	80	84	88	92	96	100	104	108	4
2. Contorno de cintura	58	62	66	70	74	78	82	86	4
3. Contorno de caderas 1	73	77	81	85	89	93	97	101	4
4. Contorno de caderas 2	84	88	92	96	100	104	108	112	4
5. Alto de talle espalda	41,25	41,5	41,75	42	42,25	42,5	42,75	43	0,25
6. Alto de talle delantero	44,2	44,8	45,4	46	46,6	47,2	47,8	48,4	0,6
7. Alto de pecho	25,5	26	26,5	27	27,5	28	28,5	29	0,5
8. Alto de caderas 1	8,8	9	9,2	9,4	9,6	9,8	10	10,2	0,2
9. Alto de caderas 2	19,25	19,5	19,75	20	20,25	20,5	20,75	21	0,25
10. Separación del pecho	18,5	19	19,5	20	20,5	21	21,5	22	0,5
11. Ancho de espalda	34,5	35	35,5	36	36,5	37	37,5	38	0,5
12. Ancho de busto	33	33,5	34	34,5	35	35,5	36	36,5	0,5
13. Contorno de cuello	35	36	37	38	39	40	41	42	1
14. Ancho de hombro	13,4	13,6	13,8	14	14,2	14,4	14,6	14,8	0,2
15. Largo de brazo	59	59	59	60	60	60	60	60	-
16. Alto de brazo hasta el codo	35	35	35	35	35	35	35	35	-
17. Contorno de brazo	26	27	28	29	30	31	32	33	1
18. Contorno de muñeca	15,25	15,5	15,75	16	16,25	16,5	16,75	17	0,25

Representación en plano

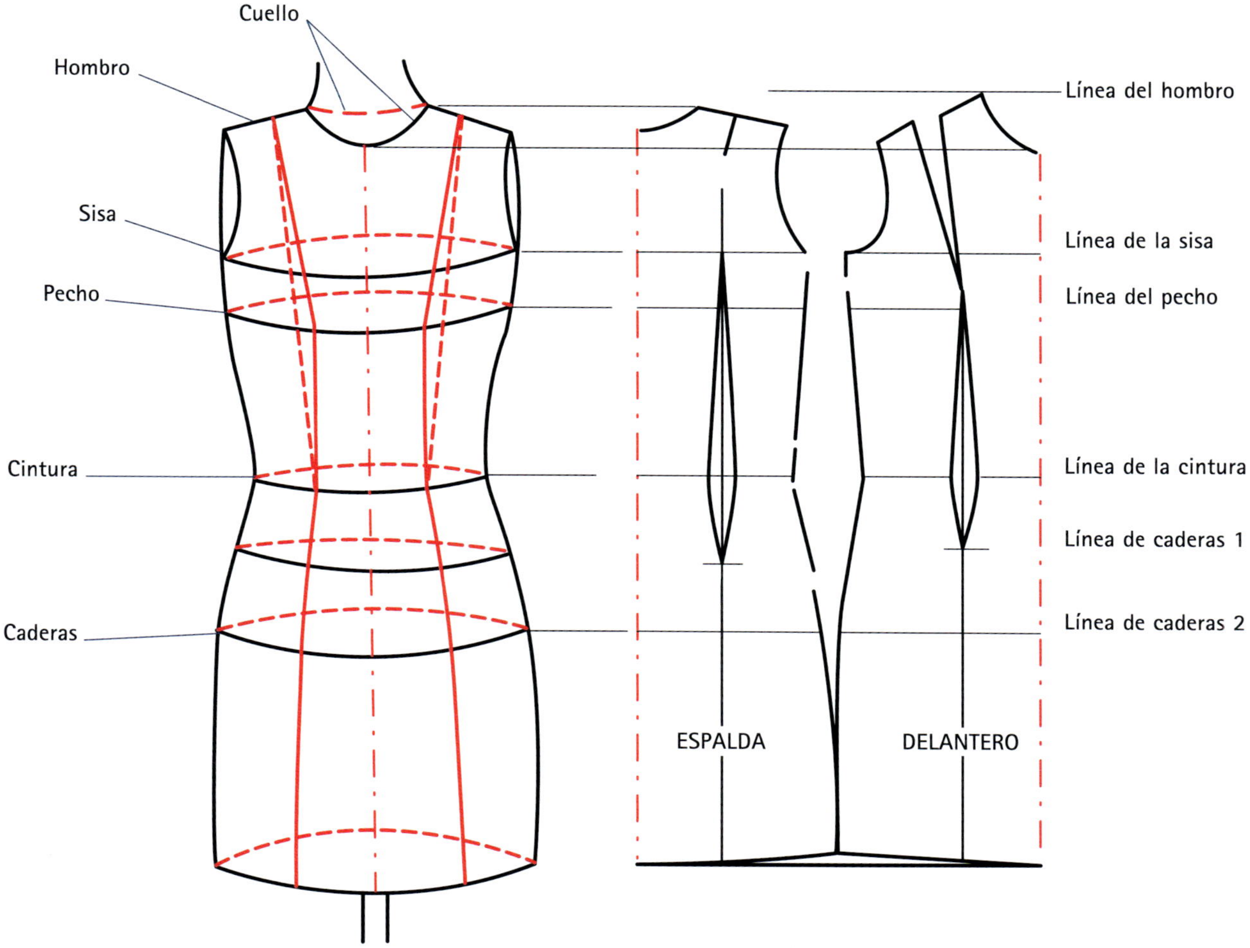

Cuello
Hombro
Sisa
Pecho
Cintura
Caderas

Línea del hombro
Línea de la sisa
Línea del pecho
Línea de la cintura
Línea de caderas 1
Línea de caderas 2

ESPALDA
DELANTERO

Construcción de un patrón base

FIG. 6

Patrón base

El patrón base es el desarrollo, sobre una superficie plana, de las formas del cuerpo, de las proporciones y la colocación de las pinzas según las medidas dadas.

La buena adaptación del modelo al cuerpo (sin formar arrugas ni entorpecer los movimientos) depende de la perfección del patrón base.

Los caprichos de la moda no constituyen un problema para construir un patrón, la verdadera dificultad reside en adaptar bien la prenda al cuerpo. La técnica o el método que se aplica en la construcción de un patrón no se aprende solamente con la práctica. Para su dominio, hay que entender lo que se está haciendo y memorizar bien el proceso de elaboración.

En la práctica, hay tres maneras de realizar la construcción de un patrón:
1. El patrón del *"prêt-à-porter"*: su construcción se basa en las medidas estándar.
2. El patrón "a la medida": su construcción se realiza basándose en las medidas tomadas a la persona a quien está destinada la prenda.
3. El patrón de "alta costura": su construcción se realiza ajustando una toile sobre el maniquí del cuerpo de la "cliente". Ese maniquí se suele hacer mediante un molde de escayola del cuerpo, que luego se traslada a plástico.

Nociones indispensables

El cuerpo humano está en permanente movimiento, por eso, para construir el patrón base y confeccionar una prenda cómoda, hay que conocer los puntos fijos y las líneas estables durante los movimientos.

En general, el largo del delantero es mayor que el de la espalda (debido al volumen del pecho). En las tallas pequeñas, la diferencia es de 2-3 cm de media, mientras que en la T-44, es de 4 cm y más. Esa diferencia la absorbe el volumen del pecho. Pero si se empieza por dibujar las líneas horizontales de construcción basándose en el largo del delantero, se obtendrá una espalda muy larga que no se podrá reducir con pinzas. Por eso, la construcción del patrón del cuerpo debe empezarse siempre por la línea del centro de la espalda (línea vertical) y la línea de la cintura (línea horizontal).

¡Cuidado!
No confundir la línea de sisa con la línea de busto. En general, el alto de pecho se sitúa por debajo de la sisa. Esta diferencia se acentúa en las tallas grandes o en el caso de un pecho voluminoso.

Cuerpos

Entre todos los métodos que permiten realizar el patrón de un cuerpo o busto, la técnica que aquí se presenta está especialmente adaptada a los principiantes.

Es muy importante poder entender la estructura de base del cuerpo y visualizar correctamente las etapas, porque de esos conocimientos depende el éxito final y la confección del modelo deseado.

En este libro, la construcción del patrón base se establece sin holgura, es decir, sin la amplitud que se prevé para que la prenda resulte cómoda; el ensanchamiento, que depende del modelo, se ajustará sobre el patrón base terminado, antes de las transformaciones.

No se incluyen tampoco los márgenes de costura porque el patrón base es un soporte de trabajo para elaborar la transformación del modelo deseado; las costuras se añaden luego al patrón terminado.

Por último, esta construcción se establece para la mitad de la espalda (media espalda) y la mitad del delantero (medio delantero), con el fin de simplificar la construcción y obtener un patrón entero perfectamente idéntico en los dos lados, ya que las otras dos mitades se obtienen por simple simetría.

Construcción del patrón base

Cualquiera que sea el modelo elegido, lo primero es dibujar el patrón base del cuerpo, con las medidas de la persona a quien vaya destinada la prenda. Tomaremos el ejemplo siguiente:
Alto de espalda = 44 cm, alto del delantero = 46 cm, contorno de pecho = 92 cm.
Los patrones de la espalda y del delantero se hacen por separado.
Se empieza por dibujar el patrón de la media espalda y luego el patrón del medio delantero.

1. Marco de la espalda

Primero se construye un marco: dibujar el centro de la espalda (la línea vertical de la izquierda, que aquí tiene un alto de 44 cm), luego las líneas horizontales de la cintura (abajo) y del hombro (arriba).
Medio ancho de espalda = contorno de pecho dividido por 4 menos 1 cm, es decir (92 : 4) – 1 = 22 cm.
Cerrar el marco de la espalda con la línea del costado (línea vertical de la derecha).

2. Marco del delantero

Construir el marco del delantero siguiendo el mismo principio (fig. 7), prolongando la línea de cintura; luego dibujar el centro del delantero (línea vertical de la derecha, cuyo alto es aquí de 46 cm).
Medio ancho del delantero = contorno de pecho dividido por 4 más 1 cm, es decir (92 : 4) + 1 cm = 24 cm.

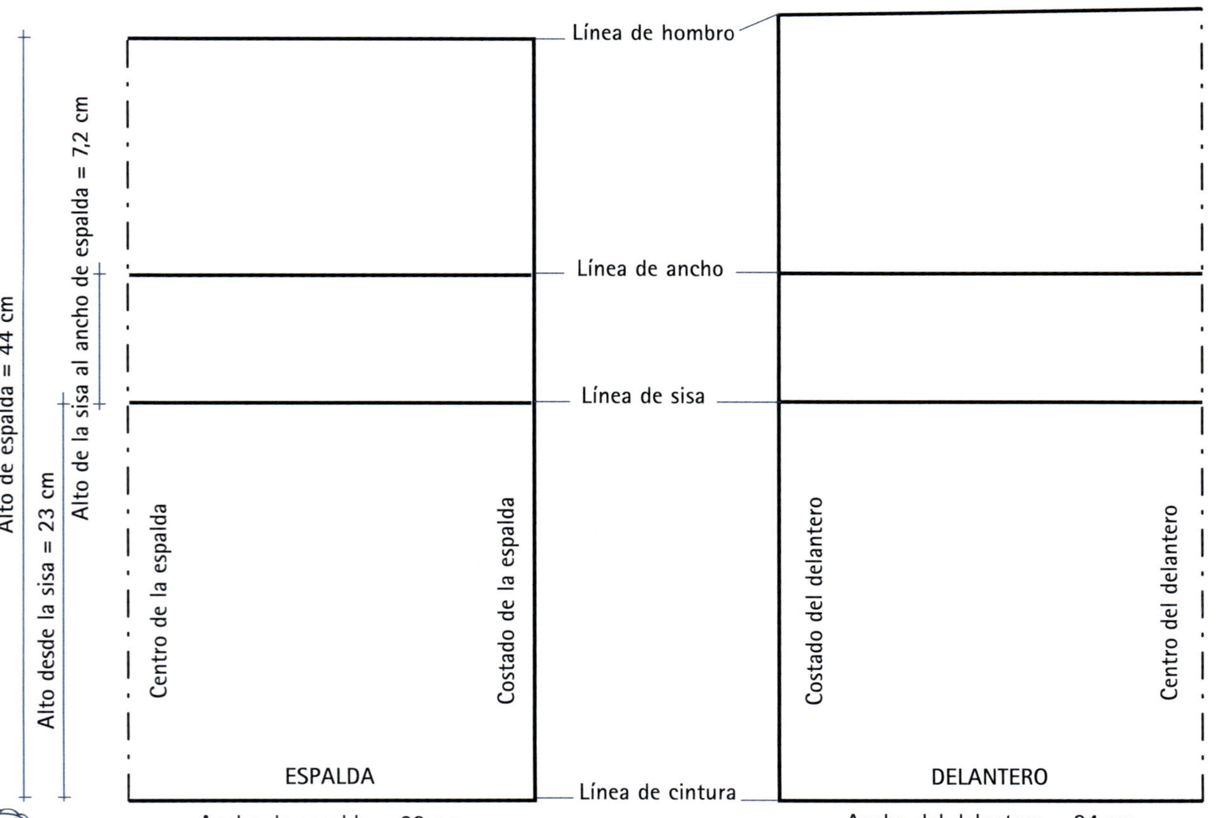

FIG. 7

3. Escote de la espalda

Para determinar la curva del escote perfectamente ajustada al cuello, dividir el contorno de cuello por 16 para obtener la profundidad del escote, y dividir el contorno de cuello por 6 para obtener el ancho del escote.
Ejemplo: contorno de cuello = 38 cm.
Profundidad del escote = 38 : 16 = 2,38 cm.
Ancho del escote = 38 : 6 = 6,3 cm.
Sobre la bisectriz profundidad del escote / ancho del escote, trasladar 1,5 cm.
Dibujar luego la curva del escote con la regla de curvas (fig. 8).

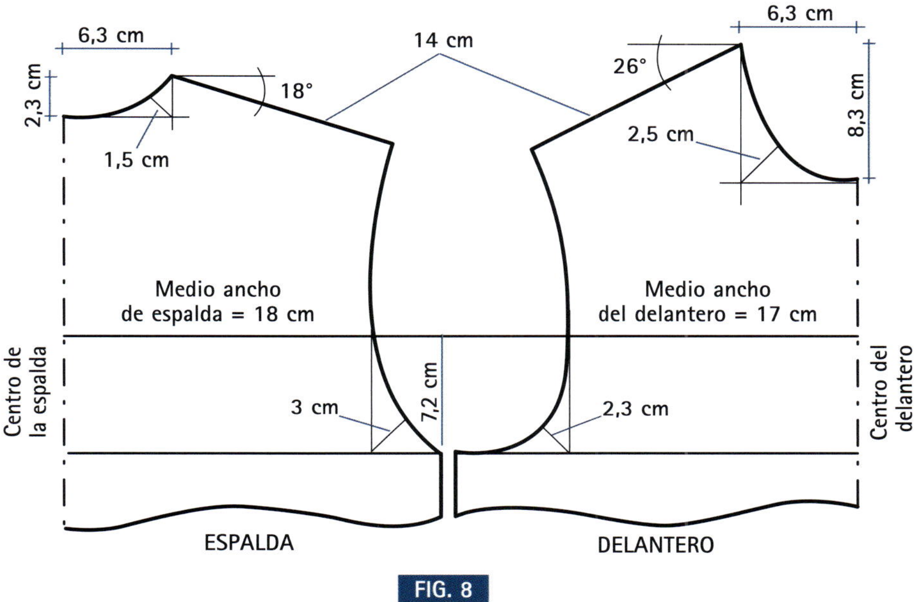

FIG. 8

4. Escote del delantero

Ancho del escote del delantero = ancho del escote de la espalda.
Para calcular la profundidad del escote del delantero, dividir el contorno de cuello por 6 y añadir 2 cm.
Ejemplo: contorno de cuello = 38 cm.
Profundidad del escote = (38 : 6) + 2 = 8,3 cm.
Sobre la bisectriz profundidad del escote / ancho del escote, trasladar 2,5 cm.
Dibujar luego la curva del escote con la regla de curvas (fig. 8).

5. Hombro

En la línea del hombro, medir con transportador un ángulo de 18° para la espalda y de 26° para el delantero, luego, sobre las líneas obtenidas, trasladar el ancho de hombro (fig. 8; ejemplo: ancho de hombro = 14 cm).

6. Sisa

Para determinar el alto de la sisa, dividir el alto de espalda por 2 y añadir 1 cm (fig. 7).
Alto de sisa = (44 : 2) + 1 cm = 23 cm.
Dibujar la línea de la sisa a 23 cm por encima de la línea de cintura en el marco de la espalda y en el del delantero.

7. Línea de ancho

Aún falta un dato para dibujar la curva entera de la sisa: el alto hasta la línea de ancho.

Alto hasta la línea de ancho = [(alto de espalda – alto hasta la sisa – profundidad del escote en la espalda) : 3] + 1 cm, es decir [(44 – 23 – 2,38) : 3] + 1 = 7,2 cm.
Situar la línea de ancho de espalda a 7,2 cm por arriba de la línea de sisa (fig. 7).

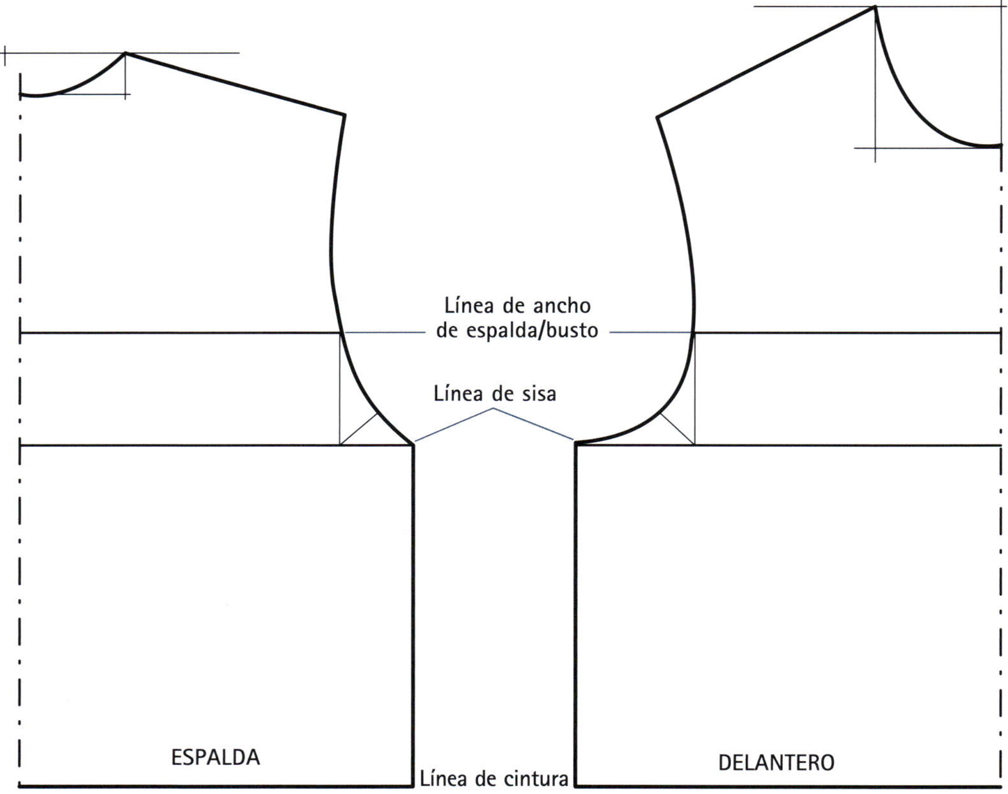

FIG. 9

Sobre las bisectrices de la línea de sisa/alto hasta la línea de ancho, trasladar 3 cm para la espalda y 2,3 cm para el delantero. Terminar el patrón dibujando las curvas de sisa con la regla de curvas (fig. 8 y fig. 9).

Nota: como se construye el patrón sobre doblez (media espalda y medio delantero), las medidas de la fig. 8 corresponden a la mitad de los anchos. Ejemplo: ancho de espalda = 36 cm, medio ancho de la espalda = 36 : 2 = 18 cm.
Ancho del delantero = 34 cm, medio ancho del delantero = 34 : 2 = 17 cm.

Construcción de las pinzas en el patrón base

A veces hay que añadir distintas pinzas al patrón base.

1. Pinza básica o pinza de "tirante"

Para calcular la pinza de tirante, trasladar primero (al patrón del medio delantero) las medidas indispensables: el alto y la media separación del pecho.
Ejemplo: alto de pecho = 27 cm, media separación del pecho = 19 : 2 = 9,5 cm.

A continuación, dibujar el primer brazo de la pinza básica, partiendo del centro de la línea de hombro hasta el saliente; luego, dibujar el segundo brazo de la pinza separándolo del primero en una distancia equivalente al valor de la pinza.
Valor de la pinza = 1/20 del contorno de pecho.
Ejemplo: contorno de pecho = 92 cm, valor de la pinza = 92 : 20 = 4,6 cm.

El segundo brazo de la pinza debe tener la misma longitud que el primero. Para ajustar la línea de hombro (una vez cerrada la pinza), la segunda parte de la línea de hombro se dibuja formando un ángulo de 72° con el segundo brazo de la pinza.

Añadir el valor absorbido por la pinza (medida añadida, fig. 10) y dibujar la curva de la sisa (como se explicó anteriormente).

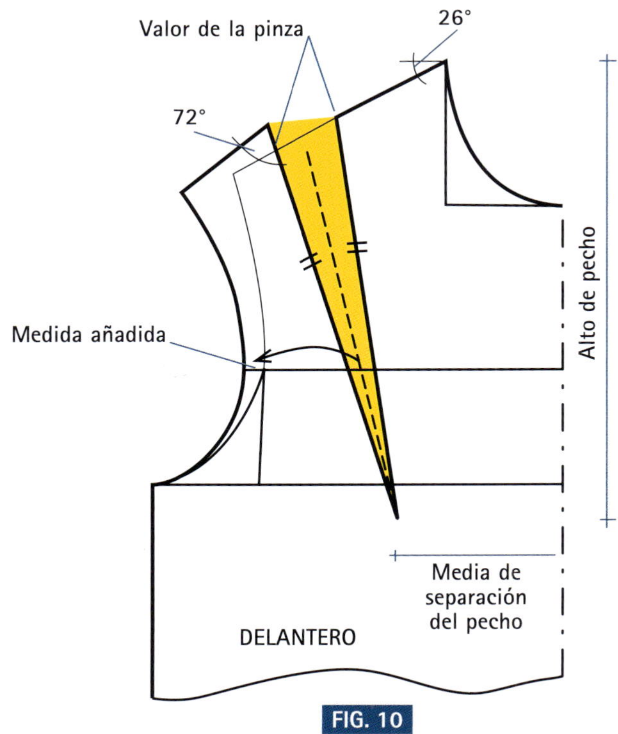

FIG. 10

2. Pinzas de la cintura

La diferencia entre el contorno de pecho y el contorno de la cintura indica el valor que hay que absorber con las pinzas. Ese valor se reparte entre las 7 pinzas básicas (fig. 11):

– 2 pinzas de delantero en vertical, determinadas por la medida de separación del pecho; su valor no suele superar los 3 cm.
– 2 pinzas de espalda (el eje se encuentra al ¼ del ancho de espalda); su valor no suele superar los 3 cm.
– 2 pinzas de costado; la ½ de su valor no supera los 4 cm.
– 1 pinza en el centro de la espalda; la ½ de su valor suele ser de 1 a 2 cm.

Si se atribuye un valor excesivo a las pinzas, la prenda puede quedar deformada.

Ejemplo de cálculo para equilibrar los valores de las pinzas para un contorno de pecho = 92 cm y un contorno de cintura = 68 cm:
– Contorno de pecho – contorno de cintura = 92 – 68 = 24 cm.
– 24 : 2 = 12 = valor que se debe absorber en medio patrón.
– 12 – 1 (½ del valor de la pinza del centro de la espalda) = 11 cm.
– 11 : 4 = 2,75 cm para cada pinza de media, que se puede repartir en 2,5 cm para las pinzas de la espalda y el delantero y 3 cm (½ del valor) para las pinzas de los costados.
Comprobación: 1 cm (½ del valor de la pinza del centro de la espalda) + 2,5 cm (pinza de la espalda) + 2,5 cm (pinza del delantero) + 2 x 3 cm (½ del valor de las pinzas de los costados) = 12 cm, es decir, el valor que había que absorber.
La altura de las pinzas de la espalda no suele sobrepasar la línea de ancho. En el delantero puede llegar hasta la forma del pecho, respetando un aplastamiento de 2 cm en el saliente.

Los distintos repartos de los valores de las pinzas dependen de la morfología de la persona que vaya a llevar la prenda. Si la diferencia entre el contorno de pecho y el contorno de cintura es muy grande, se puede reabsorber el valor aplicando varias pinzas.

3. Pinza de hombro de la espalda

La pinza de hombro de la espalda se sitúa en medio de la línea de hombro, formando con ella un ángulo de 90° (fig. 11).
Valor de la pinza = + o – 1 cm, largo de la pinza = + o – 7 cm.
Hay que observar que esta pinza de hombro no suele utilizarse en tallas pequeñas; en cambio sí es necesaria en tallas grandes para dar forma a la parte alta del busto. Cuando se utilizan tejidos gruesos (chaquetas y abrigos sobre todo), esta pinza permite absorber el volumen del tejido a pesar de su escasa flexibilidad; si se utilizan telas ligeras o elásticas, esta pinza carece de utilidad.

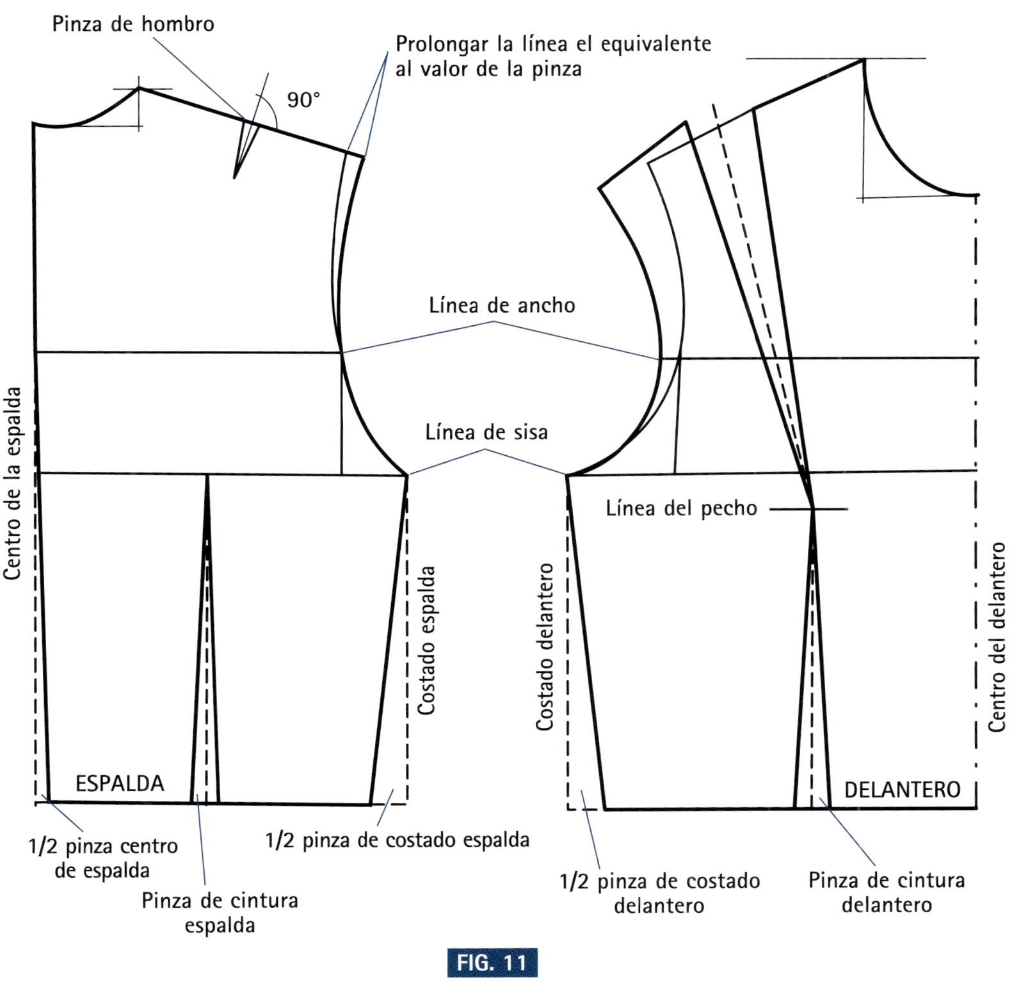

FIG. 11

La construcción del patrón base queda así terminada.

Esta técnica permite obtener fácilmente y con precisión una sólida base de trabajo sobre la que realizar la construcción de patrones, una vez hechas las transformaciones y la adaptación de las medidas tomadas a la persona.

Traslado de pinzas

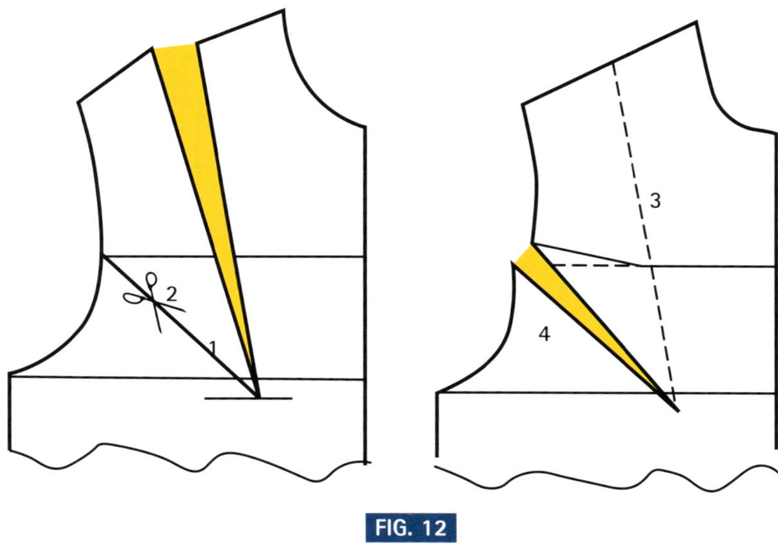

FIG. 12

En general, si se necesita una pinza en el delantero de un cuerpo, se trabaja primero sobre un patrón con la pinza básica (de tirante), que se desplaza luego con el corte en función del modelo deseado. Es una técnica rápida y fácil que permite mantener los valores exactos de la pinza.

1. Dibujar la línea de la pinza en su nuevo emplazamiento.
2. Cortar, como se indica en el diagrama (fig. 12).
3. Cerrar la pinza de tirante (desplazando el trozo cortado).
4. Dibujar la nueva pinza.

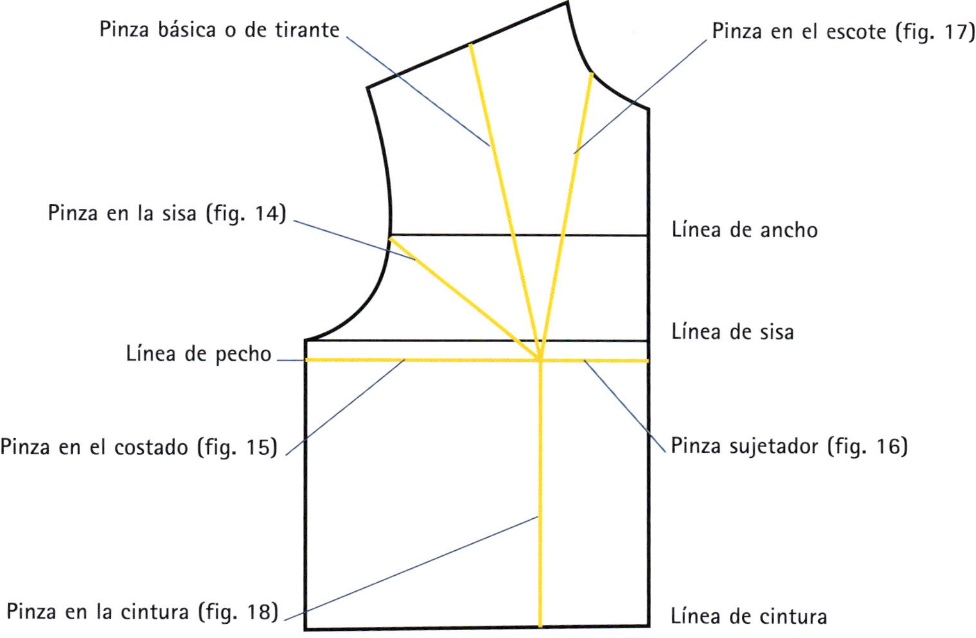

Ubicación de las pinzas del cuerpo

FIG. 13

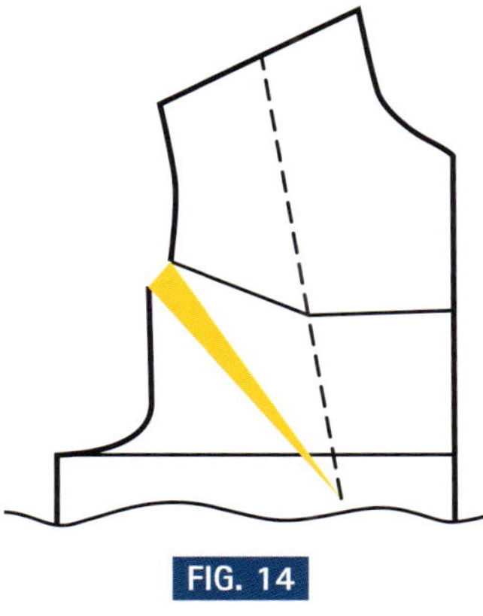

FIG. 14

Pinza en la sisa

En general, esta pinza no se dibuja por debajo de la línea de ancho porque la curva de la sisa está al bies y tiende a dar de sí, pudiendo deformar la línea inicial.

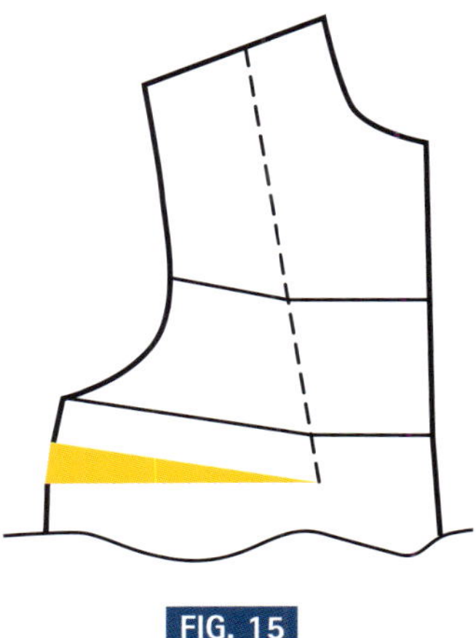

FIG. 15

Pinza en el costado

Se emplea con mucha frecuencia y se sitúa a unos 4 cm por debajo de la línea de sisa.

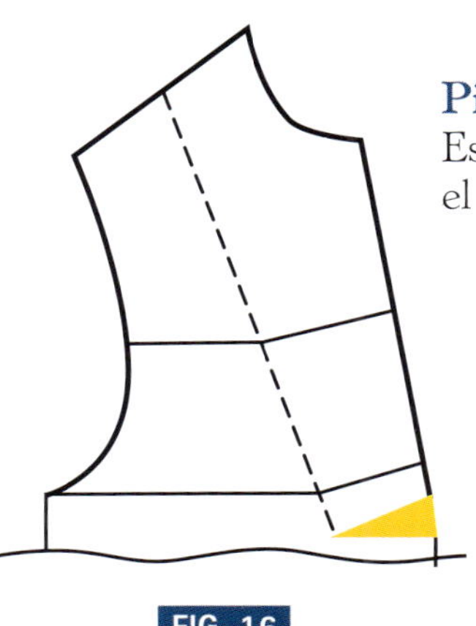

FIG. 16

Pinza sujetador

Esta pinza en el pecho se utiliza en el pliegue entre los pechos (pliegue Dior).

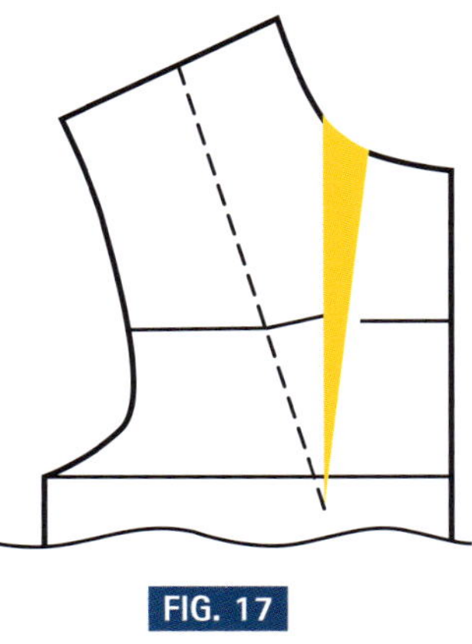

FIG. 17

Pinza en el escote

Esta pinza puede quedar oculta con la vuelta de un cuello o repartirse en frunces alrededor del escote. Se sitúa en el centro del escote para agrandar la línea del escote al bies, lo que facilita el fruncido y produce un efecto más bonito.

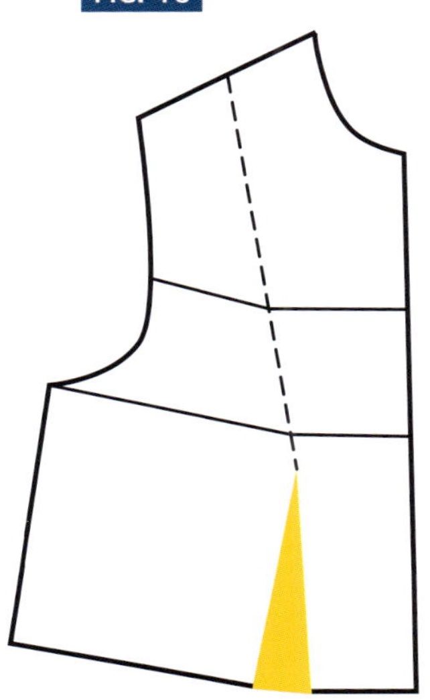

FIG. 18

Pinza en la cintura

Esta pinza se utiliza para entallar la cintura. Cuando el valor de la pinza es importante, hay que emplear varias pinzas. La multiplicación de las pinzas logra, además, un efecto de estilo.

Cuerpo básico en tejido de punto

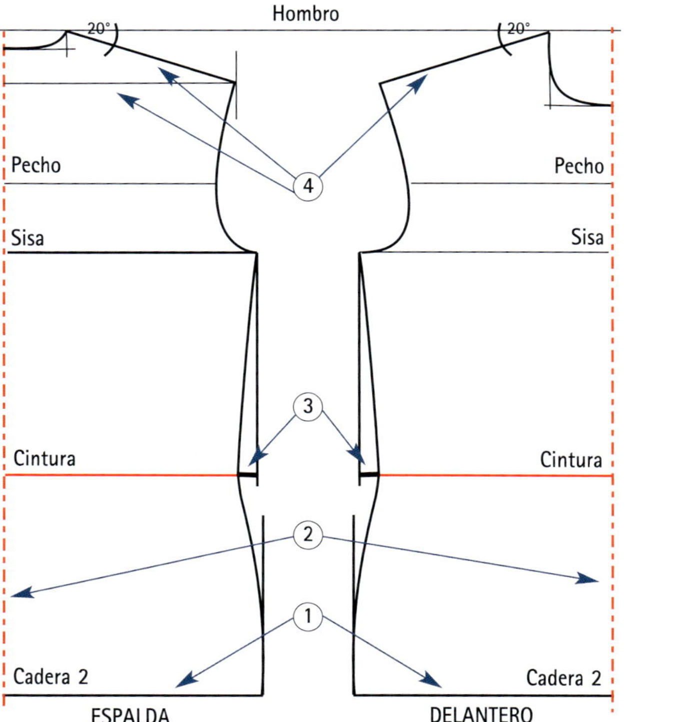

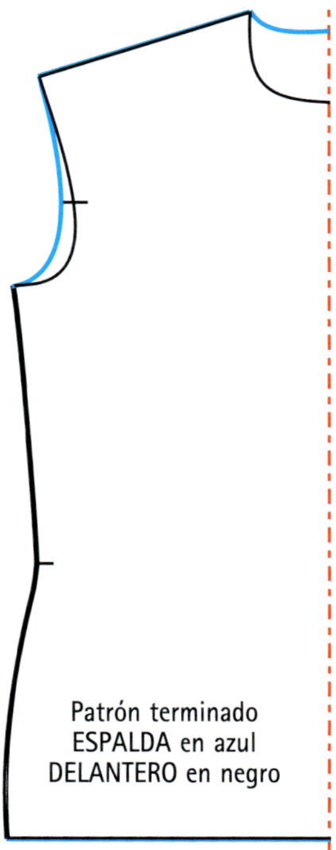

Para calcular el patrón base de un cuerpo cortado en un tejido de punto, se deben aplicar ciertas modificaciones en el dibujo del cuerpo básico explicado en las páginas 18 a 20. Ahora bien, las líneas de sisa y de ancho de cuerpo así como el dibujo de las formas del cuello y de la sisa siguen siendo iguales a las del cuerpo básico.

1. Los anchos de espalda y de delantero deben ser iguales. Por ejemplo, contorno de cadera 2 = 96 cm, 96 : 4 = 24 cm para la mitad del delantero. Mismo cálculo para el contorno de pecho. Por ejemplo, contorno de pecho = 92 cm, 92 : 4 = 23 cm para la mitad de la espalda y para la mitad del delantero.

2. Los altos de espalda y de delantero también deben ser iguales. El valor se obtiene haciendo la media de las dos medidas. Por ejemplo, alto de espalda = 41 cm, alto de delantero = 43 cm, 41 + 43 = 84 cm, 84 : 2 = 42 cm.

3. Establecer la pinza en la línea de costado. Su valor es de 2 a 3 cm.

4. Dibujar la línea de hombro para la espalda y el delantero sobre una misma inclinación de 20°. Aplicar la medida del ancho de hombro y del ancho de espalda correspondiente a la mitad de la distancia entre los extremos de los hombros. Trasladar ese mismo ancho de hombro al delantero.

En general, en los patrones destinados a cortar prendas de punto o de otro tejido con un alto índice de elasticidad, no se aplican ensanchamientos u holguras.

Índice de elasticidad de un tejido

Otro método de obtener el patrón base de una prenda cortada en tejido extensible consiste en aplicar el índice de elasticidad del tejido al patrón base.

Dibujar el patrón base del cuerpo según las medidas dadas (ver páginas 18 a 20) y reducir luego esas medidas multiplicándolas por un coeficiente que se calcula dividiendo el índice de elasticidad del tejido por 2 (el porcentaje de elasticidad del tejido se indica, generalmente, en la etiqueta), y restando luego de 100 el resultado y por último dividiendo el total por 100. Ejemplo : índice de elasticidad = 22 %, 22 : 2 = 11 %. Coeficiente = 100 – 11 = 89 % = 0,89. En el patrón base del cuerpo construido sin pinzas de base (de tirante y de talle), dibujar las líneas de referencia (en azul) uniendo el punto central situado en la línea de cintura en cada "punta" del patrón. Cada línea se debe medir luego y multiplicar por 0,89. Marcar las medidas obtenidas por unos puntos en las líneas de referencia (puntos rojos en la figura). Unir luego todos los puntos para obtener el patrón modificado. Cuidado, la línea de centro del delantero no cambia de posición.

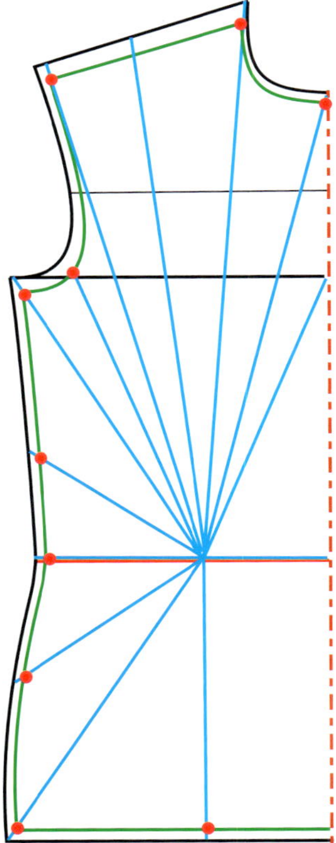

Ensanchamiento básico

Ensanchar consiste en aumentar las medidas tomadas sobre el cuerpo para dar mayor amplitud a la prenda. Varía según el estilo de la prenda, la holgura que se desee o la comodidad que se quiera para dicha prenda. Dos son los los métodos habituales de ensanchar :

1. Añadir el ensanchamiento a las medidas tomadas sobre el cuerpo o sobre las medidas estándar.

La construcción de los patrones dibujados de este modo (según las medidas modificadas) no es del todo exacta, sobre todo en la altura de la sisa y del ancho de cuerpo, en el valor de las pinzas o en el contorno de cuello. Para aplicar este método se necesita cierta experiencia en patronaje.

2. Añadir el ensanchamiento en el dibujo del patrón base realizado según las medidas dadas.

Aplicando este método, el patrón base es más exacto porque las medidas de ensanchamiento quedan indicadas (en azul en la figura) y el patrón base (en negro) se puede utilizar varias veces para los distintos ensanchamientos aplicados según el modelo realizado. Este método es el que se aconseja para principiantes.

Los valores aquí propuestos corresponden a un ensanchamiento básico para una prenda clásica y precisan aplicar correcciones al patrón base después de una prueba. Son mínimas.

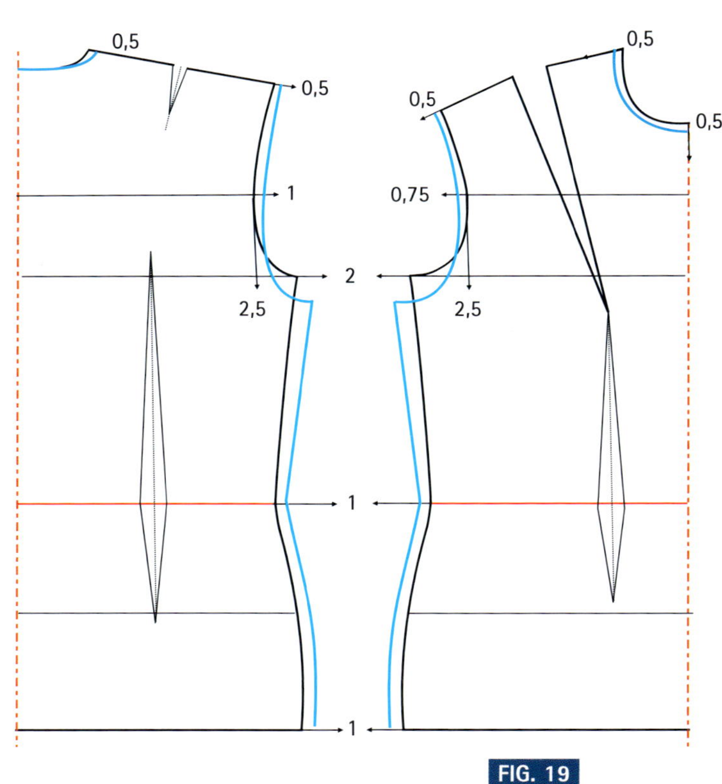

FIG. 19

Ensanchar un hombro

Para las prendas con hombreras, hay que subir y prolongar la línea del hombro. Por ejemplo, para una hombrera de 1 cm de grosor, subir y prolongar la línea del hombro también 1 cm.

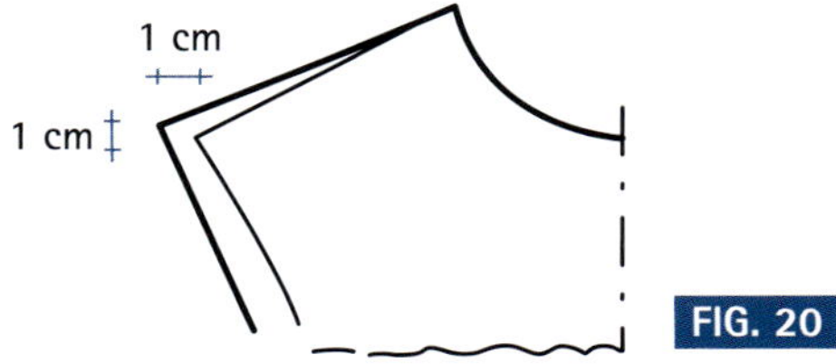

FIG. 20

Muescas

Una muesca es un pequeño corte de 3 a 5 mm, hecho en el borde de un tejido. Para los patrones se utilizan dos clases de muescas.

– Las muescas de referencia permiten indicar (durante el montaje) el lugar de una pieza en la prenda; por ejemplo, permiten reconocer la parte delantera o trasera de una manga (fig. 21). Por eso, si la manga no lleva forma en el codo, las muescas son muy importantes.

– Las muescas de montaje sirven para casar dos piezas (durante el montaje), manteniendo las partes cortadas bien situadas respecto a la vertical y a la horizontal, lo que permite conservar el equilibrio y caída de la prenda. Por ejemplo, en un corte "princesa" es necesario situar las muescas en las líneas de cintura y de pecho de las dos partes del delantero (fig. 22).

Las muescas se deben situar en el patrón terminado del modelo, luego se respetan y mantienen al cortar la tela con el fin de que sigan ofreciendo las indicaciones necesarias para que la costurera monte la prenda.

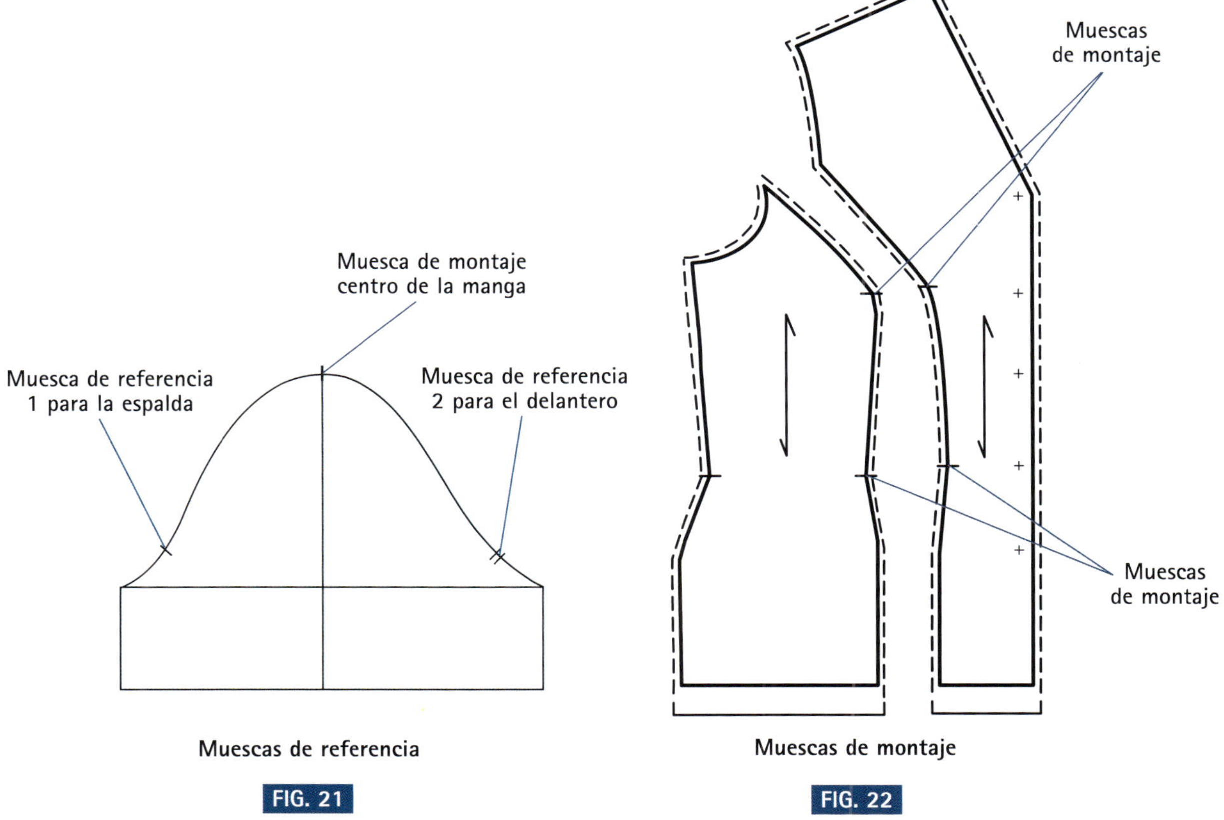

Muescas de referencia

FIG. 21

Muescas de montaje

FIG. 22

¡Cuidado! Montar una prenda a ojo, sin muescas o sin casar las muescas, puede deformar y desestabilizar su construcción.

Zonas planas

Una zona plana designa los alrededores de una costura cortados al bies para evitar que queden puntas en la costura una vez montada.

La construcción del patrón de un modelo requiere a veces que se conserve una zona plana donde haya que ajustar la prenda al cuerpo, para lograr así un mejor efecto visual. Por ejemplo, en el corte "princesa", borra la punta que provocarían las pinzas de cintura y de sisa y permite moldear bien el pecho.

Por lo general, esa pequeña superficie plana depende del volumen más o menos importante del pecho; se obtiene acortando el largo de las pinzas unos 2 cm alrededor del saliente (fig. 24).

Margen de embebido

El margen de embebido es una medida suplementaria que se añade arriba de la corona de la manga (fig. 23). Depende del modelo de la manga y del estilo de la prenda. Se hace más por mejorar el efecto visual que por lograr mayor comodidad.

La sisa del busto sirve de soporte a la manga. En general, la costura de montaje se "tumba" hacia la manga y, si se añade además un "redondeado" natural al brazo, se puede comprobar (al probar la prenda) que la corona de la manga requiere un poco más de altura que la que lleva la construcción de una manga según el contorno y la profundidad de la sisa.

Estos son algunos ejemplos de margen de embebido que suelen añadirse a una manga: camisa recta: 0,5 a 1 cm; blusa con pinzas: 1 a 2 cm; chaqueta con hombreras; 2 a 4 cm.

¡Cuidado! En este libro la construcción de la manga básica no incluye margen de embebido.

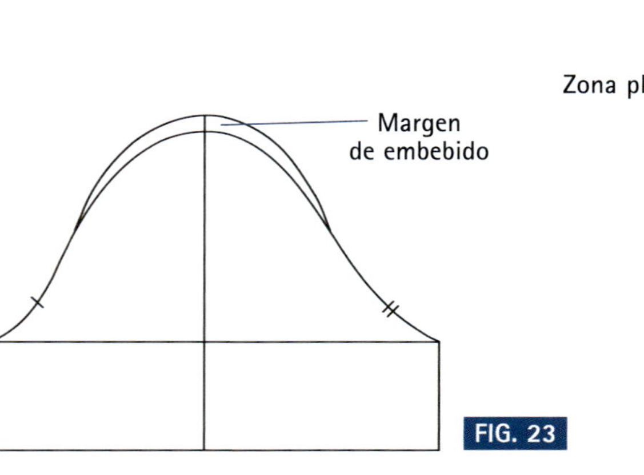

FIG. 23

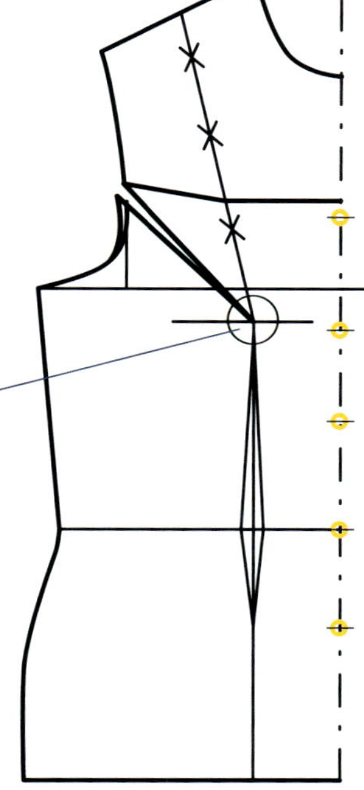

FIG. 24

Vista para un cuello cerrado

Cuando el delantero se cierra con botonadura, hay que añadir un cruce a la derecha de la línea del centro delantero. El ancho del cruce depende del modelo o del diámetro de los botones. Pero es, en general, de 2 cm.

Añadir luego, a la derecha del cruce, una vista para que el interior quede limpio. En general, su ancho es 1 a 2 cm mayor que el ancho del cruce.

Para la forma de arriba de la vista, calcar luego el escote y trasladarlo invertido a partir del doblez (la línea entre el cruce y la vista).

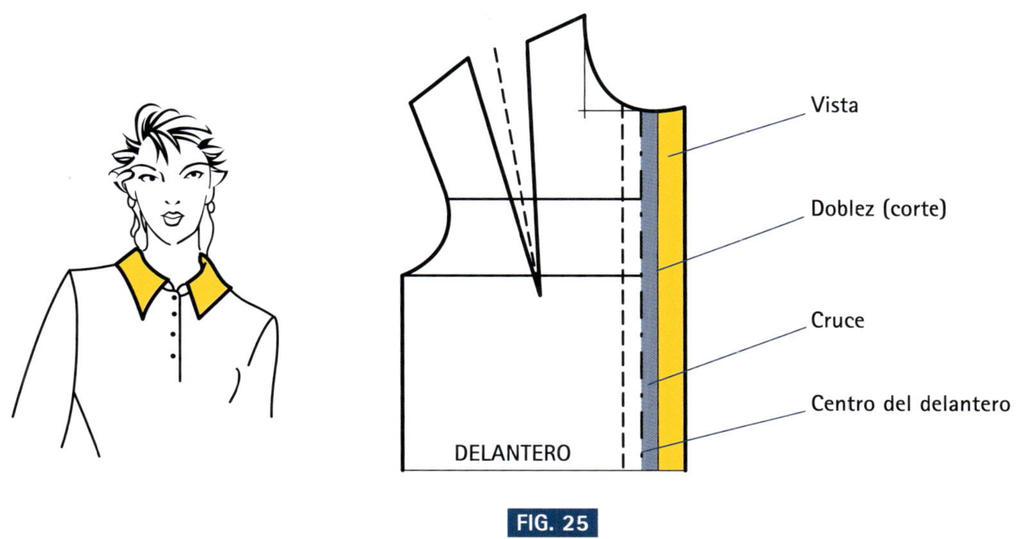

FIG. 25

Vista para un cuello abierto

La vista del cuello abierto sirve de vuelta y su forma se dibuja sobre el cuerpo básico partiendo de la línea del hombro. Tiene, al menos, 4 cm de ancho. Calcar su forma y trasladarla invertida a partir del doblez.

El valor de cruce varía según el modelo de la prenda, con un mínimo de 2 cm.

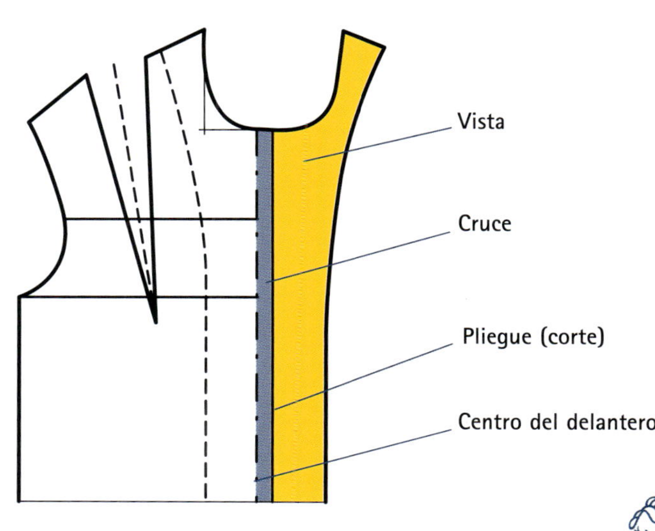

FIG. 26

Escotes

El escote de una prenda ofrece la posibilidad de personalizar el modelo. Hay muchas formas distintas de escotes. El delantero puede ser o no abierto, con cuello o sin él, y el escote aportará todo su interés al modelo realizado. Habrá que adaptar cada vez el escote, tanto estética como técnicamente, en función de su estilo y del material utilizado; también habrá que pensar en el acabado (limpieza del interior, vista).

Escote barco abrochado delante

Modelo 1

Dibujar primero un patrón del cuerpo y aplicar luego la transformación de la espalda (fig. 1) y del delantero (fig. 2). Para que resulte más fácil, comenzar estableciendo la forma del escote en el delantero y luego trasladar el ancho del escote a la línea del hombro a partir del cuello de la espalda.

Calcar las vistas de cuello y de sisa.

Acortar el largo de la vista del cuello en una cantidad igual al ancho de la vista del delantero, ya que esta, una vez vuelta, subsana la diferencia.

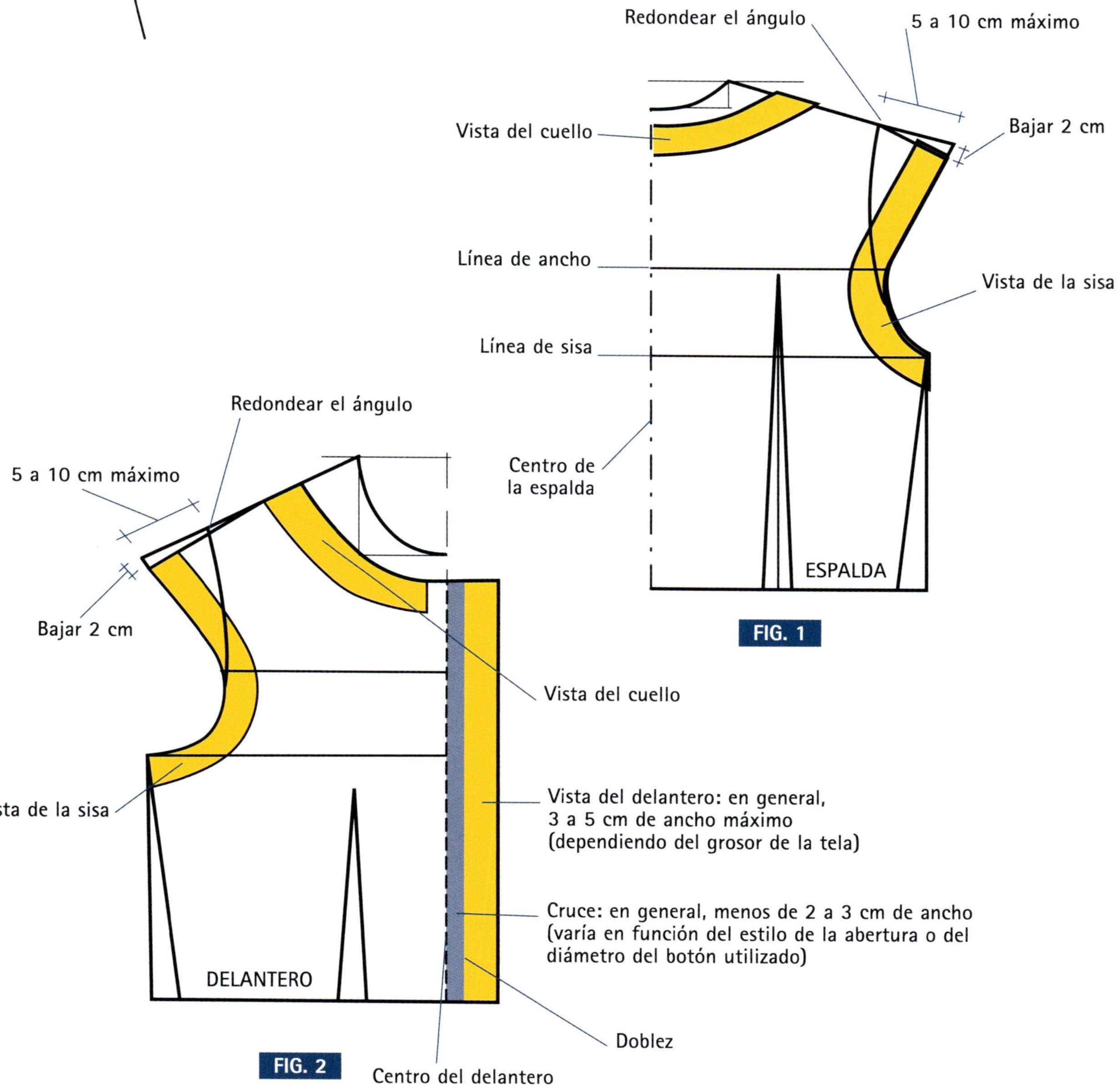

FIG. 1

FIG. 2

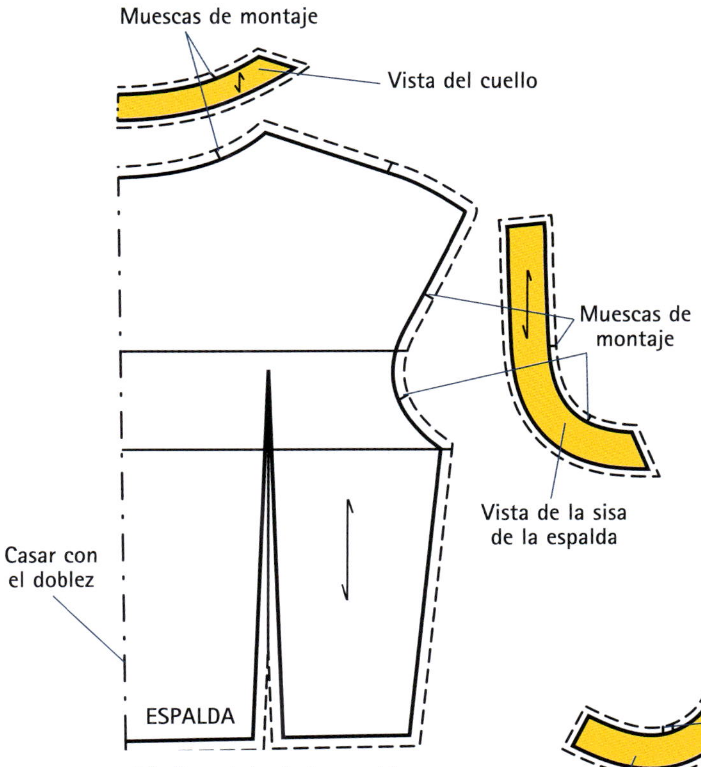

Muescas de montaje
Vista del cuello
Muescas de montaje
Vista de la sisa de la espalda
Casar con el doblez
ESPALDA

Medio patrón de la espalda terminado

FIG. 3

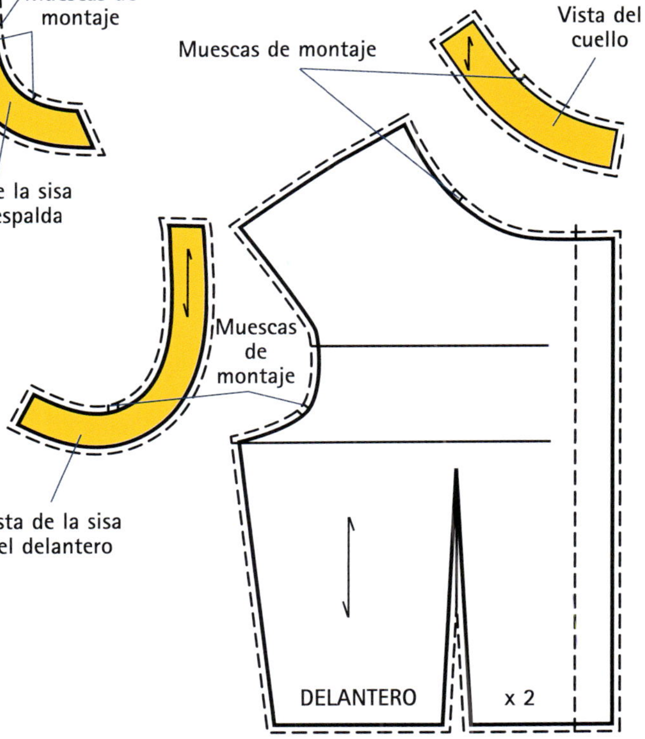

Vista del cuello
Muescas de montaje
Muescas de montaje
Vista de la sisa del delantero
DELANTERO
x 2

Medio patrón del delantero terminado

FIG. 4

Para este modelo, prolongar la línea del hombro de 5 a 10 cm máximo y darle una forma visualmente más estética bajando 2 cm para suavizar el pequeño ángulo que se forma durante la construcción (fig. 1 y fig. 2).

Vista del delantero: siempre 1 cm más ancha que el cruce para que, una vez vuelta, sobresalga por la línea de centro del delantero (fig. 2).

Para que el borde de la parte descendente de la corona de la manga no ceda, cortar la vista de la sisa al hilo (fig. 3 y fig. 4) o refrenar la vista de la sisa con una cinta al hilo que se aplicará al coser la prenda.
Añadir una costura de 1 cm todo alrededor de los patrones terminados.
No olvidar hacer las muescas de referencia y las muescas de montaje.

Escote asimétrico abrochado delante

Modelo 2

Dibujar el cuerpo con las medidas dadas y aplicar las transformaciones.

Dibujar en el patrón base el escote del delantero y de la espalda a ras del cuello, pero bajando de 2 a 4 cm alrededor del cuello.

Realizar los dos medios patrones de los dos lados del delantero (izquierdo y derecho), porque el delantero es asimétrico (la parte de arriba de la botonadura no queda en el centro).

Dibujar la vista del lado derecho según una de las opciones presentadas en las figuras 3 y 4: la elección dependerá de la forma del delantero y de la calidad del tejido (fig. 3 y fig. 4).

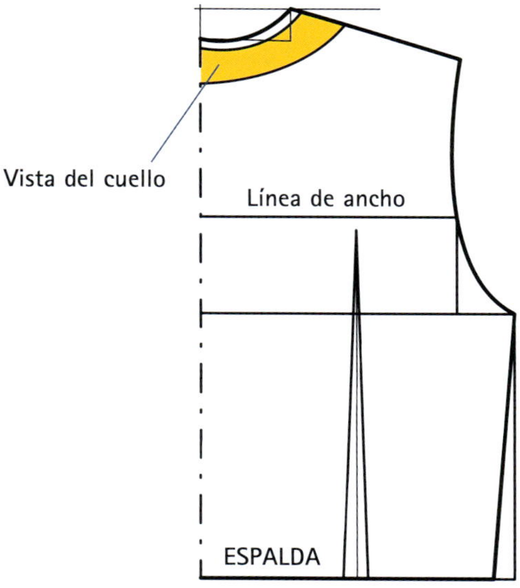

Vista del cuello

Línea de ancho

ESPALDA

Media espalda

FIG. 1

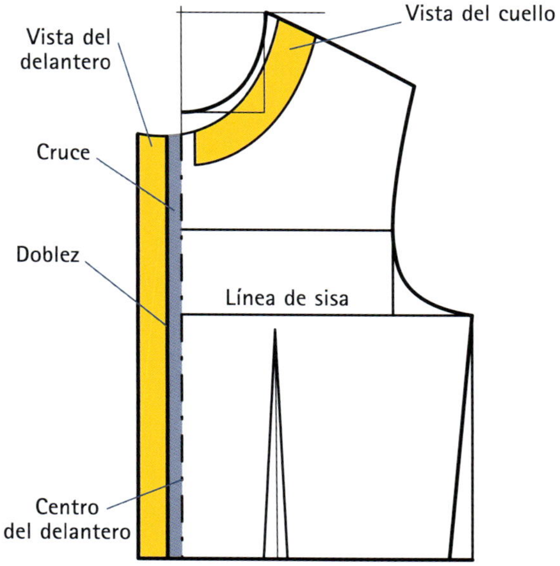

Vista del delantero

Vista del cuello

Cruce

Doblez

Línea de sisa

Centro del delantero

Lado izquierdo del delantero

FIG. 2

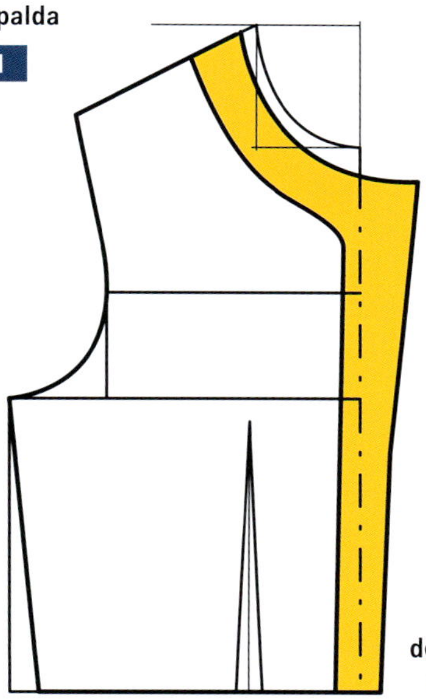

Lado derecho del delantero con las dos opciones de vistas

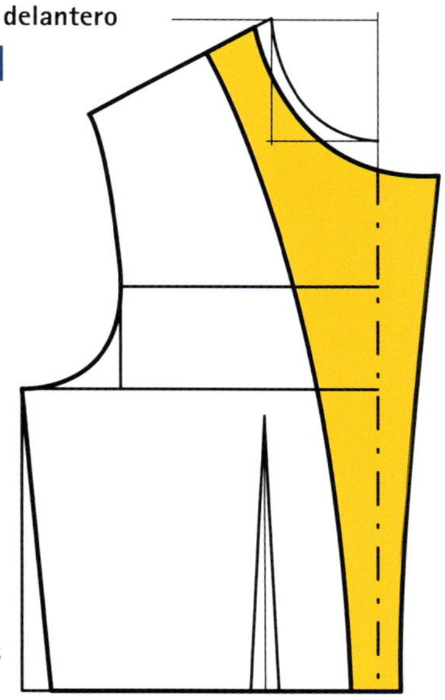

FIG. 3

FIG. 4

El largo de la vista del cuello en el lado izquierdo es inferior al contorno de cuello, para tener en cuenta la vuelta de la vista del delantero.

El ancho de la vista del delantero es, como mínimo, de 3 a 5 cm mínimo (depende del grosor del tejido).

Cruce: en general, el ancho no sobrepasa más de 2 o 3 cm (varía en función del estilo del modelo y del diámetro del botón utilizado).

Ancho de la vista: siempre 1 cm más que el ancho del cruce para que, una vez vuelta, la vista sobrepase la línea de centro del delantero.

Calcar todas las vistas.

Añadir una costura de 1 cm todo alrededor de los patrones terminados.

No olvidar dibujar las muescas de referencia y las muescas de montaje en el patrón terminado.

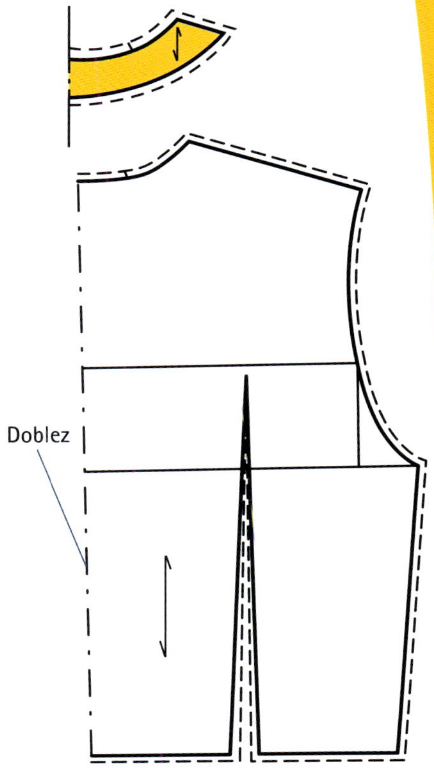

Doblez

Medio patrón de la espalda terminado

FIG. 5

FIG. 7

FIG. 8

Patrones de las dos opciones de vistas del delantero terminados

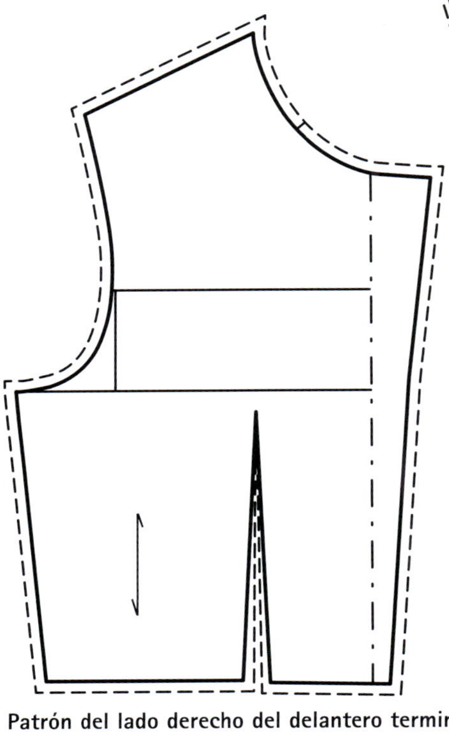

Patrón del lado derecho del delantero terminado

FIG. 6

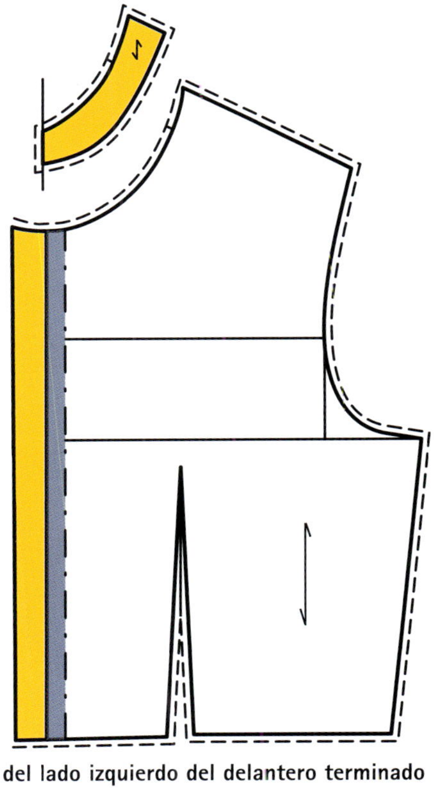

Patrón del lado izquierdo del delantero terminado

FIG. 9

Escote estrecho y profundo abrochado delante

Modelo 3

Dibujar el cuerpo básico según las medidas dadas y aplicar la transformación (fig. 1 y fig. 2) que permita obtener el modelo que aquí se propone.

Construir las pinzas de sisa en la espalda y en el delantero, sin olvidar ajustar los dos brazos de cada pinza y suavizar los ángulos que quedan al hacer la transformación.

Por razones técnicas y estéticas, situar la pinza de sisa sobre la línea de ancho o ligeramente por encima de ella, ¡nunca por debajo!

Como el escote del delantero es muy estrecho y profundo, el cruce se dibuja por debajo de la línea de contorno de pecho (fig. 2), con un ancho de 3 a 5 cm, según el diámetro del botón elegido.

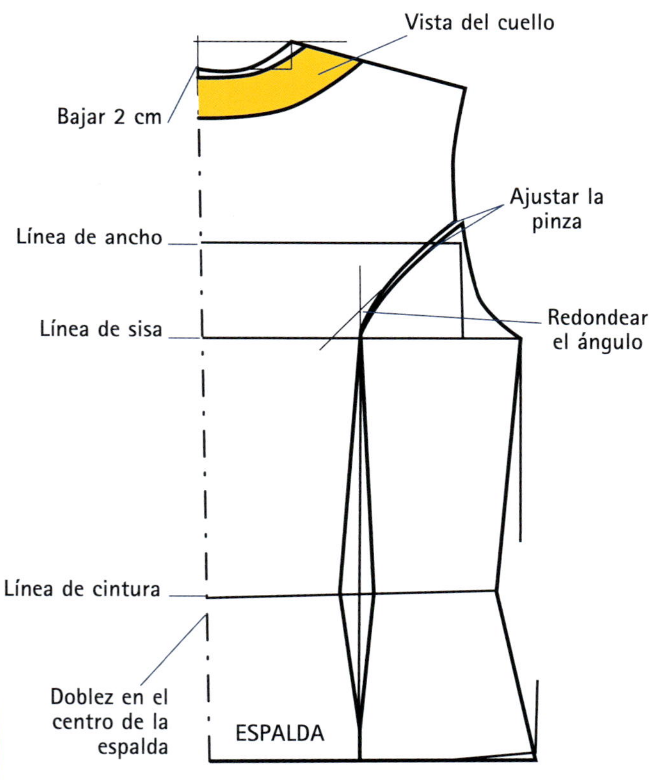

Vista del cuello
Bajar 2 cm
Ajustar la pinza
Línea de ancho
Línea de sisa
Redondear el ángulo
Línea de cintura
Doblez en el centro de la espalda
ESPALDA

FIG. 1

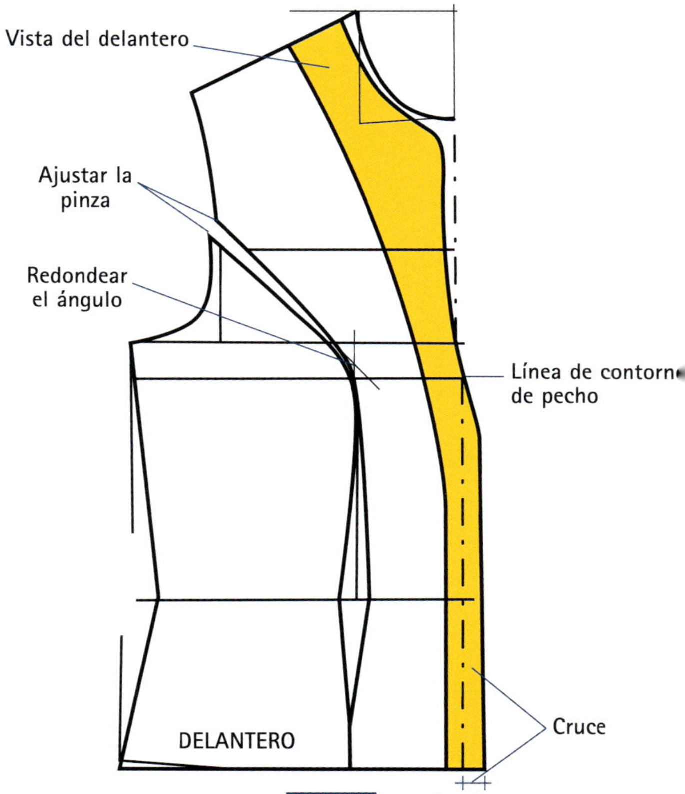

Vista del delantero
Ajustar la pinza
Redondear el ángulo
Línea de contorno de pecho
Cruce
DELANTERO
3 a 5 cm

FIG. 2

Para despejar el cuello, bajar el escote de la prenda 2 cm todo alrededor, siguiendo la línea de la base.

Para obtener medio patrón terminado, separar las dos partes de la espalda y las dos partes del delantero.

Calcar las vistas del cuello y del delantero. Terminar el bajo del delantero y el de la espalda con una vista prolongada o con un dobladillo sencillo de 2 cm como mínimo (valor que se añade a la construcción).

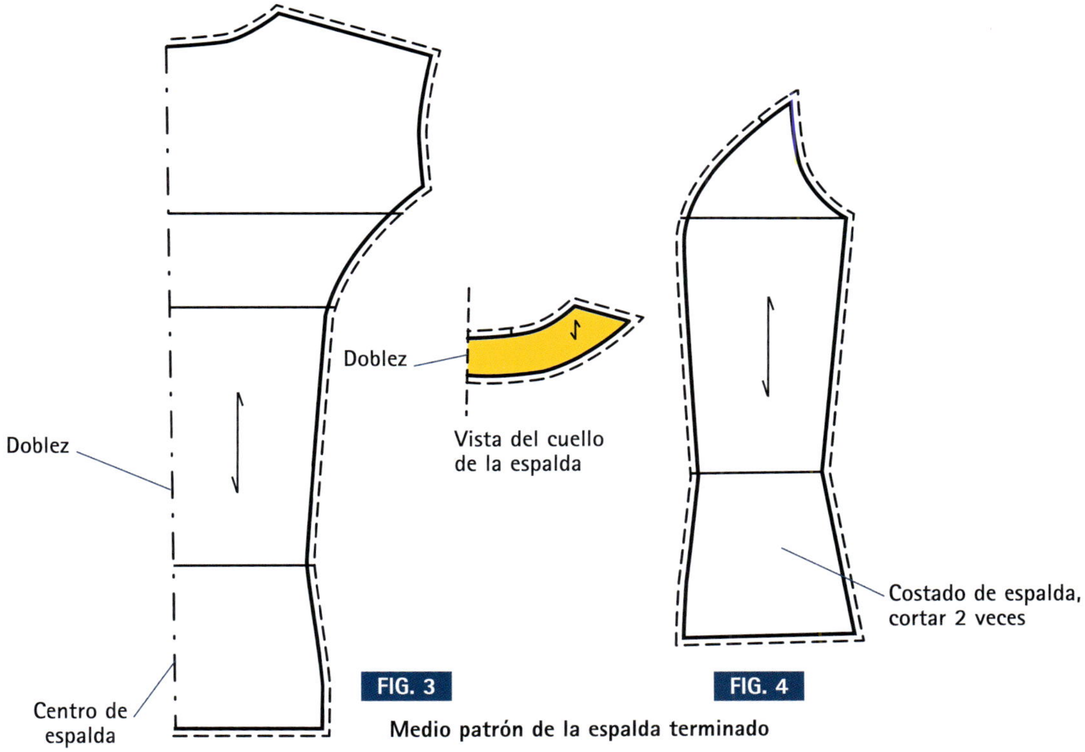

Doblez

Vista del cuello de la espalda

Doblez

Costado de espalda, cortar 2 veces

Centro de espalda

FIG. 3

FIG. 4

Medio patrón de la espalda terminado

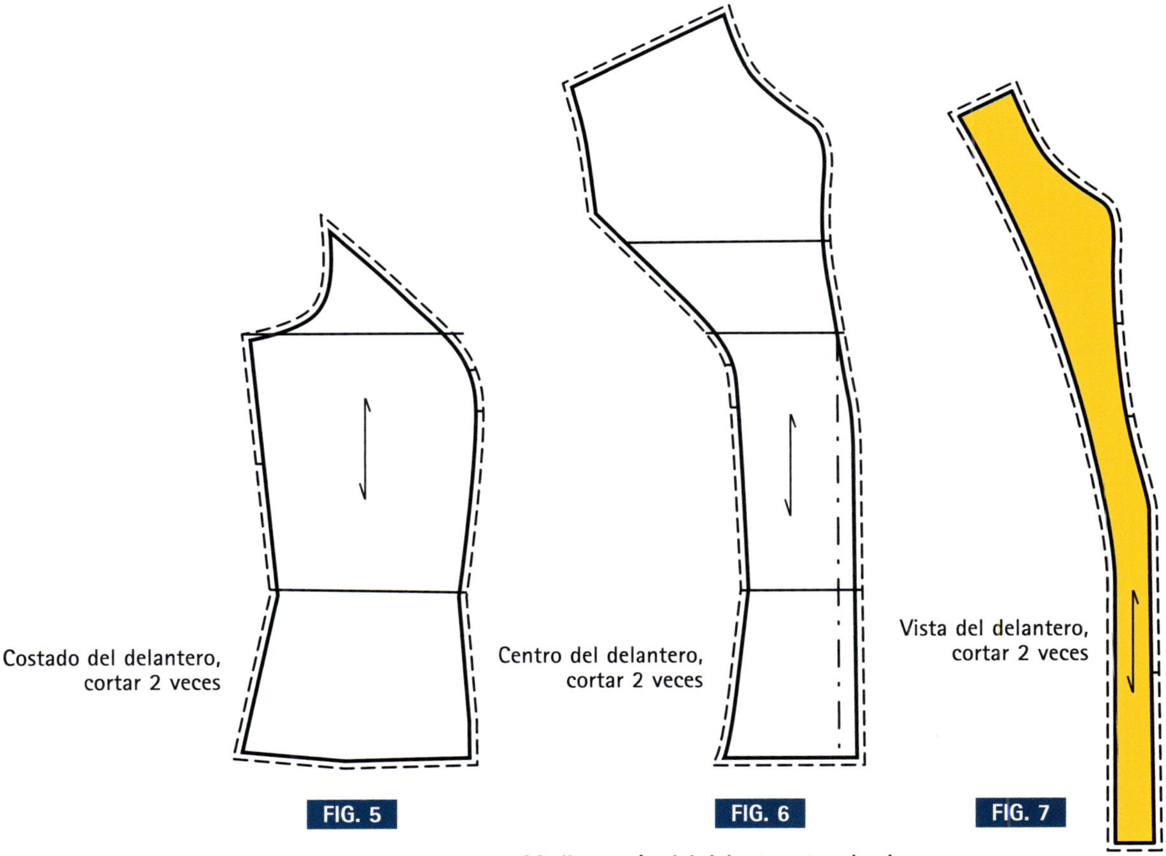

Costado del delantero, cortar 2 veces

Centro del delantero, cortar 2 veces

Vista del delantero, cortar 2 veces

FIG. 5

FIG. 6

FIG. 7

Medio patrón del delantero terminado

Añadir una costura de 1 cm todo alrededor de los patrones terminados. El patrón terminado de este modelo incluye varias piezas fáciles de confundir a la hora de montarlas; no olvidar las muescas de referencia y de montaje.

Escote redondo fruncido

Modelo 4

Este modelo se realiza sobre la base de una pinza de cuello, lo que permite obtener un ancho de cuello suficiente para el volumen de los frunces (fig. 2). Para hacerlo, dibujar primero el patrón base con la pinza de tirante y luego cerrar la pinza de tirante y abrir la pinza de cuello (ver página 24, Traslado de pinzas).

Volver a dibujar el patrón en otra hoja de papel (fig. 3).

Si el ancho del cuello no parece suficiente y se desea un volumen de fruncido más importante, se ensancha cortándolo (fig. 3).

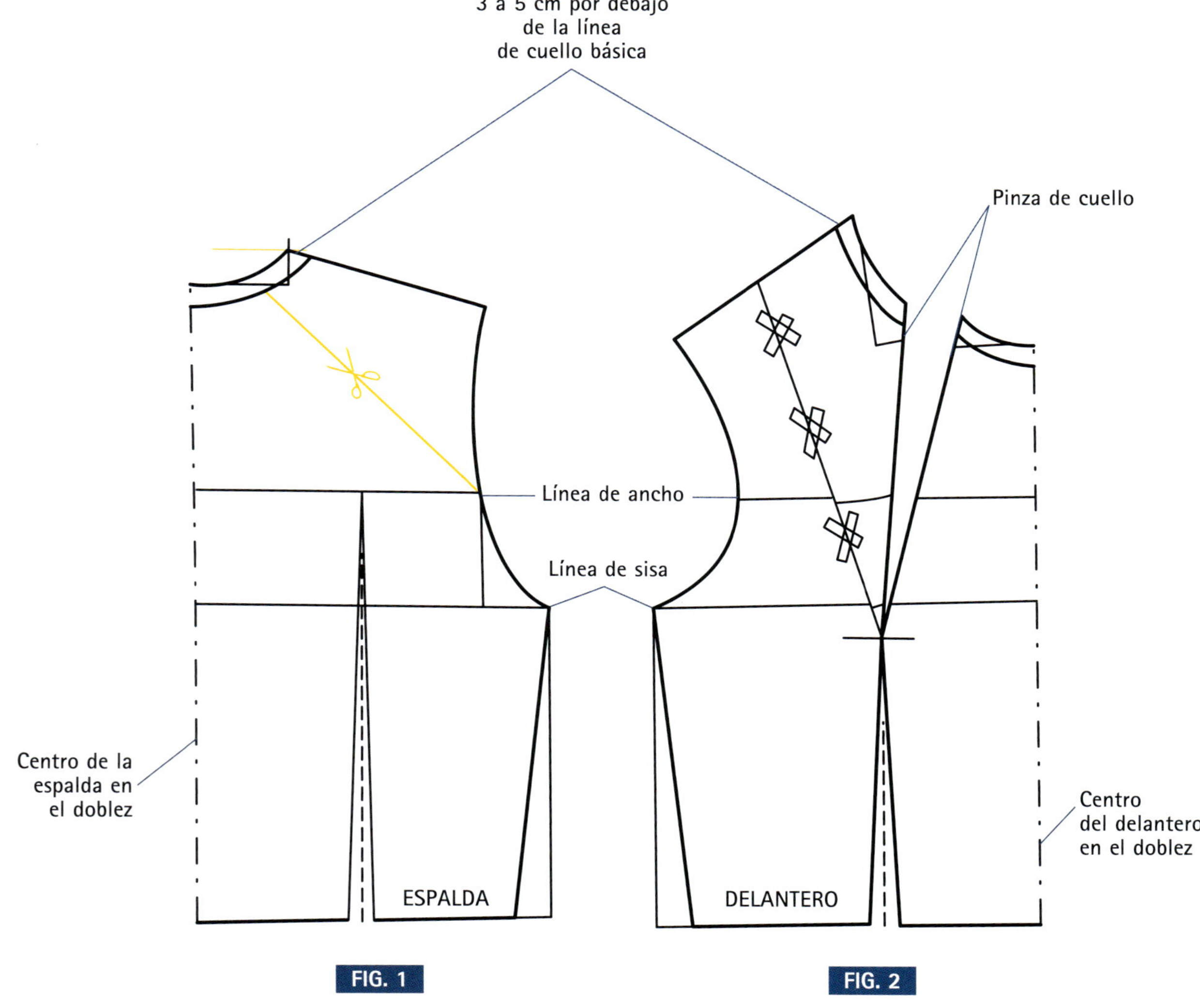

FIG. 1

FIG. 2

En el patrón obtenido, dibujar la línea de corte partiendo de la línea de ancho en la sisa, hasta el centro del cuello (fig. 3).

No separar del todo las partes cortadas para conservar la misma proporción en la sisa. Abrir las piezas hasta el ancho deseado (fig. 4) y volver a dibujar el patrón.

Realizar la espalda sin frunces, con el cuello terminado cogido en la banda al bies.

Añadir una costura de 1 cm.

Situar las muescas de referencia y las muescas de montaje.

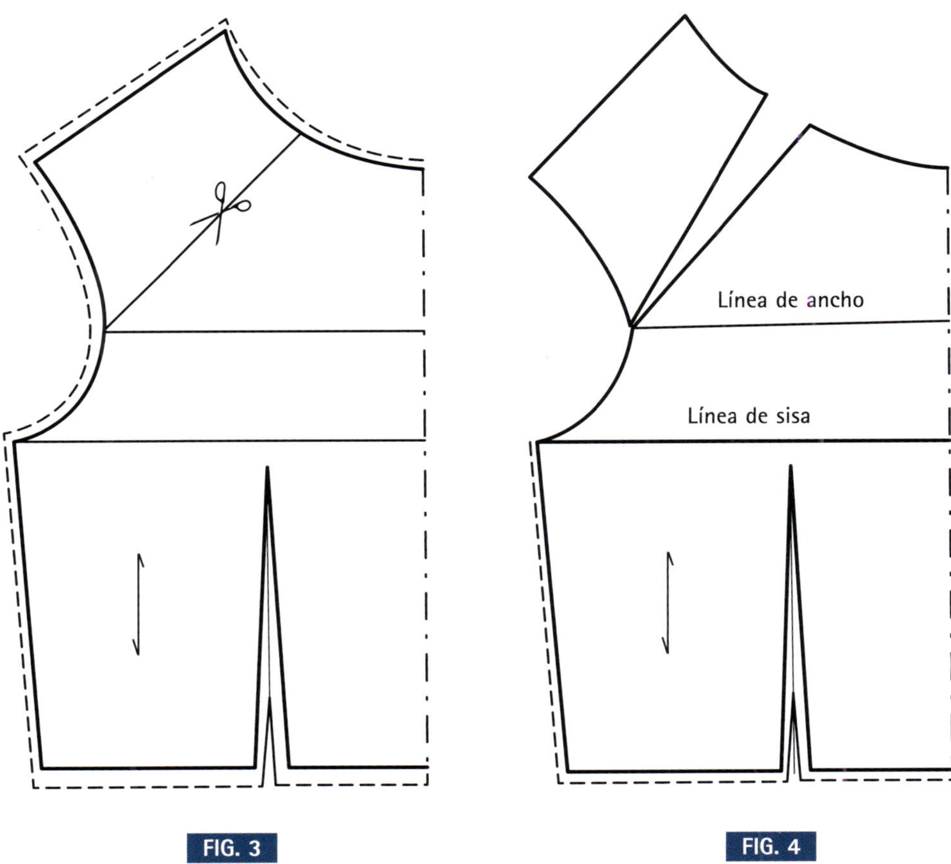

FIG. 3 FIG. 4

Variante de la espalda

Si se desea, a este modelo se le puede añadir un volumen de frunces en el cuello de la espalda. Proceder entonces para la espalda igual que para el delantero: dibujar una línea de corte como se indica en la figura 1, partiendo de la línea de ancho en la sisa hasta el centro del cuello, luego cortar y abrir las dos partes para dar el ancho deseado. Volver a dibujar el patrón de la espalda.

Escote cuadrado con tirantes, fruncido en el pecho

Modelo 5

Dibujar el cuerpo básico según las medidas dadas y trazar luego las líneas de transformación: el escote y los tirantes (fig. 1 y fig. 2).

Como para la comodidad de la prenda no conviene que la vista quede fruncida, hacer esta vista aparte.

Dibujar las líneas de corte (fig. 2) que permitan obtener luego los frunces.

Calcar los tirantes y las vistas.

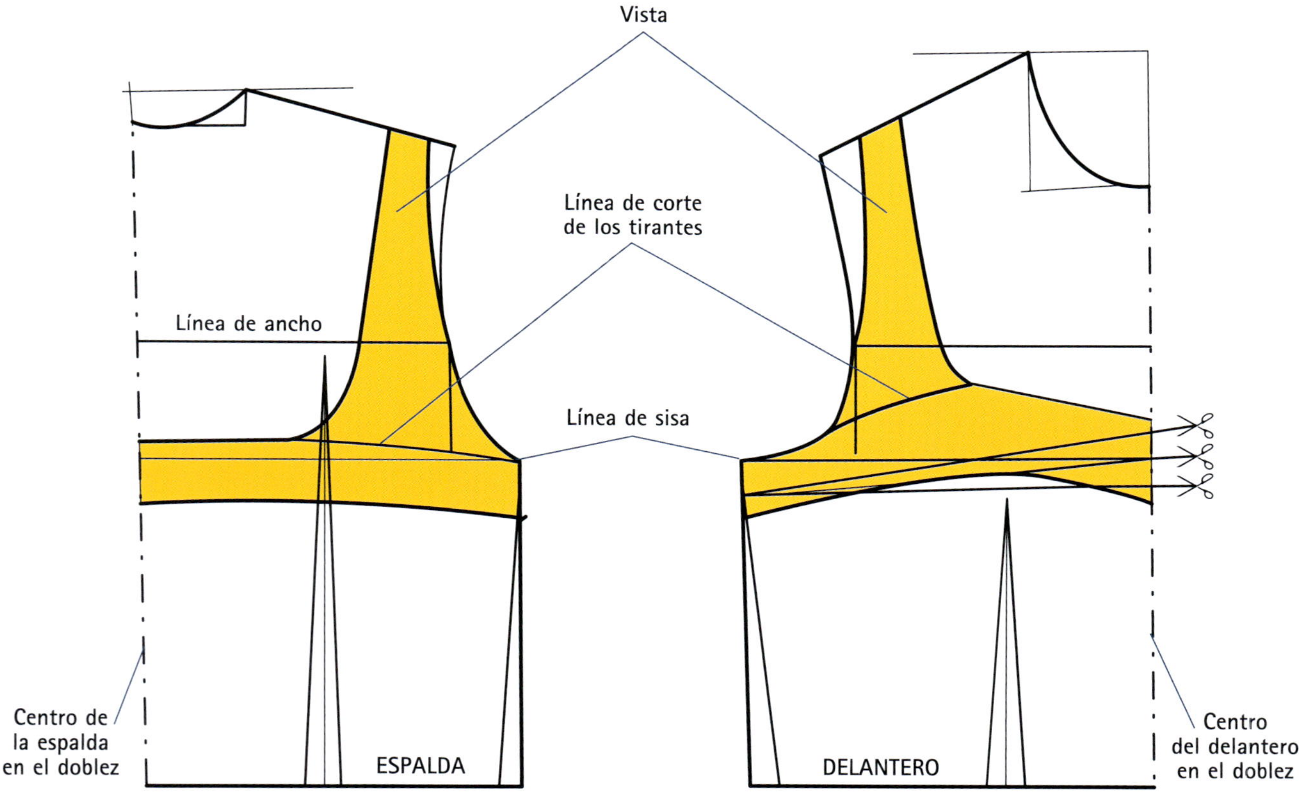

Vista

Línea de corte de los tirantes

Línea de ancho

Línea de sisa

Centro de la espalda en el doblez

ESPALDA

DELANTERO

Centro del delantero en el doblez

FIG. 1

FIG. 2

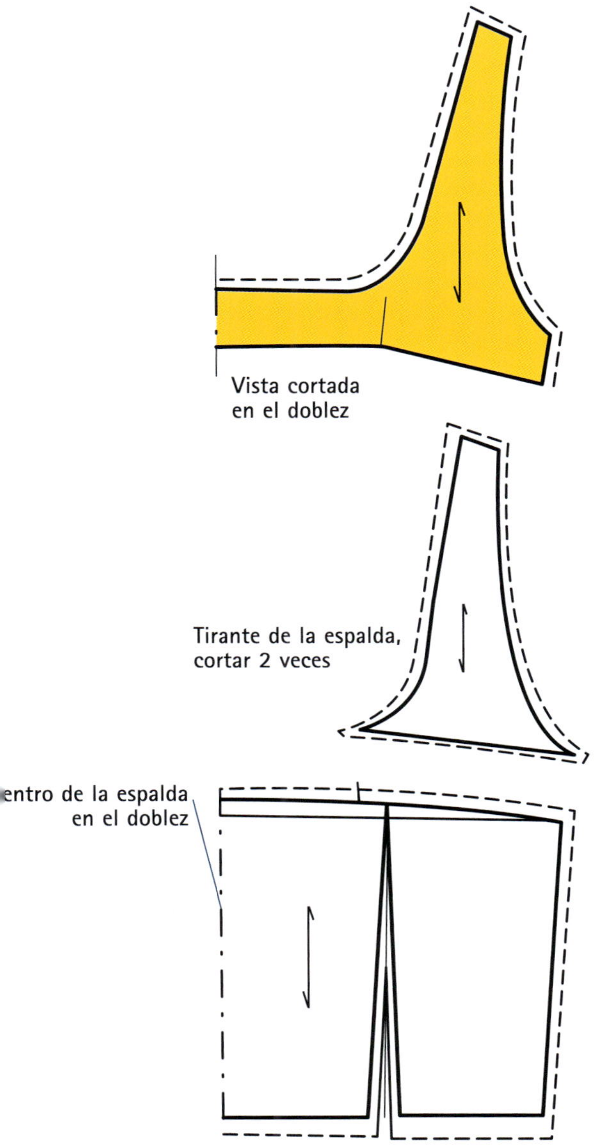

Vista cortada
en el doblez

Tirante de la espalda,
cortar 2 veces

Centro de la espalda
en el doblez

Patrón de la espalda terminado

FIG. 3

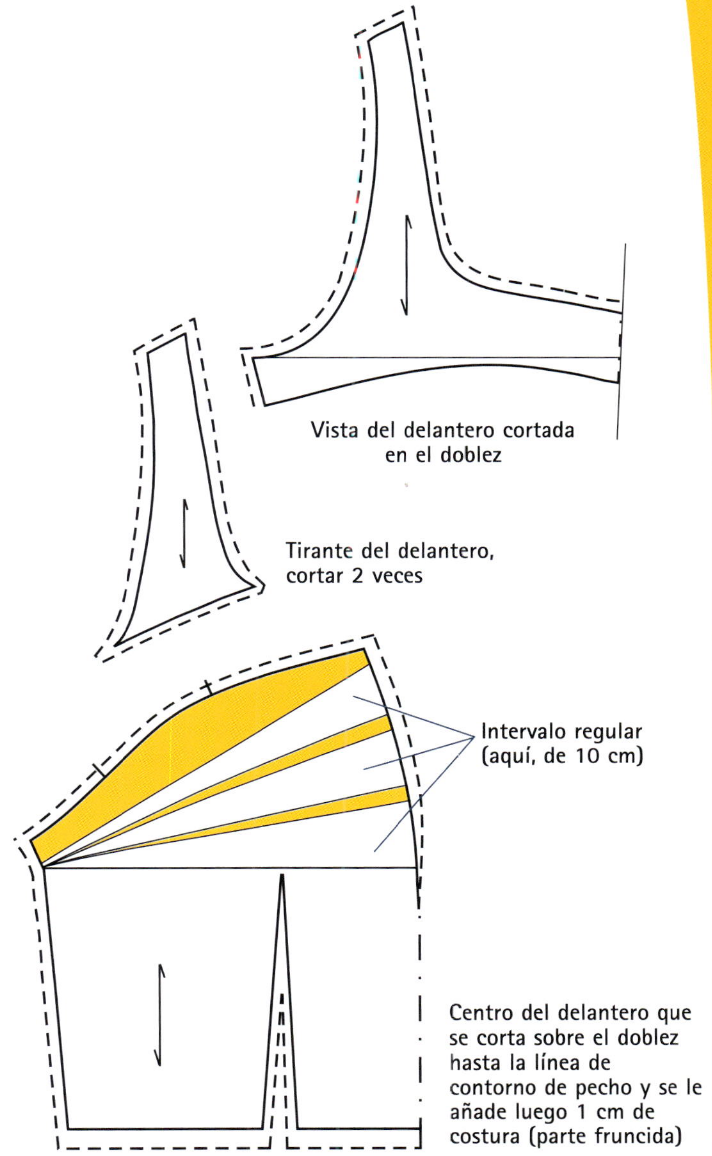

Vista del delantero cortada
en el doblez

Tirante del delantero,
cortar 2 veces

Intervalo regular
(aquí, de 10 cm)

Centro del delantero que
se corta sobre el doblez
hasta la línea de
contorno de pecho y se le
añade luego 1 cm de
costura (parte fruncida)

Patrón del delantero terminado

FIG. 4

Separar los tirantes del resto de la espalda y del delantero, añadiendo 1 cm de costura alrededor (fig. 3 y fig. 4).

Abrir las partes cortadas del delantero a intervalos iguales y volver a dibujar el patrón (fig. 4).

Añadir una costura de 1 cm.

No olvidar hacer las muescas de montaje; en este modelo son fundamentales para montar los tirantes en su sitio.

Escote asimétrico, 1 tirante

Modelo 6

Para obtener este modelo, realizar la transformación sobre el patrón base entero (no sobre medio patrón), porque el cuerpo se sujeta en un hombro y el escote es asimétrico.

Establecer primero la línea del escote y dibujar después la vista en los patrones enteros de la espalda y del delantero (fig. 1 y fig. 2).

Calcar luego las vistas de espalda y delantero (fig. 3 y fig. 4).

El ancho de la vista por debajo de la sisa = 5 cm mínimo, para que no se vuelva (por seguridad, se sujetarán en la costura del costado durante el montaje).

A ser posible, dibujar al bies la forma de la línea interior de la vista para que la tela pueda ceder una vez cortada.

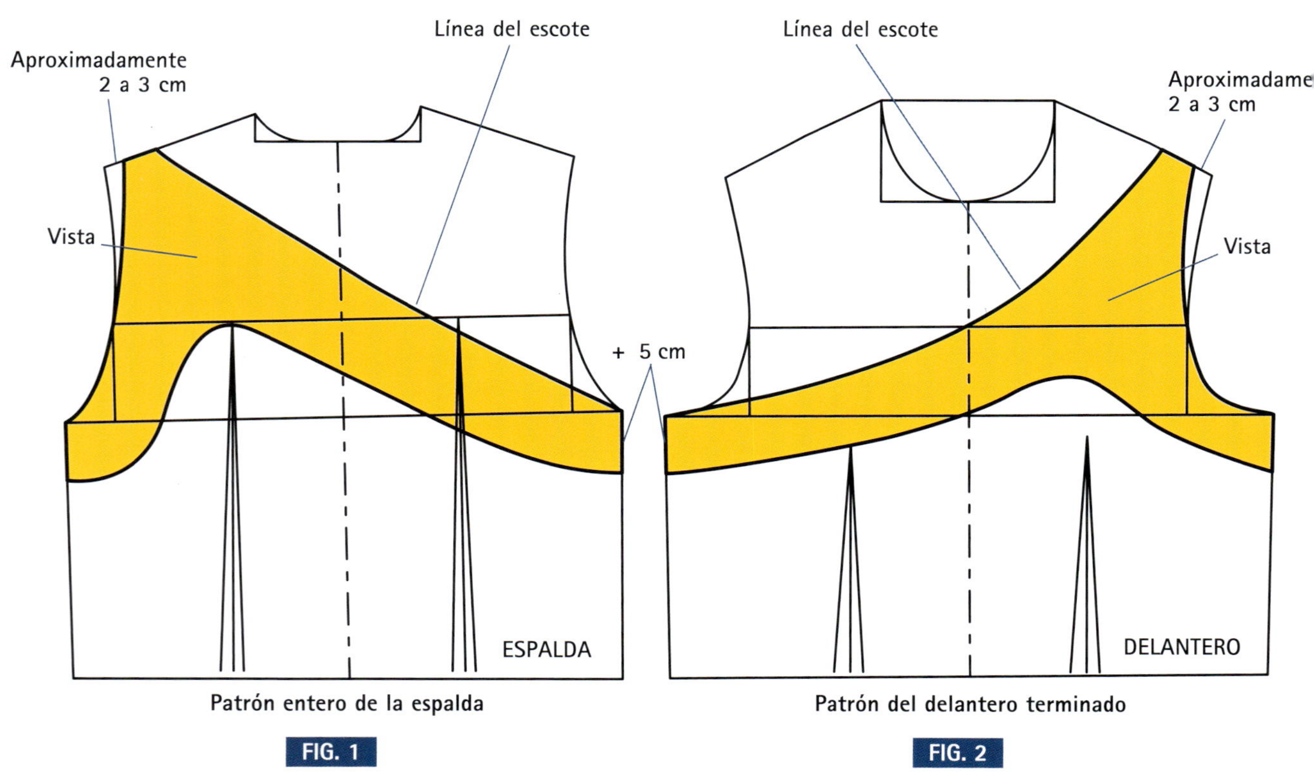

Patrón entero de la espalda

FIG. 1

Patrón del delantero terminado

FIG. 2

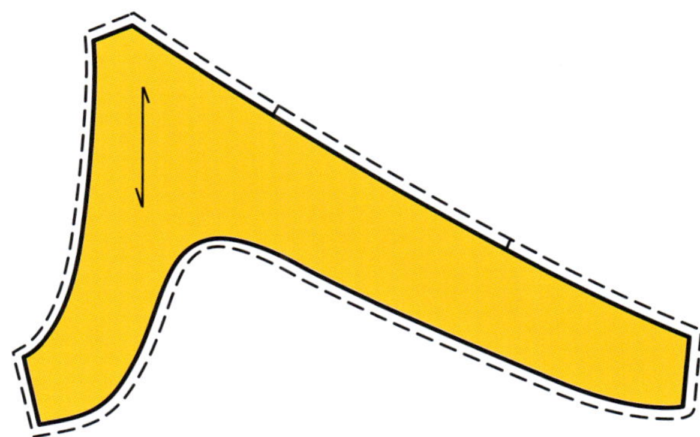

Patrón de la vista de la espalda terminado

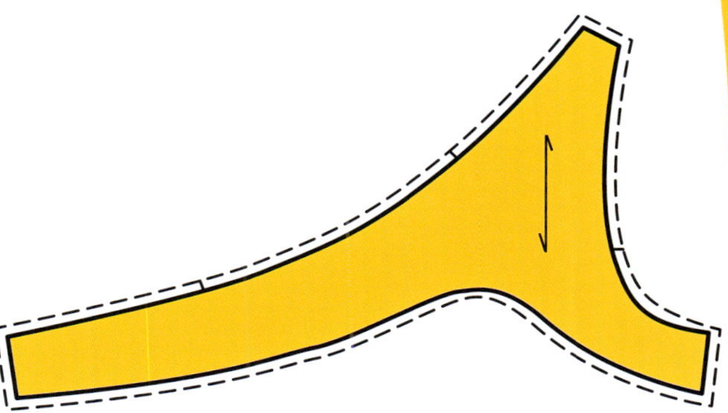

Patrón de la vista del delantero terminado

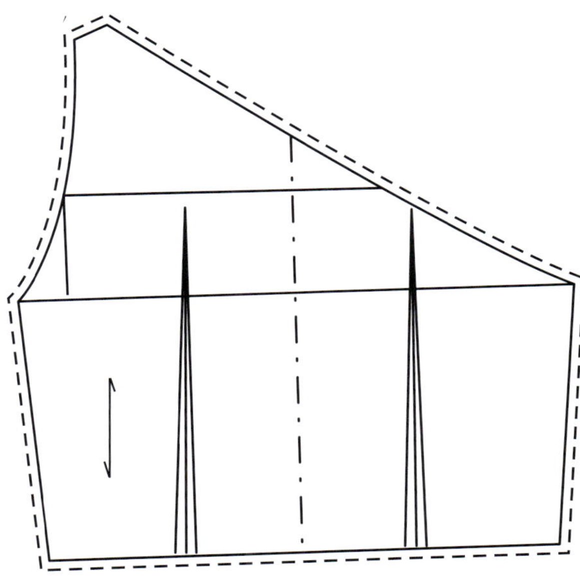

Patrón de la espalda terminado

FIG. 3

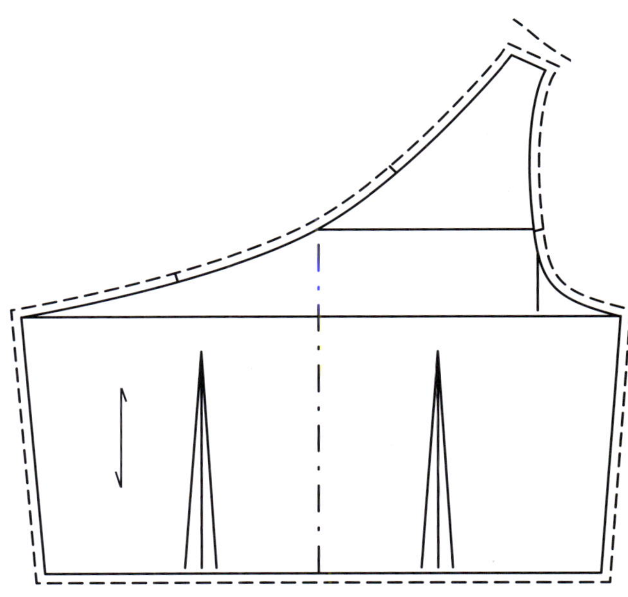

Patrón del delantero terminado

FIG. 4

Para que no se abra la línea del escote del delantero y de la espalda, coser una cinta al hilo durante el montaje.

Añadir una costura de 1 cm alrededor de los patrones terminados.

No olvidar situar varias muescas de referencia y las muescas de montaje.

Escote en forma de corazón, abrochado delante

Modelo 7

En el patrón base realizado según las medidas dadas, dibujar las líneas de transformación de la espalda y del delantero para obtener el patrón de este modelo.

Dibujar las vistas de la espalda y del delantero y calcarlas.

Sujetar la vista de abajo con puntaditas para que no se vuelva ("se caiga").

Para reforzar las partes redondeadas, utilizar gasilla autoadhesiva y para que no "se desboquen", aplicar una cinta al hilo durante el montaje.

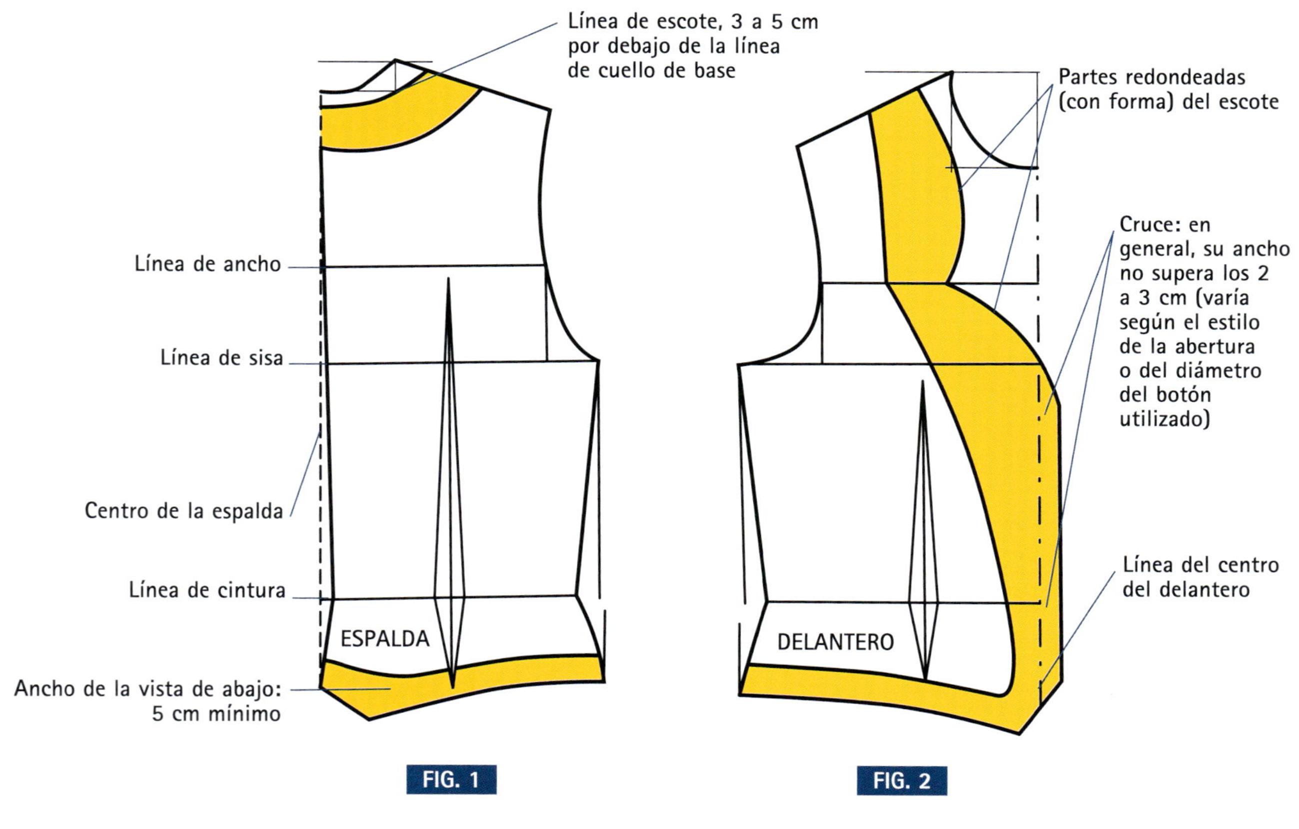

FIG. 1

FIG. 2

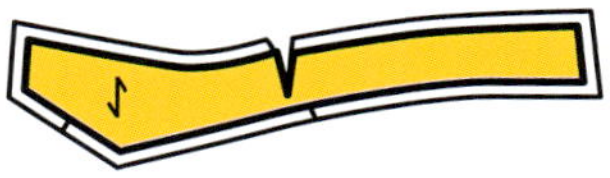

Vista de abajo,
cortar 2 veces

Doblez

Vista del cuello

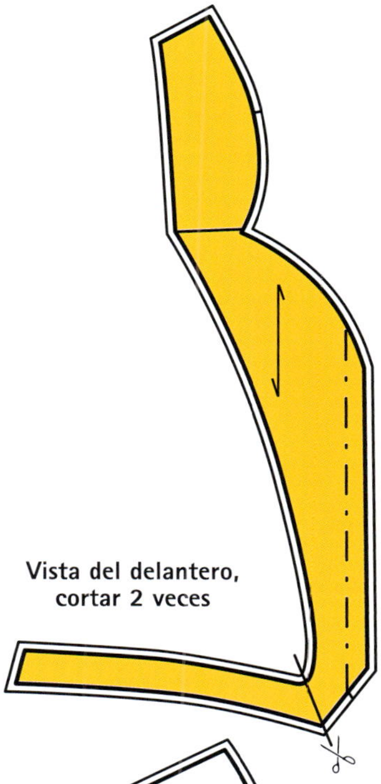

Vista del delantero,
cortar 2 veces

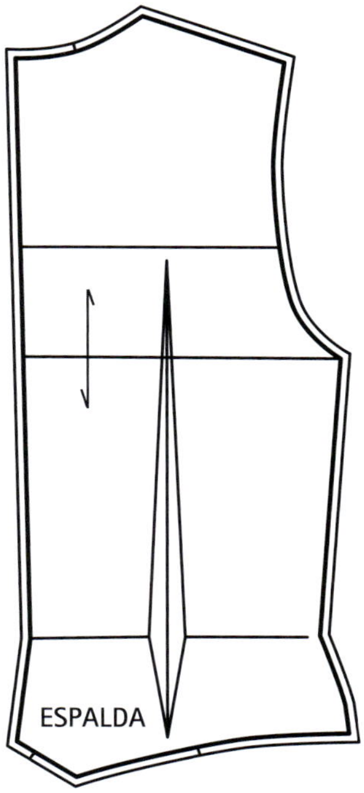

ESPALDA

Patrón de la espalda terminado,
cortar 2 veces

FIG. 3

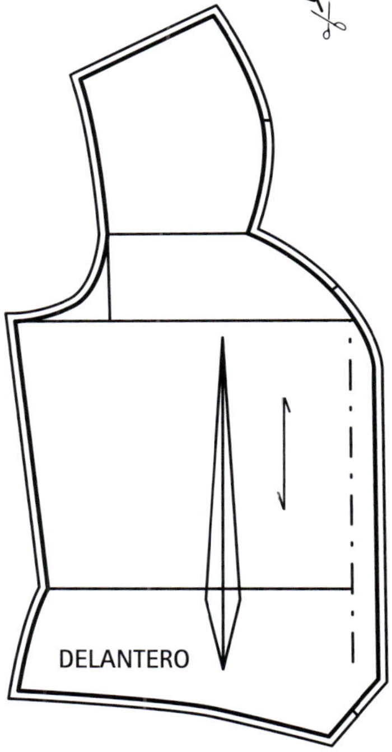

DELANTERO

Patrón del delantero terminado,
cortar 2 veces

FIG. 4

Si en la vista extraída del patrón transformado se forma una pequeña pinza (que procede de la pinza de la espalda), conservarla siempre, por pequeña que sea, para ajustar perfectamente la vista a la prenda.

Añadir la línea de costura de 1 cm a todas las partes del patrón terminado.

No olvidar colocar varias muescas de referencia y de montaje.

Realizar la vista del delantero de una pieza o, para ahorrar tela, dividirla en dos partes, como se indica en el diagrama.

Escote de gota fruncida, hombros descubiertos y atado al cuello

Modelo 8

Dibujar el patrón del cuerpo según las medidas dadas y aplicar después la transformación.

En la línea de sisa de la espalda, dibujar la vista de la espalda con un ancho de 5 a 7 cm mínimo, y calcarla.

Determinar la altura (por ejemplo, de 15 a 17 cm) y la forma de gota del escote.

Dibujar la vista del delantero (fig. 2 en amarillo) y calcarla.

Para obtener la parte fruncida, agrandar la "gota" del escote dibujando las líneas de corte de la figura 2.

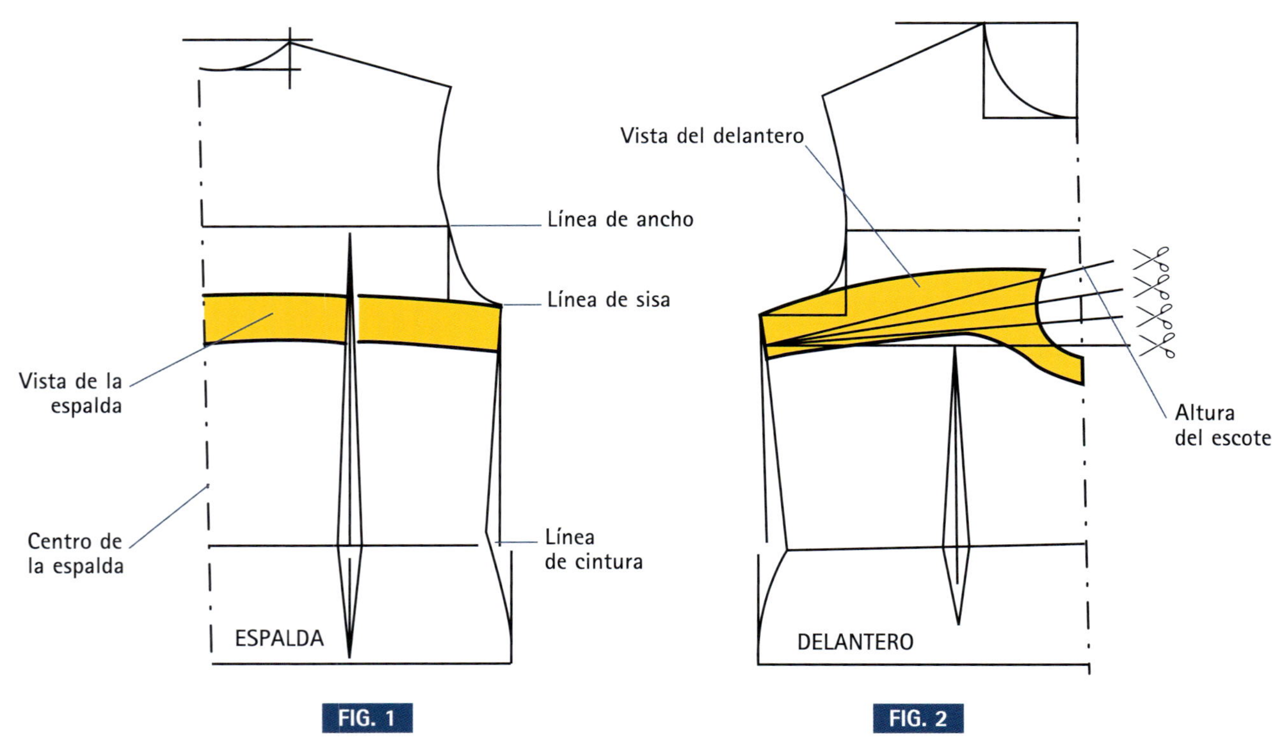

FIG. 1

FIG. 2

Como hay una pinza en la espalda, dibujar también esta pinza en la vista de la espalda (ejemplo 1) o bien cerrar primero la pinza en el patrón y volver a dibujar la vista, lo que es mejor para mantener el alto y la forma del patrón (ejemplo 2).

Abrir las partes cortadas del delantero a intervalos iguales y dando el ancho que se desee, y volver a dibujar el patrón (fig. 4).

Cortar una banda de igual forma que el escote para realizar el "túnel" por el que pasar la atadura del cuello (fig. 4). Fruncir la tela y aplicar la vista obtenida a partir de la figura 2. De este modo, los frunces de la gota no se mueven porque los retiene la vista interior sin fruncir.

Si se desean frunces móviles, volver a dibujar el patrón una vez abiertas las partes cortadas (fig. 5), dibujar de nuevo la forma de la vista y calcarla.

Alrededor del escote, construir un "túnel" pasacintas con una abertura de 1 cm para pasar la atadura del cuello.

Añadir una costura de 1 cm.

Situar las muescas de referencia y las muescas de montaje.

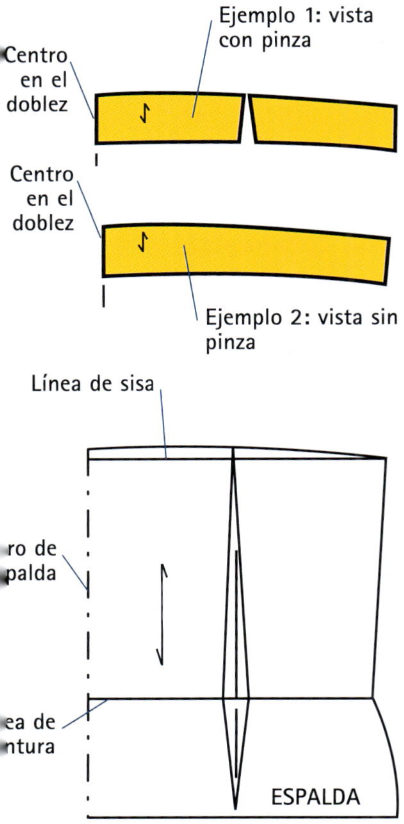

Ejemplo 1: vista con pinza
Centro en el doblez
Centro en el doblez
Ejemplo 2: vista sin pinza
Línea de sisa
ro de palda
ea de ntura
ESPALDA

FIG. 3

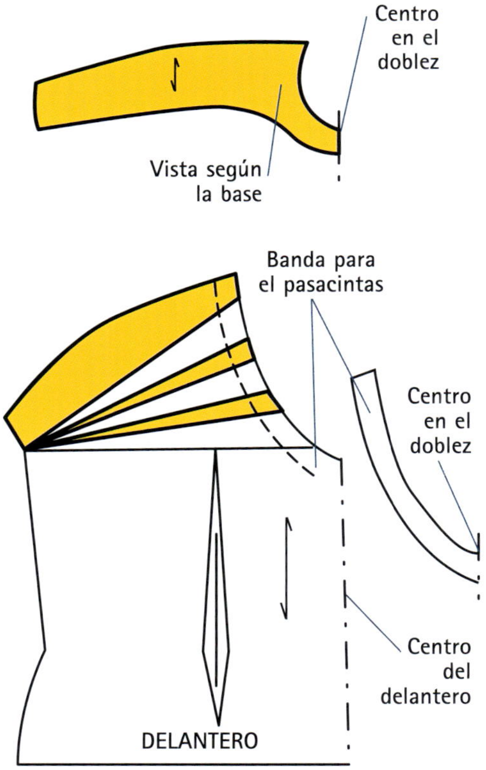

Centro en el doblez
Vista según la base
Banda para el pasacintas
Centro en el doblez
Centro del delantero
DELANTERO

FIG. 4

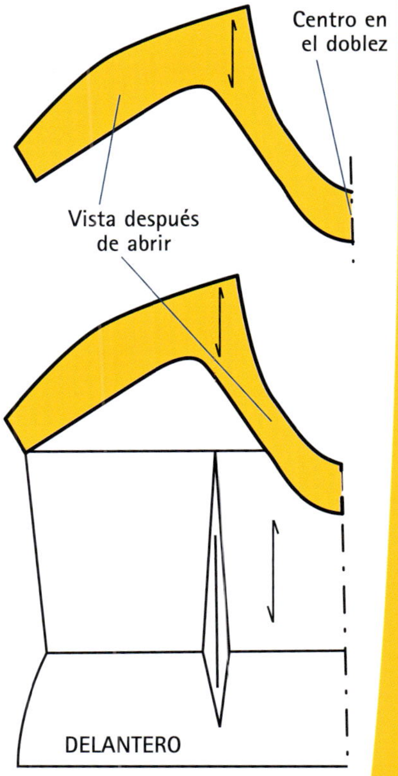

Centro en el doblez
Vista después de abrir
DELANTERO

FIG. 5

Escote de pico, hombros descubiertos y atado al cuello

Modelo 9

En el patrón base realizado según las medidas dadas, aplicar la transformación de las figuras 1 (espalda) y 2 (delantero).

Para simplificar, se puede sustituir la vista de la espalda por un dobladillo hacia dentro de 5 a 7 cm mínimo. En ese caso, cortar el escote de la espalda recto, siguiendo generalmente la línea de la sisa. Añadir a esa línea el ancho del dobladillo que se desee.

Dibujar en primer lugar las líneas de corte que delimitarán la zona plana (sin frunces) del cuerpo y luego las líneas de corte (a intervalos regulares) en la parte alta y la parte baja del cuerpo. Estas líneas servirán de referencia para repartir los frunces.

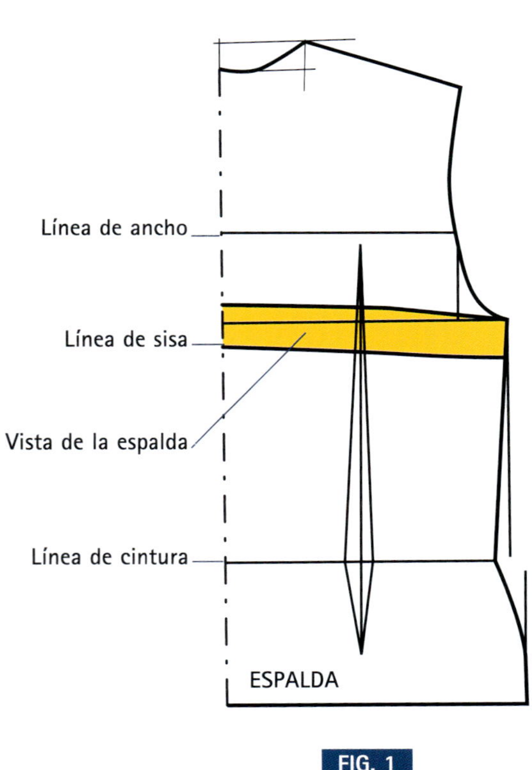

FIG. 1

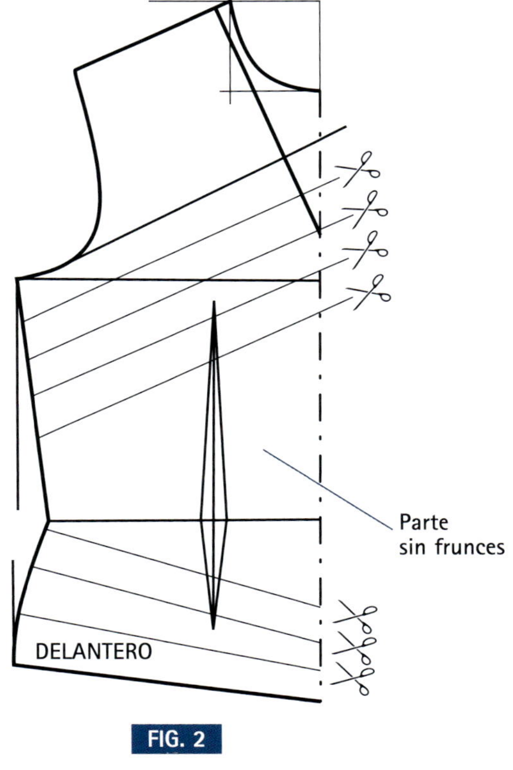

FIG. 2

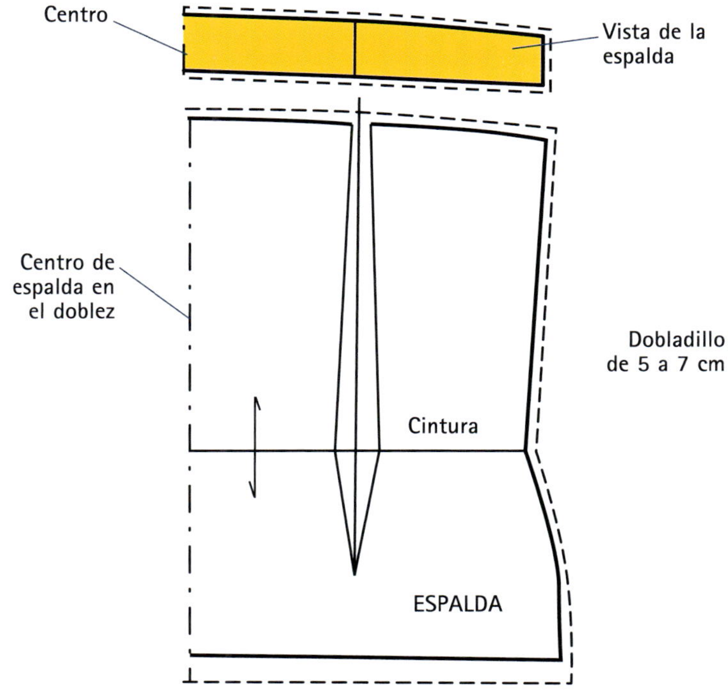

Centro

Vista de la espalda

Centro de espalda en el doblez

Cintura

ESPALDA

Medio patrón de la espalda terminado con la vista aparte

FIG. 3

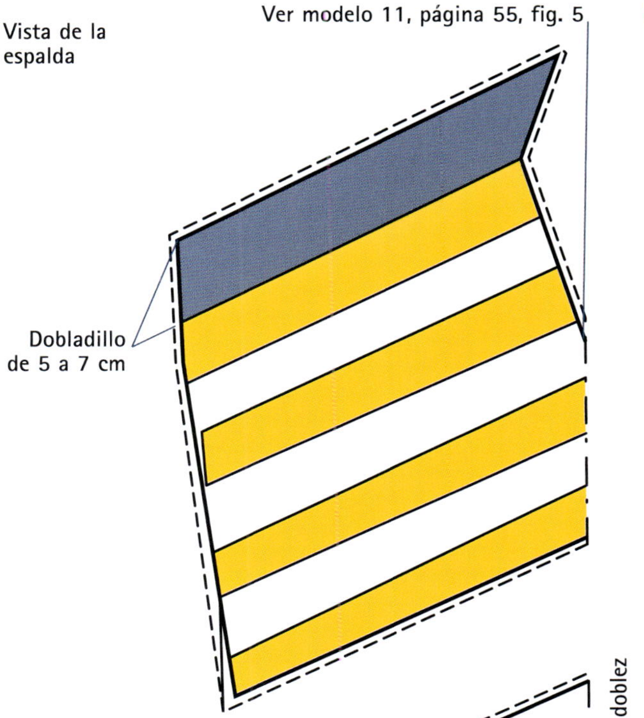

Ver modelo 11, página 55, fig. 5

Dobladillo de 5 a 7 cm

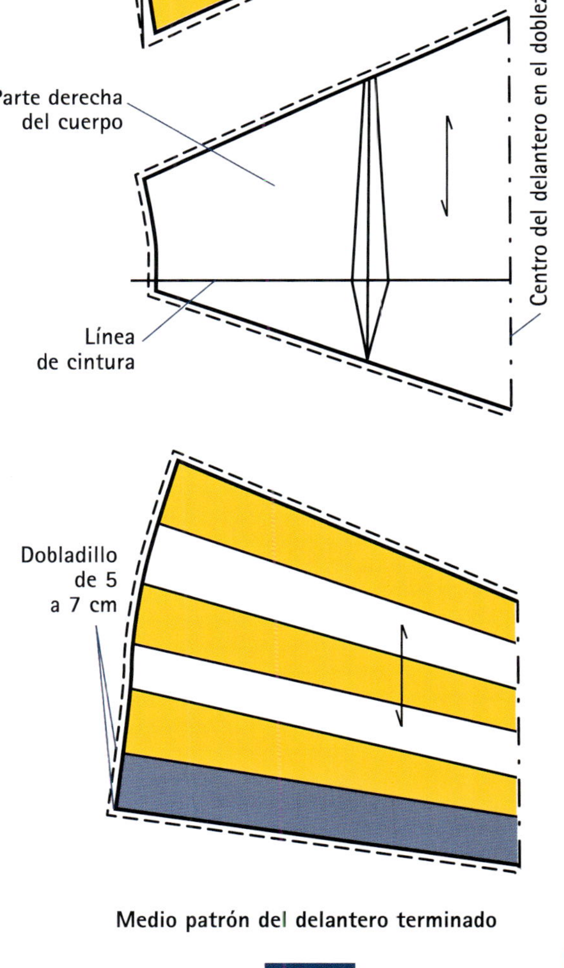

Parte derecha del cuerpo

Línea de cintura

Centro del delantero en el doblez

Separar las partes fruncidas de arriba y abajo del delantero, de la zona plana del centro (fig. 4) para marcar claramente con las costuras los volúmenes de los frunces. Ahora bien, este modelo se puede cortar en una sola pieza (sin separar las distintas partes) y en ese caso la unión entre las partes fruncidas y la zona plana queda menos marcada.

Abrir las partes cortadas a intervalos regulares (aquí, 5 cm). Para obtener más frunces, agrandar los intervalos. Para tener menos frunces, reducir los intervalos.

Para evitar hacer vistas arriba y abajo del delantero del cuerpo, dibujar un dobladillo de 5 a 7 cm de ancho.

Volver a dibujar el patrón terminado y añadir la línea de costura de 1 cm.

No olvidar marcar varias muescas de montaje y de referencia.

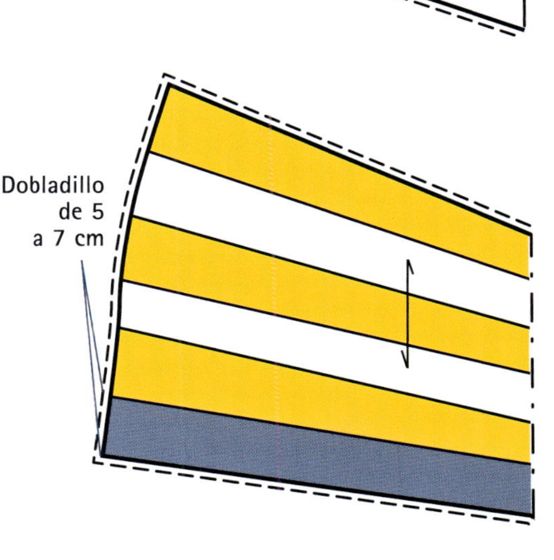

Medio patrón del delantero terminado

FIG. 4

Escote de pico "chaleco", pliegues a un lado con botones, sin mangas

Modelo 10

Realizar primero el patrón base según las medidas dadas y aplicar luego la transformación en la espalda y en el delantero, para obtener el modelo que aquí se presenta.

En el patrón base de la espalda, dibujar las vistas del cuello, de la sisa y de abajo del cuerpo, y calcarlas (fig. 1).

Como el delantero del cuerpo es asimétrico, dibujar los patrones base del delantero izquierdo y del delantero derecho para transformarlos por separado.

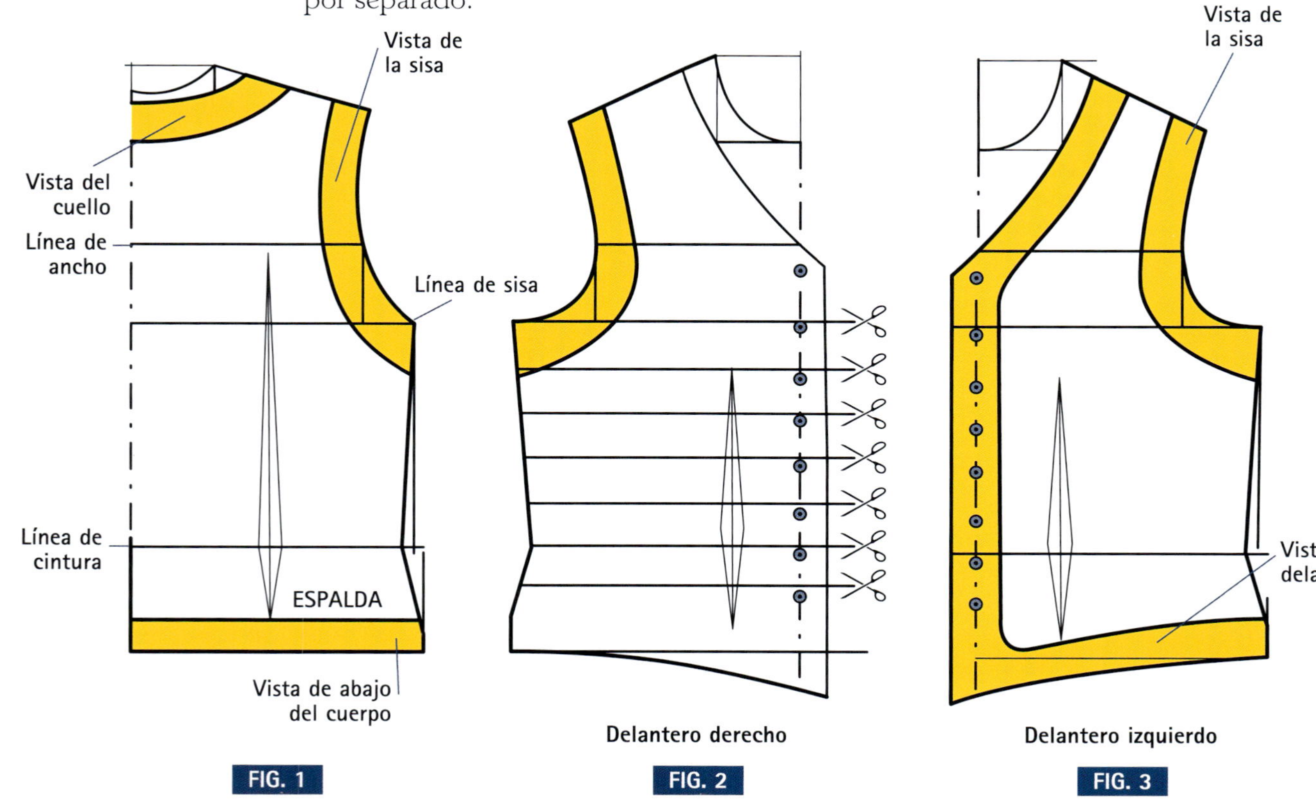

FIG. 1 FIG. 2 FIG. 3

52

Para el lado izquierdo del delantero, determinar el alto y la forma del escote, así como la forma de pico "chaleco", y añadir luego el valor de cruce (por lo menos, 2 cm). Dibujar las vistas de la sisa y del delantero y calcarlas (fig. 3).

Para el lado derecho del delantero, copiar el lado izquierdo invirtiéndolo. Marcar el emplazamiento de los botones para poder determinar las líneas de corte, ya que cada pliegue va sujeto por un botón (fig. 2). A continuación, dibujar las líneas de corte.

Cortar la vista del delantero izquierdo de una sola pieza o, por economizar tela, en dos partes (en ángulo, ver fig. 5).

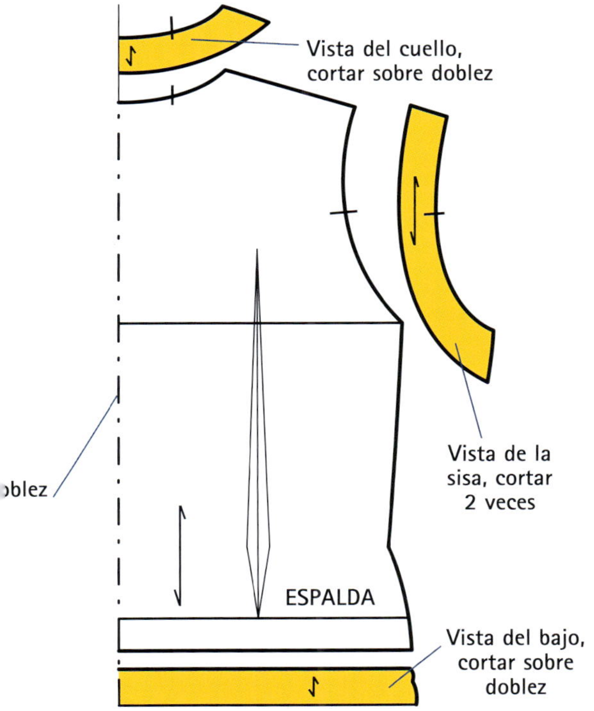

Medio patrón de la espalda terminado

FIG. 4

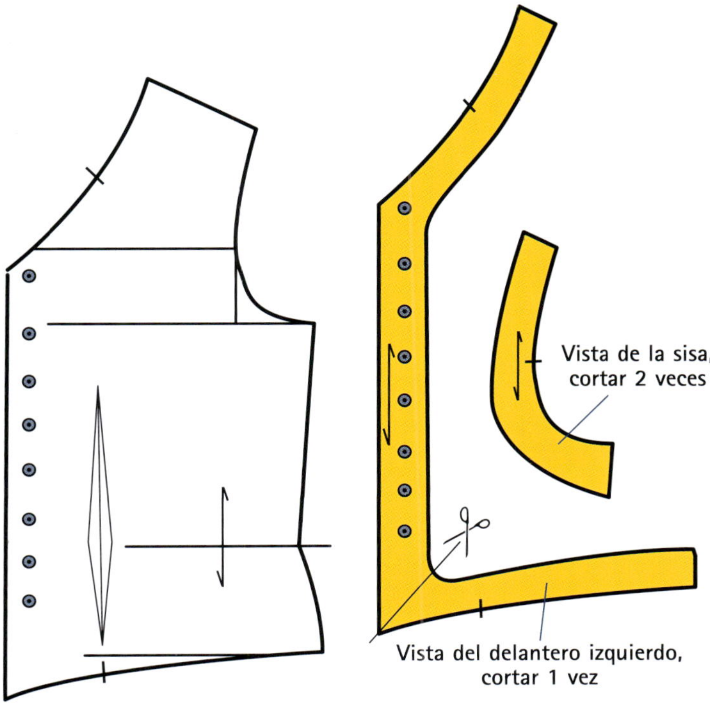

Patrón del lado izquierdo del delantero terminado

FIG. 5

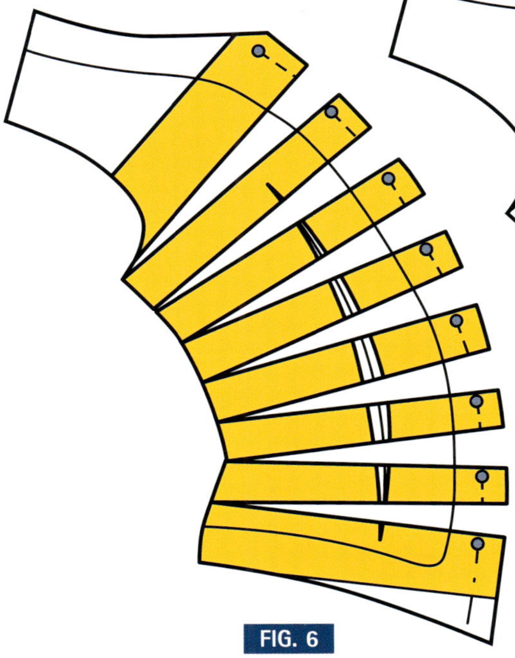

FIG. 6

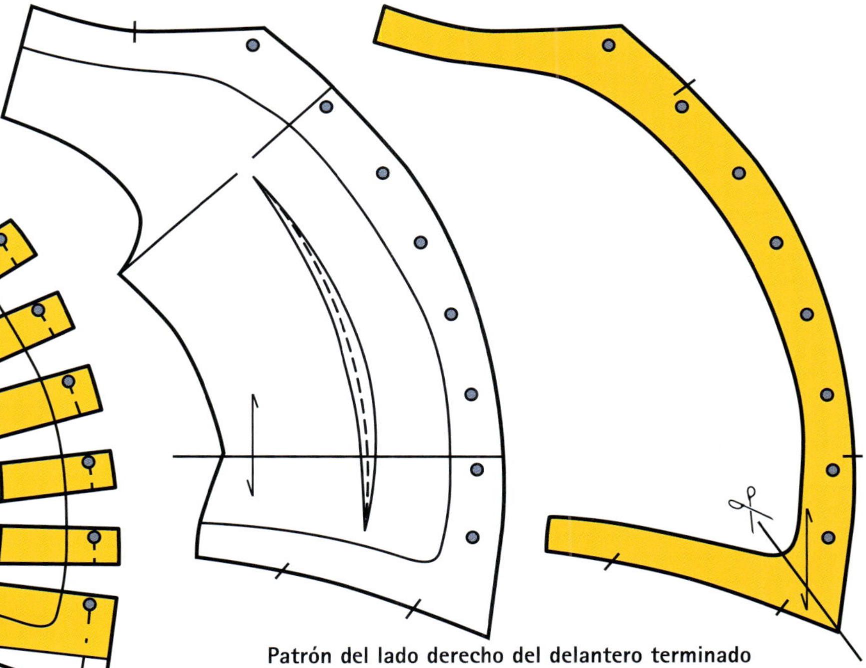

Patrón del lado derecho del delantero terminado

FIG. 7

Abrir las partes cortadas a intervalos regulares y volver a dibujar el patrón (fig. 6).
En el patrón obtenido, dibujar la vista y calcarla (fig. 7).
En todos los patrones terminados, dibujar alrededor 1 cm de costura.
No olvidar marcar varias muescas de referencia y de montaje.

Escote en triángulo con tirantes, fruncido en el pecho

Modelo 11

Realizar primero el patrón base según las medidas dadas y dibujar luego las líneas de transformación en la espalda y en el delantero, como se indica en las figuras 1 y 2.

Dibujar las líneas de corte para obtener los frunces en el centro del delantero.

Calcar las vistas de la espalda y del delantero.

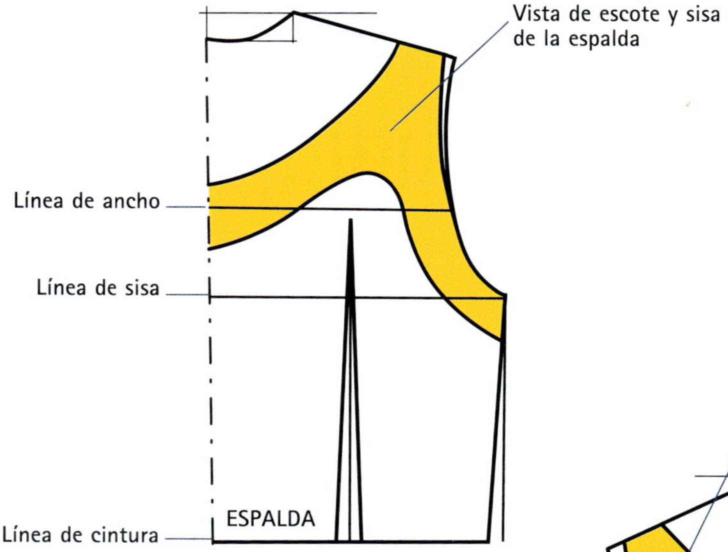

Vista de escote y sisa de la espalda

Línea de ancho

Línea de sisa

Línea de cintura

ESPALDA

FIG. 1

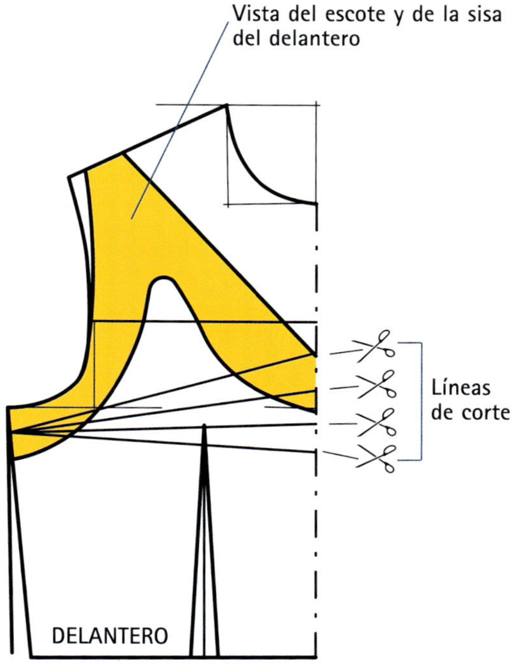

Vista del escote y de la sisa del delantero

Líneas de corte

DELANTERO

FIG. 2

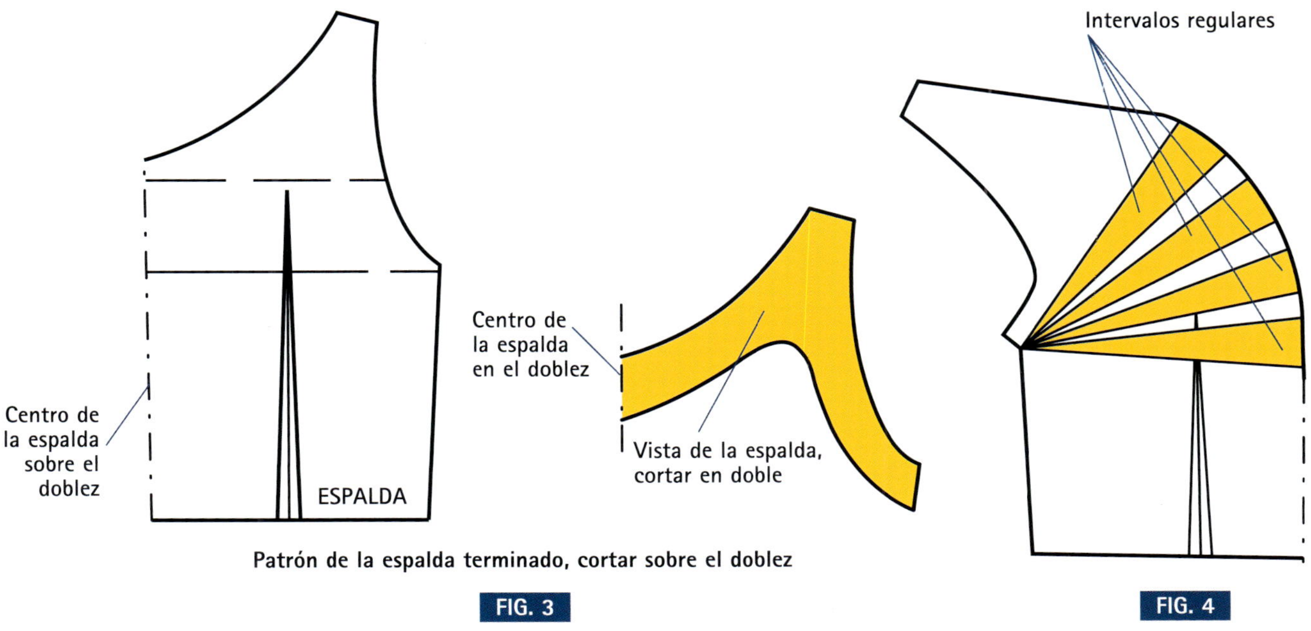

Patrón de la espalda terminado, cortar sobre el doblez

FIG. 3

FIG. 4

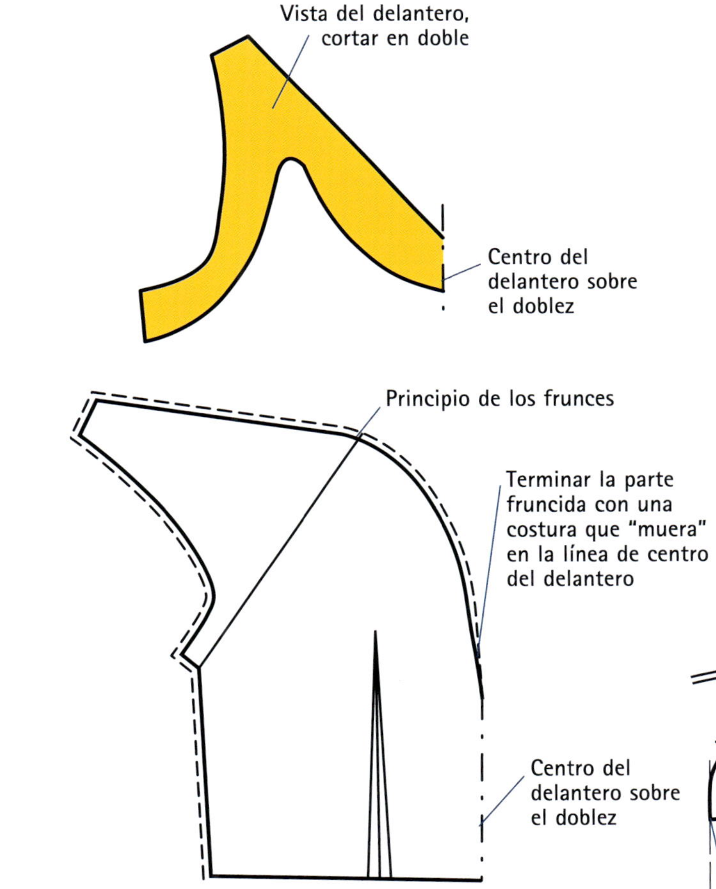

Vista del delantero,
cortar en doble

Centro del
delantero sobre
el doblez

Principio de los frunces

Terminar la parte
fruncida con una
costura que "muera"
en la línea de centro
del delantero

Centro del
delantero sobre
el doblez

Patrón del delantero terminado, cortar sobre el doblez

FIG. 5

Abrir las partes cortadas a intervalos regulares y volver a dibujar el patrón del delantero (fig. 4).
No olvidar marcar la muesca que señala dónde empiezan y terminan los frunces.

El bajo del cuerpo de este modelo es asimétrico, por lo que se despliegan los patrones de la espalda y del delantero para fijar la forma del bajo (fig. 6).

Para obtener costados sin punta (resulta más estético), dibujar 2 a 3 cm en línea recta (zona plana).

En todos los patrones terminados, dibujar alrededor 1 cm de costura.

No olvidar marcar varias muescas de referencia y de montaje.

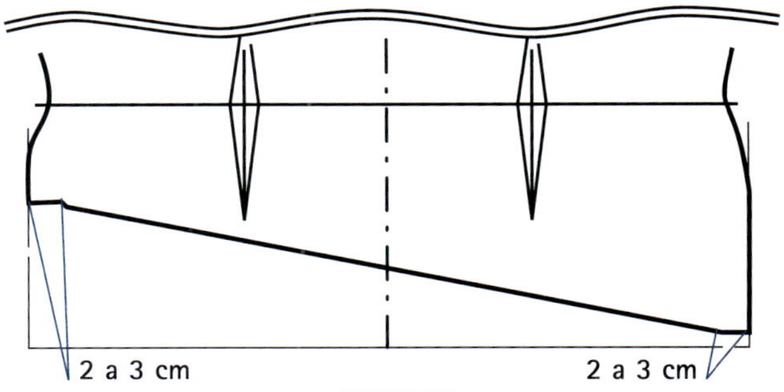

2 a 3 cm

2 a 3 cm

FIG. 6

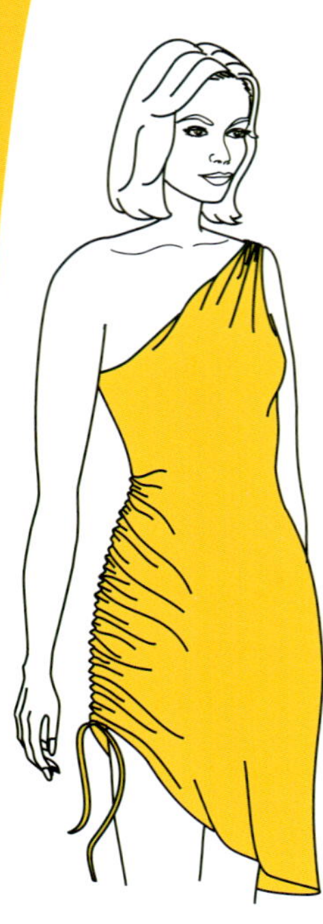

Escote asimétrico, 1 tirante fruncido

Modelo 12

Dibujar primero el patrón de base según las medidas dadas, luego seguir la transformación como se indica en la figura 1 (patrón de la espalda) y en la figura 2 (patrón del delantero).

Este modelo es asimétrico (el cuerpo se sujeta en un solo hombro), por lo que hay que realizar enteros el patrón de la espalda y del delantero (fig. 1 y fig. 2).

Para hacer las vistas, consultar el modelo 6 (página 44), pero teniendo en cuenta que en este modelo 12, la vista del delantero debe mantener la tela fruncida en el hombro; prever un alto suficiente, pero sin llegar a aplastar el pecho.

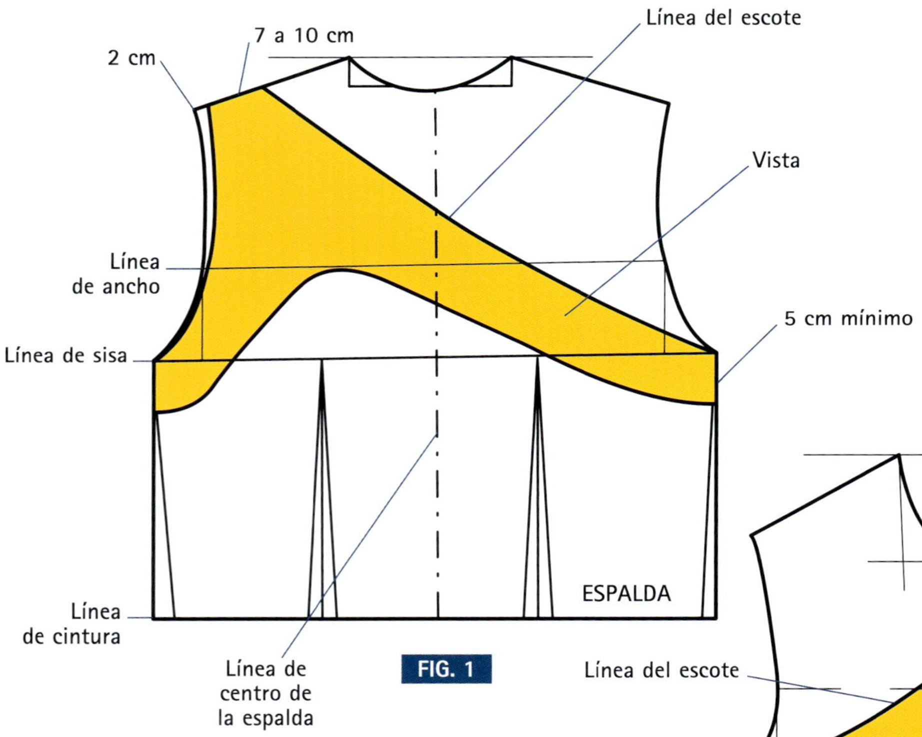

7 a 10 cm
Línea del escote
2 cm
Vista
Línea de ancho
5 cm mínimo
Línea de sisa
ESPALDA
Línea de cintura
Línea de centro de la espalda

FIG. 1

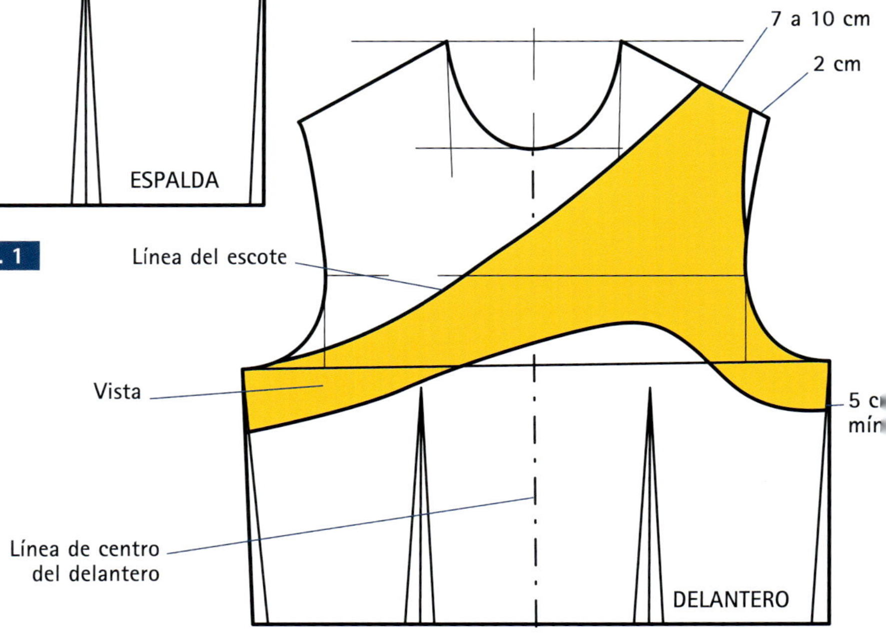

7 a 10 cm
2 cm
Línea del escote
Vista
5 cm mín
Línea de centro del delantero
DELANTERO

FIG. 2

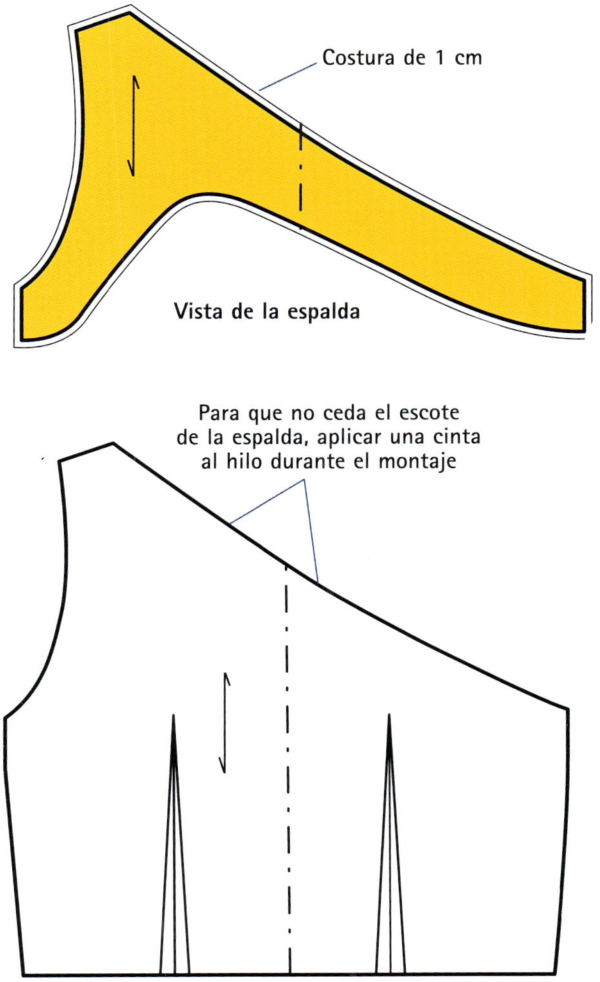

Costura de 1 cm

Vista de la espalda

Vista del delantero

Para que no ceda el escote de la espalda, aplicar una cinta al hilo durante el montaje

Patrón de la espalda terminado

FIG. 3

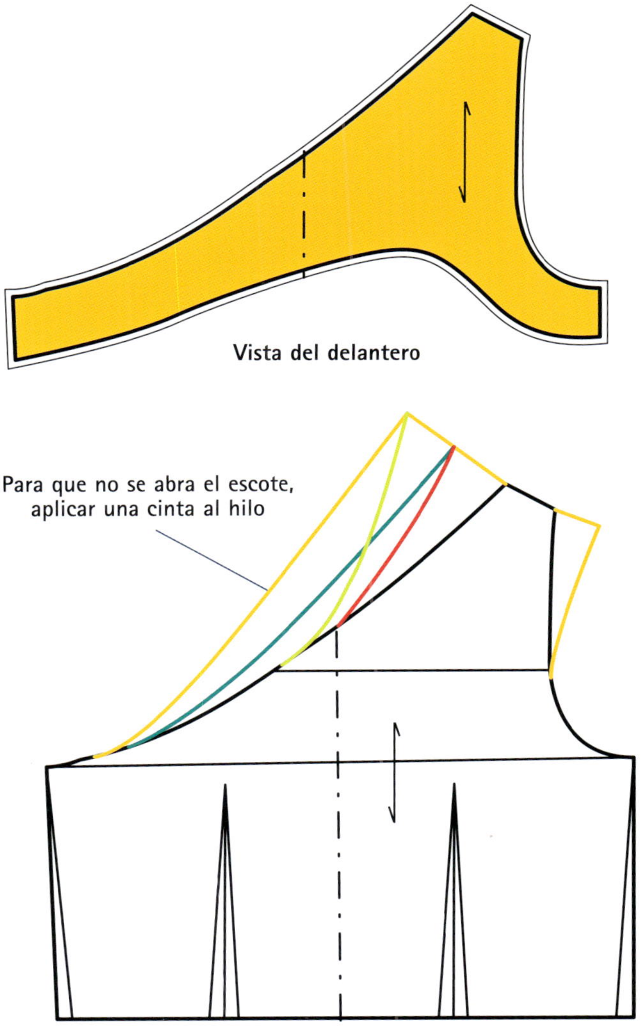

Para que no se abra el escote, aplicar una cinta al hilo

Patrón del delantero terminado

FIG. 4

Para obtener un patrón terminado del delantero, trasladar, mediante calco, la línea del escote entera o parcial (fig. 4), así como la curva de la sisa a partir de la línea de ancho.

Los cuatro colores de la figura 4 representan cuatro estilos posibles de frunces: con el amarillo se obtienen pliegues largos y frunces voluminosos; con el azul, pliegues largos y frunces menos voluminosos; con el verde, pliegues cortos y frunces voluminosos; con el rojo, pliegues cortos y frunces menos voluminosos.

Añadir una costura de 1 cm a los patrones terminados.

No olvidar marcar las muescas de referencia y de montaje.

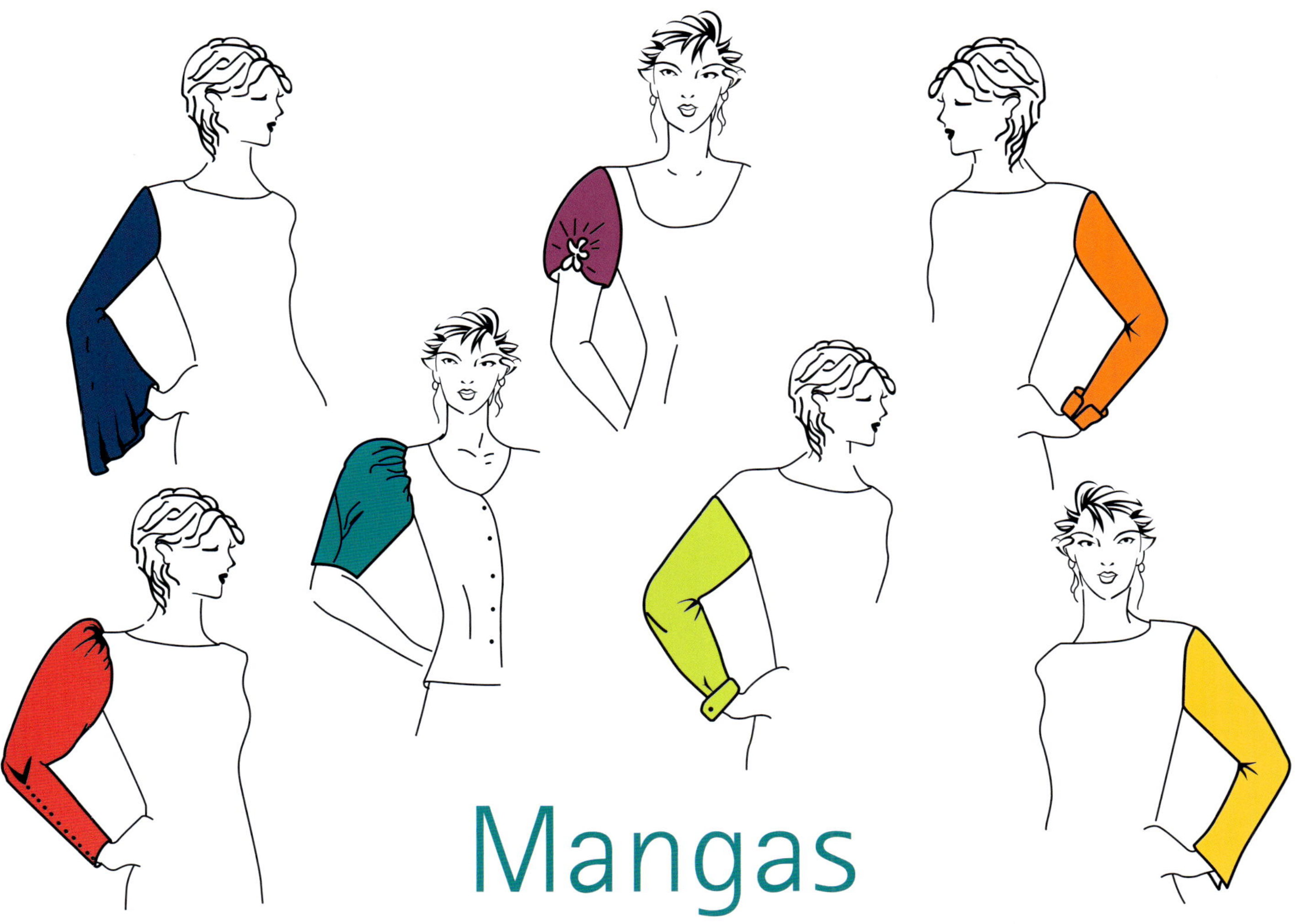

Mangas

Las mangas son elementos indispensables a la hora de definir el estilo y el aspecto de una prenda.

Se dividen habitualmente en dos grupos: mangas cortas y mangas largas. Aunque estas dos categorías se basan en principios similares a la hora de dibujarlas, difieren en cuanto a las reglas para establecer el patrón terminado; por eso, estos dos grupos se presentan aquí por separado.

Los modelos se han elegido a título de ejemplo para dar a conocer las bases de la construcción y de la estructura. El método, sencillo y fácil, que aquí se utiliza para obtener un patrón de manga, es el de cortes.

Esta técnica, simple y muy eficaz una vez que se domina, ofrece la posibilidad de realizar uno mismo patrones de modelos más originales.

La manera de indicar las etapas de la construcción deja espacio a la creatividad y a la posibilidad de personalizar un modelo (aplicando medidas individuales, por ejemplo), incluso de crear otro modelo del mismo estilo utilizando un proceso de construcción distinto.

Construcción de la manga básica

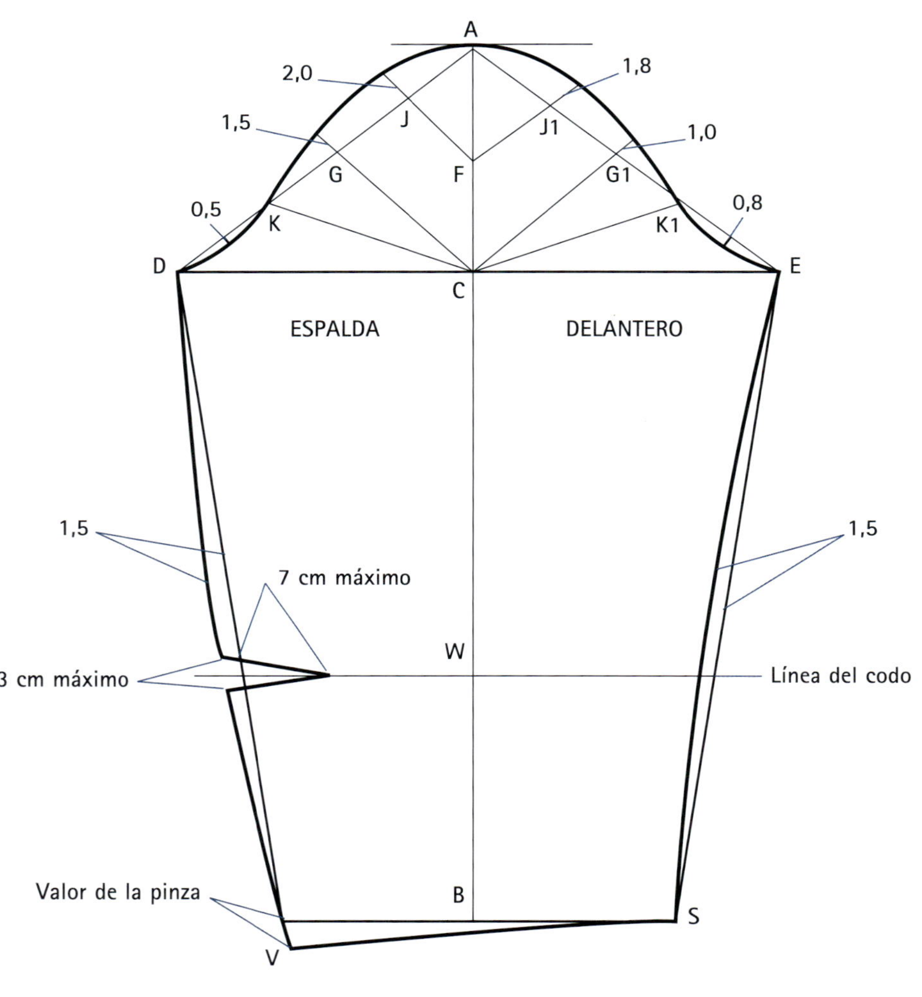

FIG. 1

La construcción del patrón básico de la manga se realiza según el largo y la profundidad de la sisa (ver página siguiente). Ejemplo de medidas utilizadas para construir una manga básica:

– Largo de la manga = 58 cm.
– Profundidad de la sisa = 19 cm.
– Largo de la sisa en el delantero = 21 cm.
– Largo de la sisa en la espalda = 21,4 cm.

1. Largo de manga = AB = 58 cm.

2. AC = profundidad de la sisa – ⅕ de la profundidad de la sisa = 19 (19 : 5) = 15,2 cm.

3. AF = ½ AC.

4. CE = ¾ del largo de la sisa en el delantero = (21 x 3) : 4 = 15,75 cm.

5. CD = ¾ del largo de la sisa en la espalda = (21,4 x 3) : 4 = 16,05 cm.

6. Unir AD y AE.

7. A partir de F, dibujar dos rectas, JF y J1F, formando un ángulo de 45° con AC; a partir de C, dibujar dos rectas, GC y G1C, formando un ángulo de 45° con AC.

8. DK = ½ DG, EK1 = ½ EG1; dibujar con regla de curvas la corona de la manga.

9. Altura del codo = AW = 35,5 cm; valor de la pinza = 3 cm máximo; largo de la pinza = 7 cm máximo.

10. Unir DV + valor de la pinza.

Cualquiera que sea el modelo utilizado, es indispensable construir un patrón base de la manga según el largo y la profundidad de la sisa del cuerpo.

Se deben seguir escrupulosamente los siguientes pasos :
1. Realizar el patrón base del cuerpo.
2. Aplicar ensanchamientos y ajustes.
3. Anotar las medidas de largo y profundidad de la sisa (ver página anterior).
4. Proceder a construir el patrón de la manga teniendo en cuenta esas medidas.

Profundidad y largo (o contorno) de la sisa

El patrón de la manga básica se construye según las medidas de profundidad y largo de la sisa. Se obtiene así una corona de manga perfectamente ajustada. Esta técnica de construcción permite aplicar luego las transformaciones necesarias para realizar distintos modelos.

Las medidas de la profundidad y del largo de la sisa se obtienen como se indica en la figura 1.

1. Colocar uno al lado del otro los patrones de base de la espalda y del delantero (fig. 1).

2. Unir los puntos A y B.

3. Prolongar la línea de costado hasta AB.

4. La medida XY corresponde a la profundidad de la sisa.

5. La medida del largo de sisa se toma con cinta métrica, que se coloca alrededor de la sisa, desde el hombro hasta la línea del costado. Conviene tomar por separado el largo de sisa de la espalda y el largo de sisa del delantero.

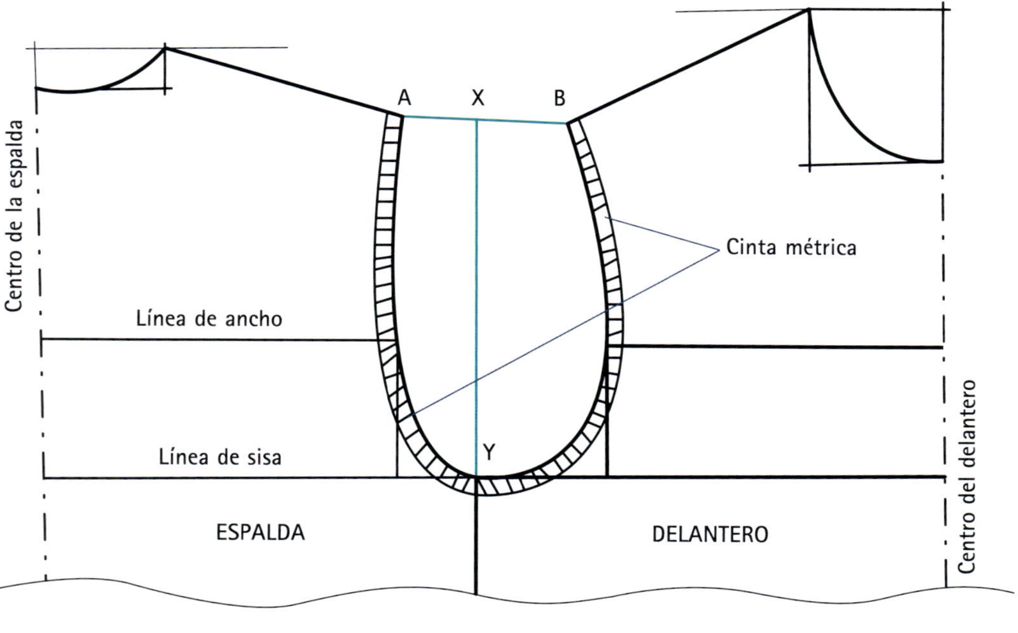

FIG. 1

Construcción de un patrón de manga mediante cortes

A partir del patrón básico de la manga, se pueden realizar todas las transformaciones posibles. La técnica de cortes es la más sencilla.

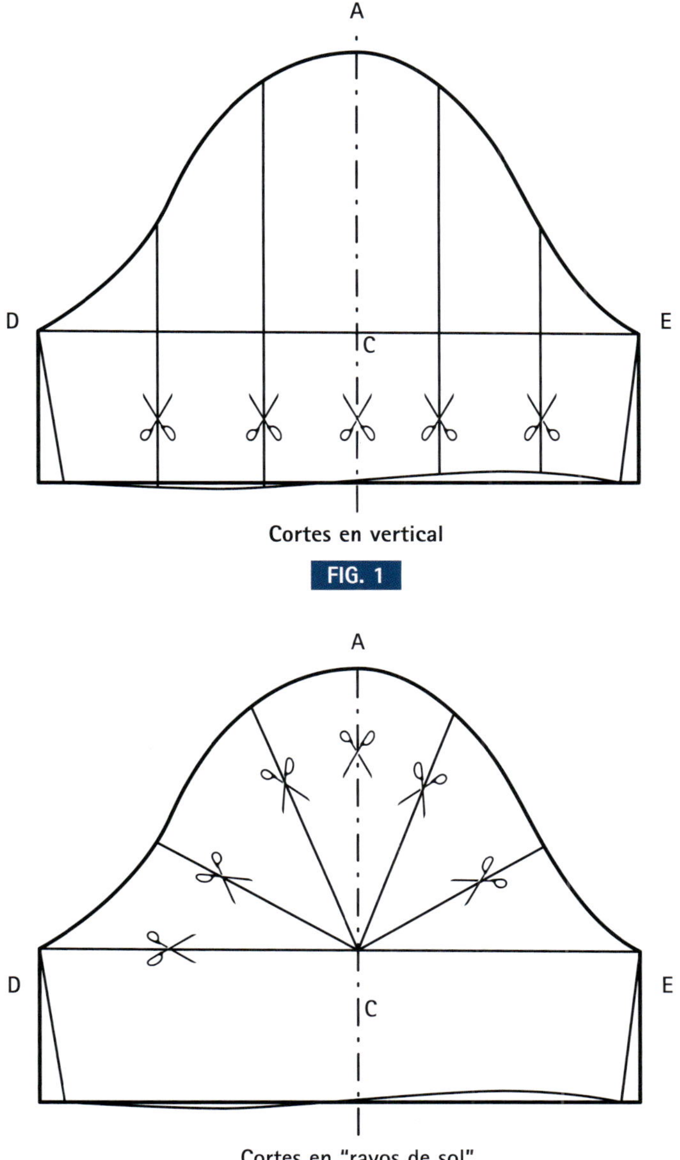

Cortes en vertical

FIG. 1

Cortes en "rayos de sol"

FIG. 2

¡Cuidado!
Cualquiera que sea la técnica empleada para los cortes, en vertical o en "rayos de sol", siempre hay que abrir las partes cortadas a intervalos regulares, manteniendo la línea del centro de la manga vertical y, de ese modo, conservar la forma de la manga con sus proporciones.

Mangas cortas

Los modelos de manga corta que aquí se presentan son ejemplos de aplicación del método de corte y de la técnica de construcción.

Sobre unos diagramas detallados, unas líneas o partes de color permiten distinguir mejor las diversas etapas del patrón.

No siempre se dan los largos de manga y, cuando se dan, es solo a título orientativo, para poder personalizar y adaptar el modelo.

El valor de la costura no siempre se dibuja para no sobrecargar el dibujo de un patrón terminado, pero hay que añadirlo siempre.

Por último, recordemos que son fundamentales las muescas de montaje en el patrón terminado y no se deben olvidar en ningún caso.

Manga con frunces en la corona

Modelo 1

Dibujar la manga básica según el largo y la profundidad de la sisa, dándole el largo total deseado.

Para obtener un patrón terminado de la manga con "frunces en la corona", agrandar la manga a lo alto y a lo ancho. Para hacerlo, utilizar cortes en "rayos de sol", que son los mejor adaptados: dividir la corona de la manga en partes iguales y numerarlos (fig. 1).

Mantener vertical la línea de centro de la manga.

Separar las partes cortadas a intervalos regulares, según la amplitud que se desee (fig. 2).

Volver a dibujar la manga suprimiendo los picos que se formen al ampliar la corona.

Añadir una costura de 1 cm al patrón terminado.

Marcar las muescas de referencia y de montaje.

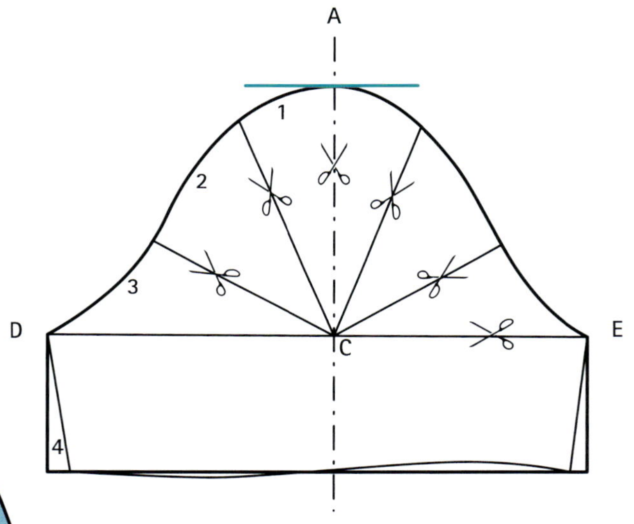

A
1
2
3
D
C
E
4

FIG. 1

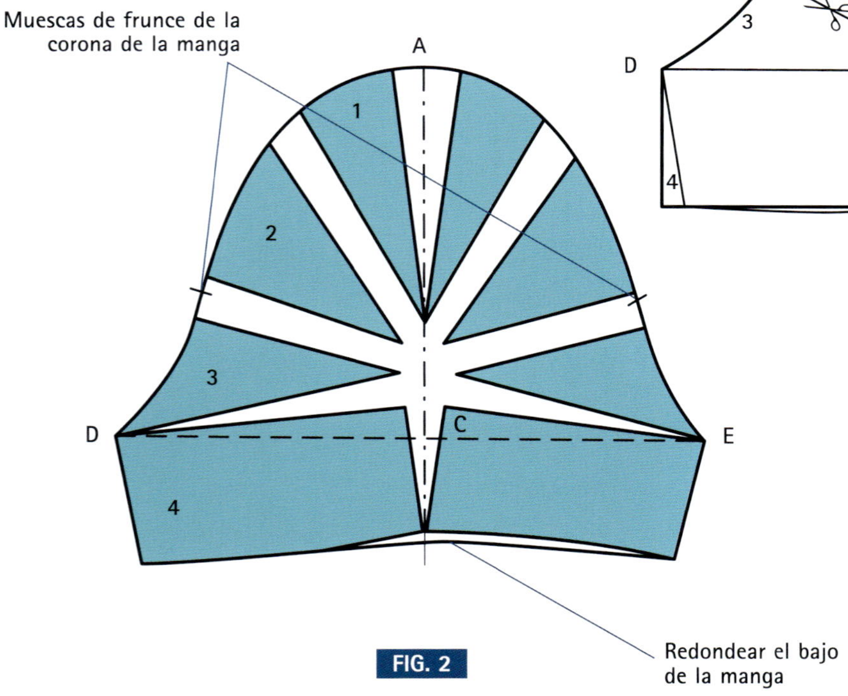

Muescas de frunce de la corona de la manga
A
1
2
3
D
C
E
4
Redondear el bajo de la manga

FIG. 2

Manga tulipán con la corona sin fruncir

Modelo 2

Este modelo de manga está formado por dos partes que se superponen.

Dibujar primero la manga básica según el largo y la profundidad de la sisa; por ejemplo, con un margen de embebido de 3 a 4 cm y un largo de 24 cm.

Dibujar luego una de las dos líneas de corte que corresponda a una de las dos partes de la manga; la otra línea de corte para la otra parte se obtiene por simetría (fig. 1). Por lo general, estas líneas de corte empiezan al nivel de la línea de ancho (en la sisa).

Calcar por separado las dos partes de la manga: el lado de la espalda y el lado del delantero (fig. 2).

Marcar las muescas de referencia (1 muesca para la espalda y 2 para el delantero), así como las muescas de montaje.

Añadir una costura de 1 cm al patrón terminado de las dos partes de la manga (la de la espalda y la del delantero).

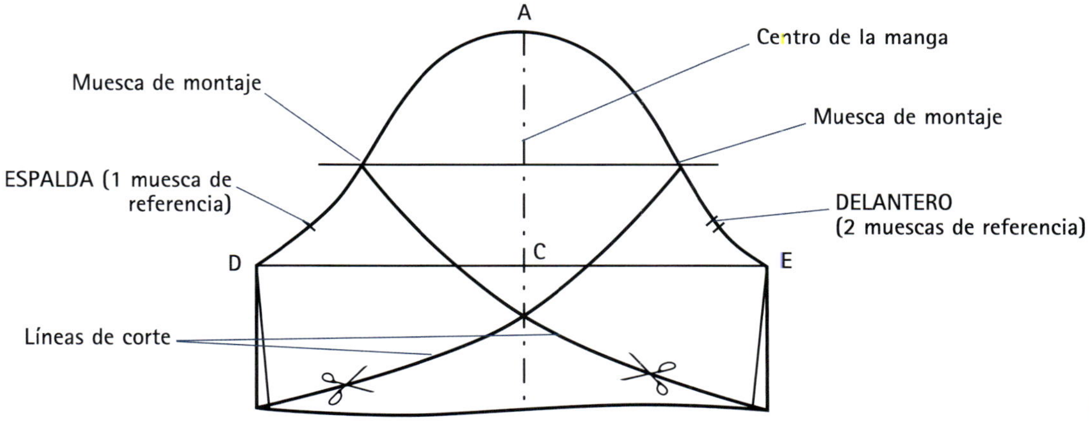

A
Centro de la manga
Muesca de montaje
Muesca de montaje
ESPALDA (1 muesca de referencia)
DELANTERO (2 muescas de referencia)
C
D
E
Líneas de corte

FIG. 1

A
A
Muesca de montaje
Muesca de montaje
B
C
C
E
Costura de 1 cm
Lado de la espalda
Centro de la manga
Lado del delantero
Patrón de la manga terminado

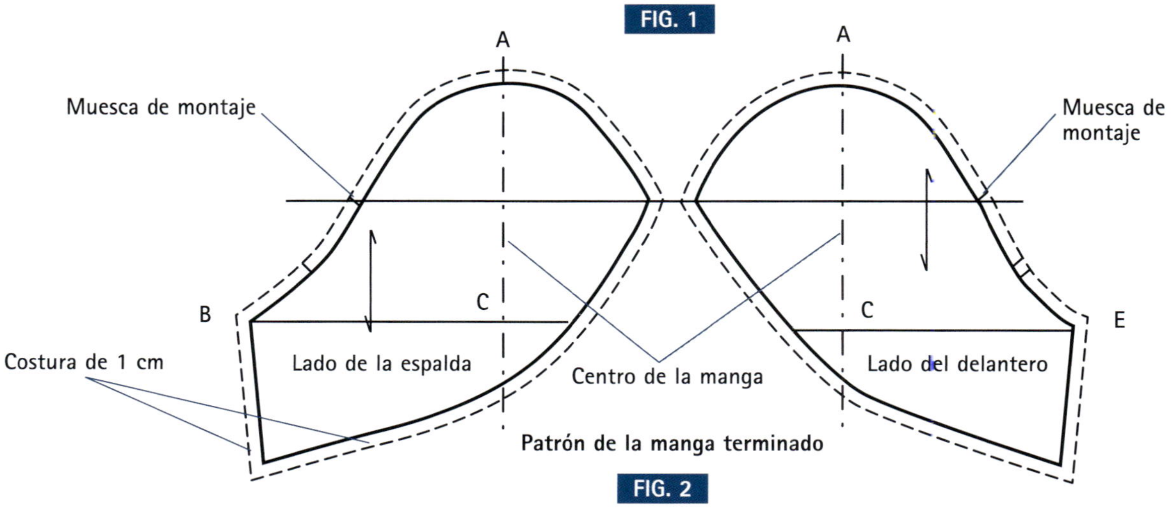

FIG. 2

Manga tulipán con corona fruncida

Modelo 3

Dibujar primero el patrón básico de la manga según el largo y la profundidad de la sisa, por ejemplo con un largo de manga de 24 cm. Para dar volumen a la corona de la manga con frunces, aplicar los cortes indicados en la figura 1.

Abrir en abanico las dos partes de arriba cortadas, manteniendo vertical la línea de centro de la manga, y volver a dibujar el patrón de la manga (fig. 2).

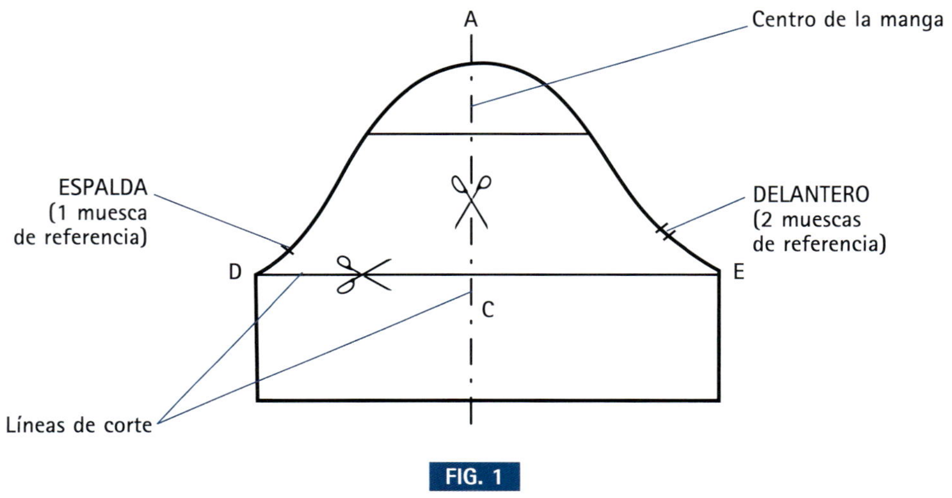

FIG. 1

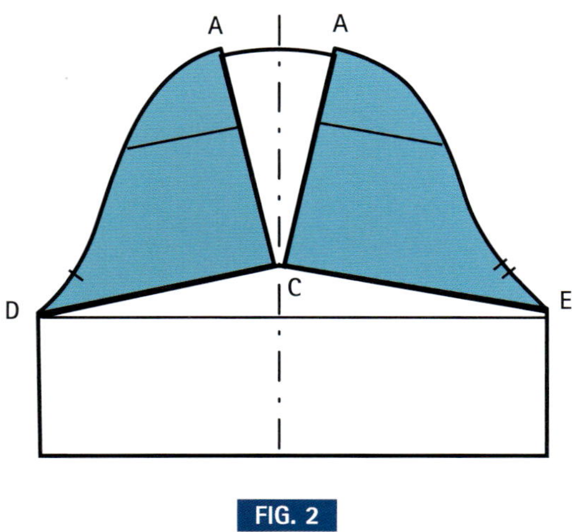

FIG. 2

Abriendo más o menos las dos partes en horizontal, se obtienen más o menos frunces en la corona de la manga. Subiendo las dos partes en vertical, se aumenta el volumen de la corona en altura. Tener en cuenta que se debe sujetar la corona fruncida con una almohadilla de tul o con una hombrera.

Para continuar construyendo el patrón (fig. 3 y fig. 4), seguir las explicaciones del modelo 2 (página 67).

No olvidar marcar las muescas de referencia y de montaje, y añadir 1 cm de costura al patrón terminado.

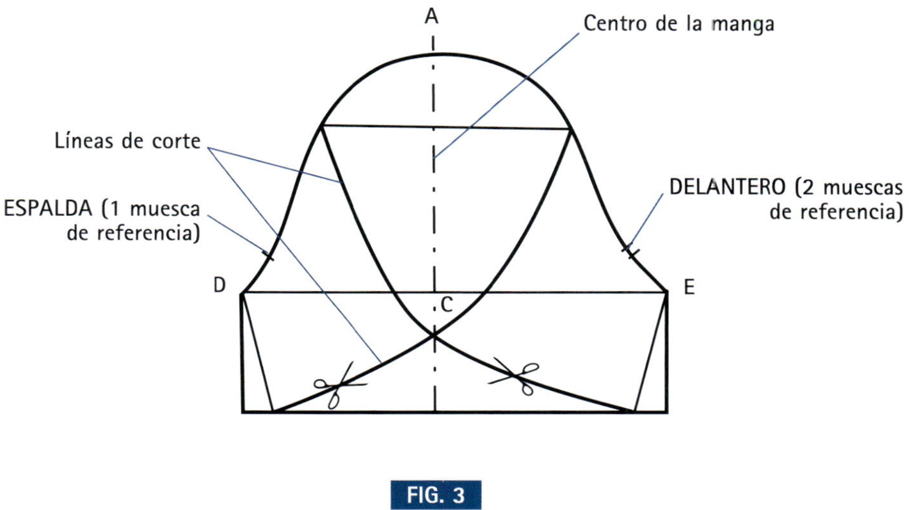

FIG. 3

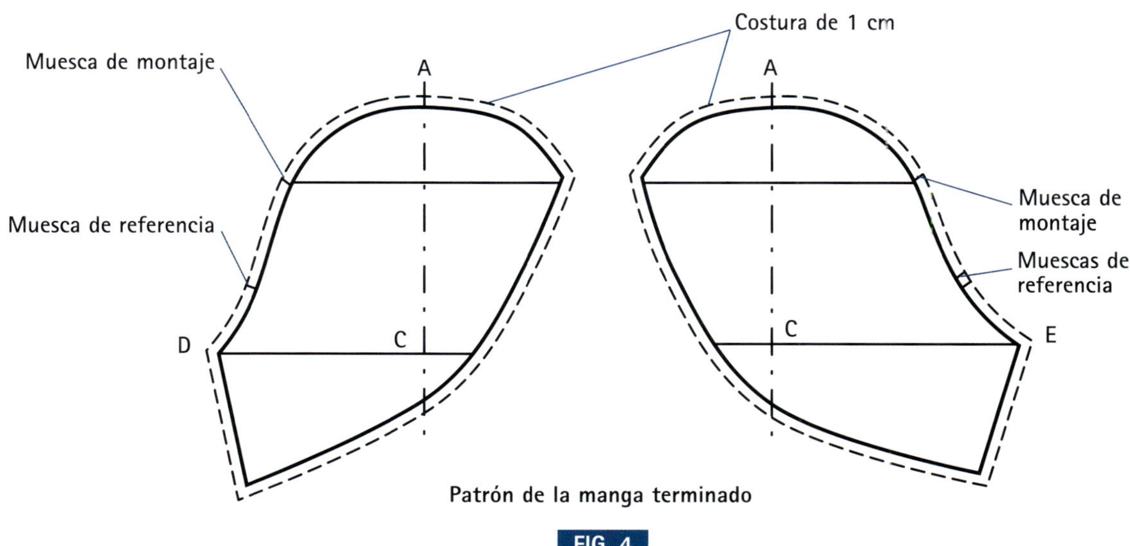

Patrón de la manga terminado

FIG. 4

Manga con volantes asimétricos superpuestos

Modelo 4

Para obtener un patrón terminado de este modelo de manga, empezar por construir la manga básica según el largo y la profundidad de la sisa, con un largo de manga de 25 cm aproximadamente (fig. 1).

Dibujar luego las dos líneas de corte (fig. 1) y calcar por separado las dos partes de la manga (fig. 2).

En las dos partes de manga obtenidas (lado de la espalda y lado del delantero), dibujar las líneas de corte a intervalos regulares (fig. 2).

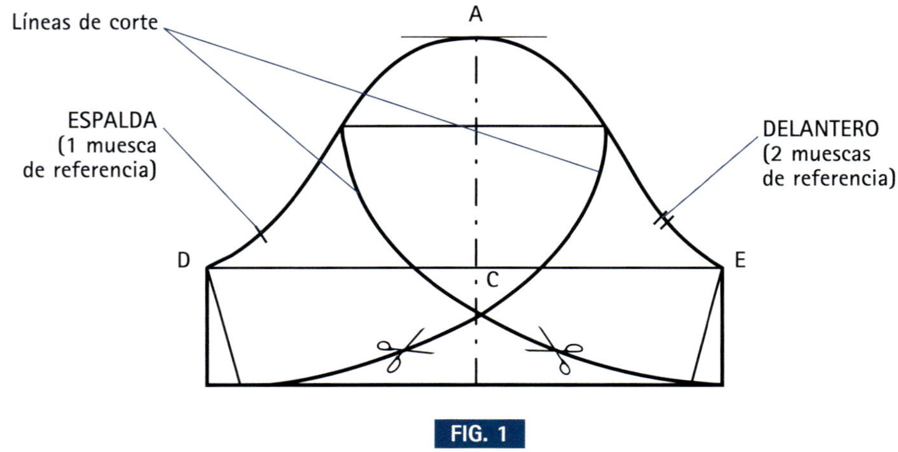

FIG. 1

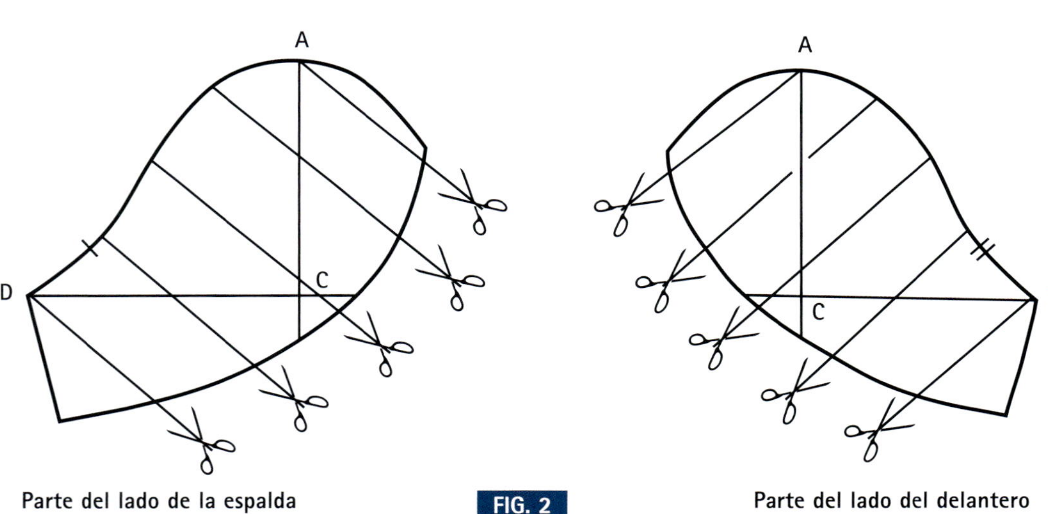

FIG. 2

Cortar la corona de la manga sin separar las piezas para no deformar el contorno de la sisa.

Abrir las partes cortadas a intervalos regulares, manteniendo vertical la línea de centro de la manga (fig. 3).

Volver a dibujar el patrón de la manga (fig. 4).

Redondear los picos que se forman al abrir los trozos cortados.

No olvidar marcar las muescas de referencia y de montaje y añadir 1 cm de costura al patrón terminado.

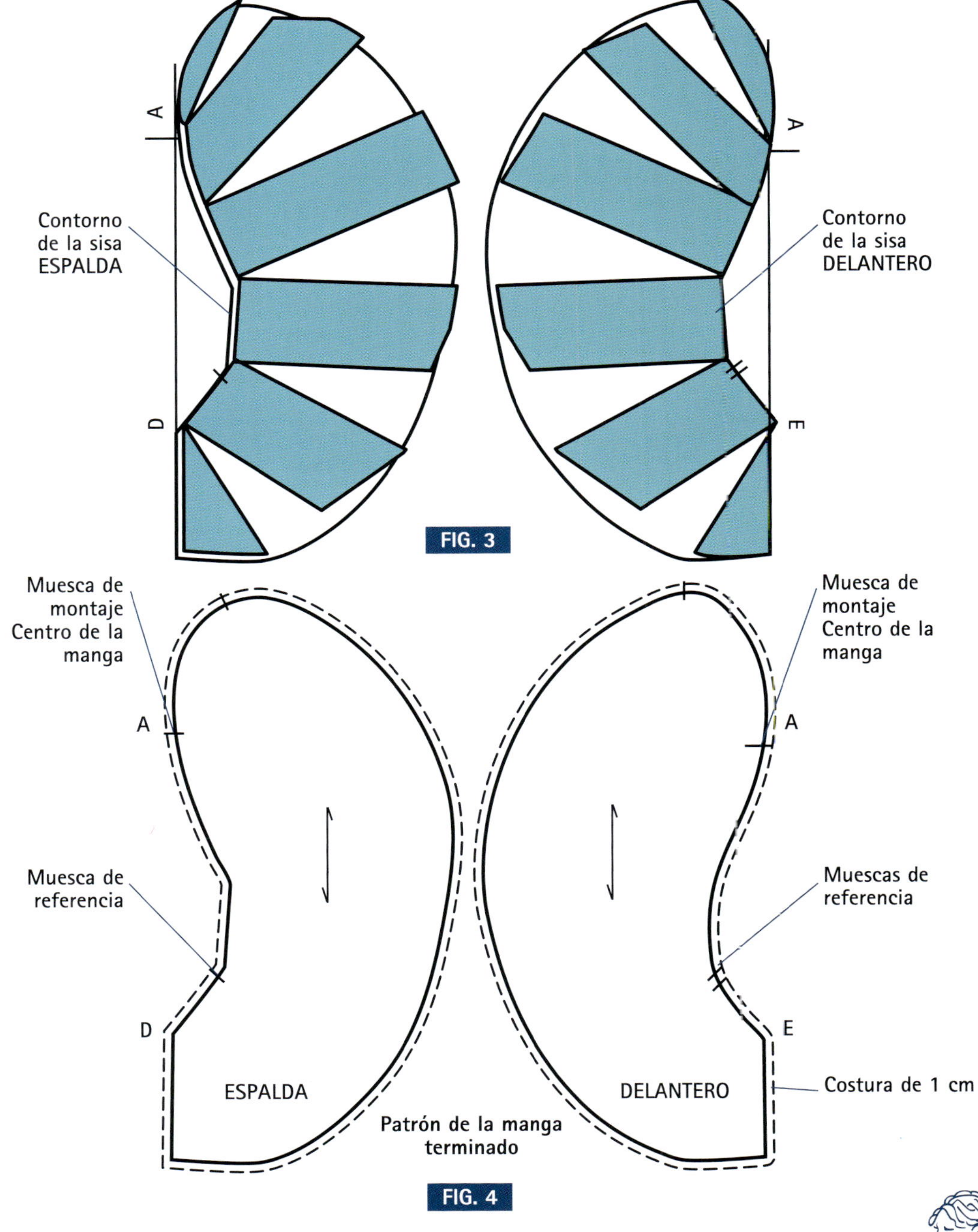

Manga de mariposa

Modelo 5

Para construir esta manga, se aplica la técnica de cortes verticales (página 63).

Dibujar la manga básica según el largo y profundidad de la sisa, con un margen de embebido de 2 cm y un largo de manga de 25 cm máximo. Dibujar luego las líneas de corte (fig. 1).

Abrir los trozos cortados a intervalos regulares, manteniendo vertical la línea de centro de la manga, y volver a dibujar el patrón (fig. 2).

No separar las partes cortadas para conservar el contorno exacto de la manga.

Para obtener una manga con muchos volantes, lo que equivale a separar bastante los trozos, dividir el patrón básico de la manga en varias partes (8, 10 o más) para facilitar luego el dibujo del nuevo patrón; para una manga con menos volantes, separar el patrón en 2 o 4 trozos solamente.

Situar las muescas de referencia y de montaje y añadir una costura de 1 cm en el patrón terminado.

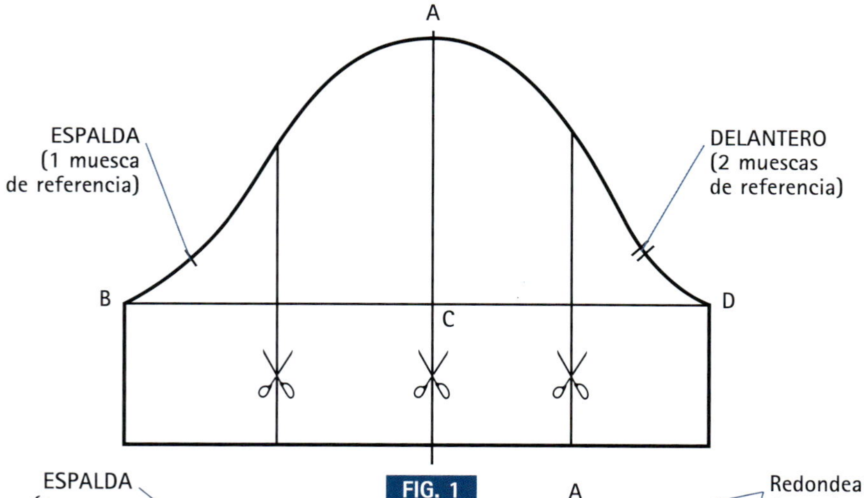

A

ESPALDA (1 muesca de referencia)

DELANTERO (2 muescas de referencia)

B

C

D

FIG. 1

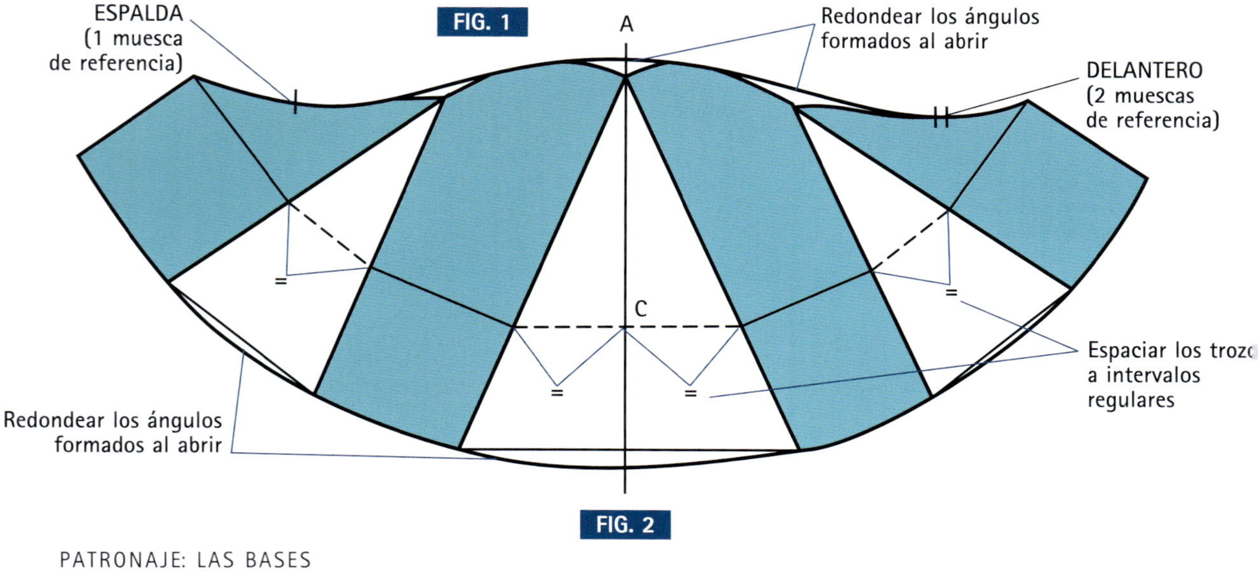

ESPALDA (1 muesca de referencia)

A

Redondear los ángulos formados al abrir

DELANTERO (2 muescas de referencia)

=

=

C

=

=

Espaciar los trozos a intervalos regulares

Redondear los ángulos formados al abrir

FIG. 2

Manga **fruncida** en el bajo

Modelo 6

Para obtener el patrón terminado de este modelo de manga, empezar por construir la manga básica según el largo y profundidad de la sisa y con el largo de manga deseado.

Establecer el centro de los frunces y dibujar las líneas de corte (fig. 1).

A partir del centro de frunces, abrir los trozos a intervalos regulares, como se indica en la figura 2.

Para mantener el contorno de la manga, no separar las partes que estén cortadas.

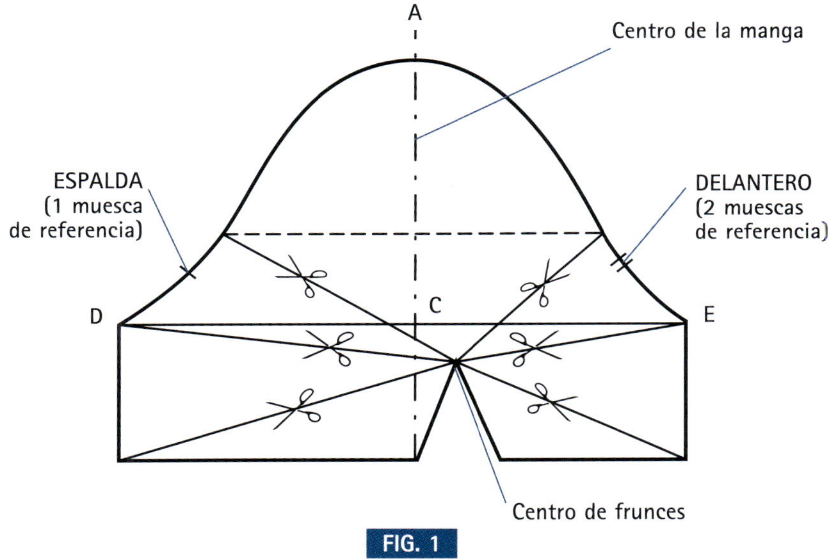

FIG. 1

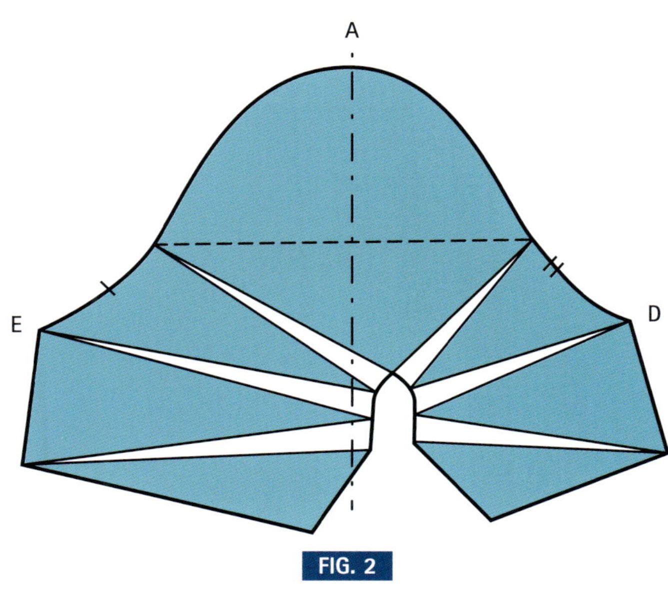

FIG. 2

Manga con pieza fruncida

Modelo 7

Para este modelo de manga, utilizar una tela bastante rígida o colocar entretela en la parte de la corona que se va a fruncir, o también poner por debajo de la hombrera una almohadilla de tul fruncido.

Dibujar primero la manga básica según el largo y la profundidad de la sisa y con el largo de manga que se desee.

Dibujar las líneas de corte (fig. 1) y calcar esa parte de la manga.

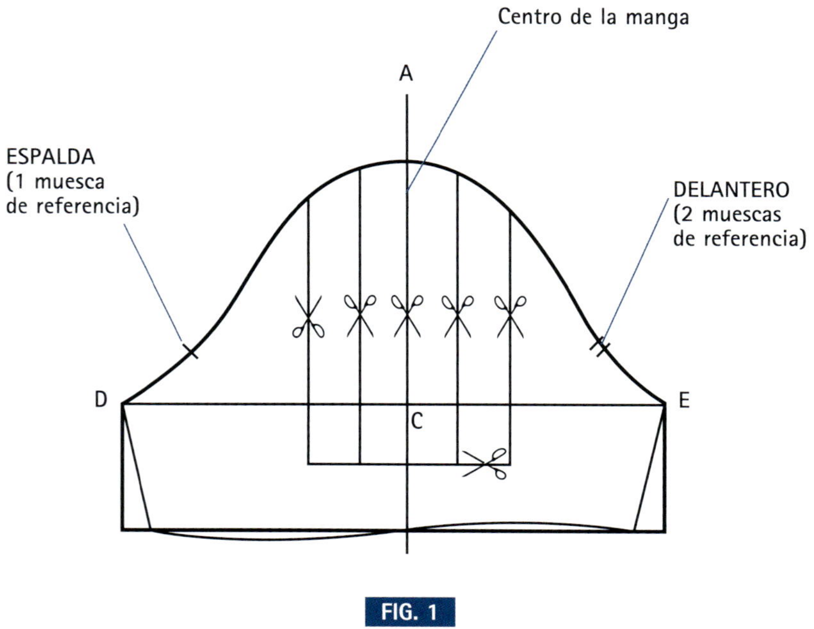

FIG. 1

Separar horizontalmente los trozos cortados a intervalos regulares, manteniendo vertical la línea de centro de la manga (fig. 2).

Volver a dibujar la parte del patrón de la manga, subiendo la corona de 3 a 5 cm para obtener los frunces. Darle también volumen redondeando el bajo de la manga de 2 a 3 cm (fig. 2).

No olvidar marcar las muescas de referencia y de montaje y añadir una costura de 1 cm alrededor del patrón terminado.

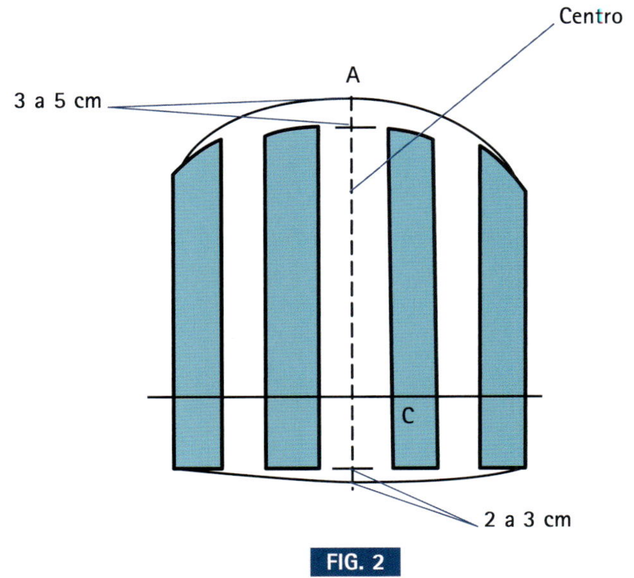

FIG. 2

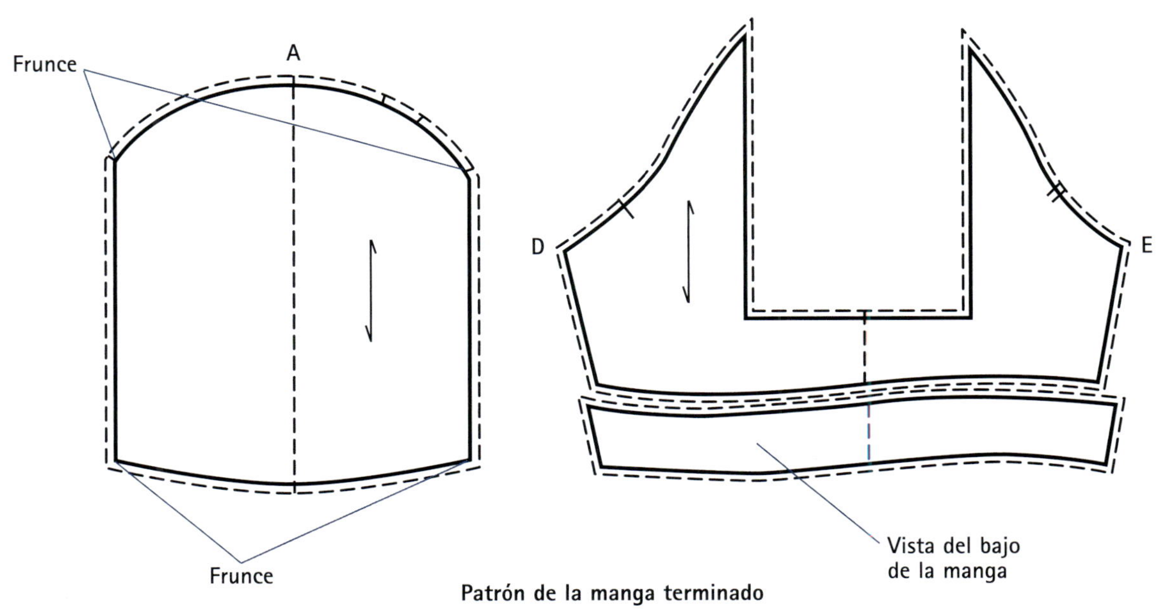

Patrón de la manga terminado

FIG. 3

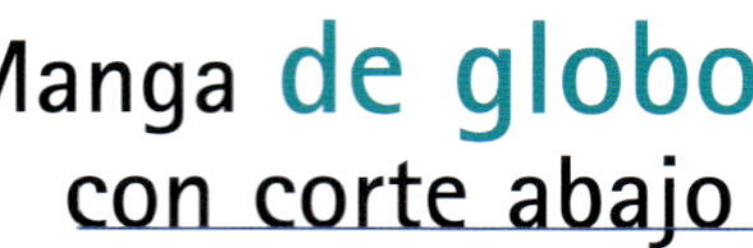

Manga de globo con corte abajo

Modelo 8

Para obtener este modelo de manga, dibujar primero el patrón básico de manga con el largo y profundidad de sisa y el largo de manga que se desee.

En este modelo, si la tela es ligera, se procede como para el modelo 7 (página 74); sujetar el volumen de la corona de la manga con una almohadilla o reforzarlo por dentro con entretela más rígida (gasilla autoadhesiva o tul rígido).

El volumen de la manga depende de la separación de las piezas cortadas; cuanto más separadas estén, más volumen tendrá la manga.

Dibujar las líneas de corte como se indica en la figura 1.

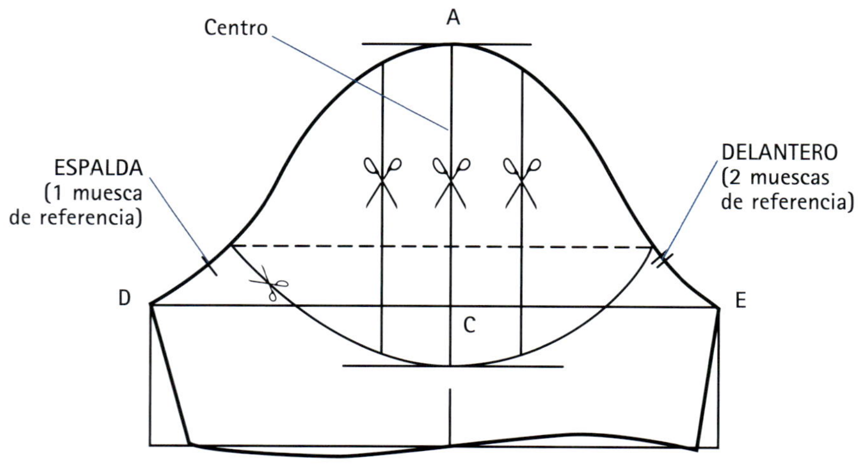

FIG. 1

¡Cuidado!
La construcción se hace siempre teniendo como referencia una línea vertical que corresponde al centro de la manga.

Cortar, sin separar, las partes para mantener el contorno exacto de la forma y las proporciones.

Abrir los trozos manteniendo vertical la línea de centro de la manga (fig. 2).

Volver a dibujar el patrón de la manga como se indica en la figura 3.

Marcar las muescas de referencia y de montaje y añadir 1 cm de costura al patrón terminado.

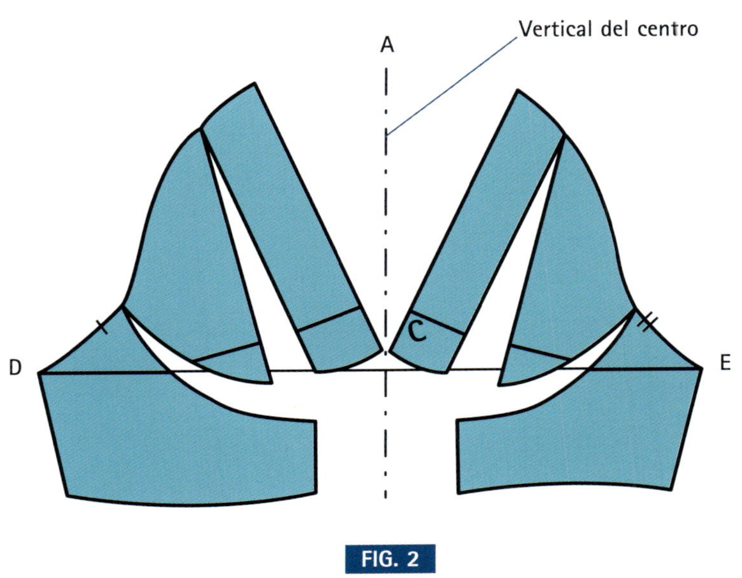

FIG. 2

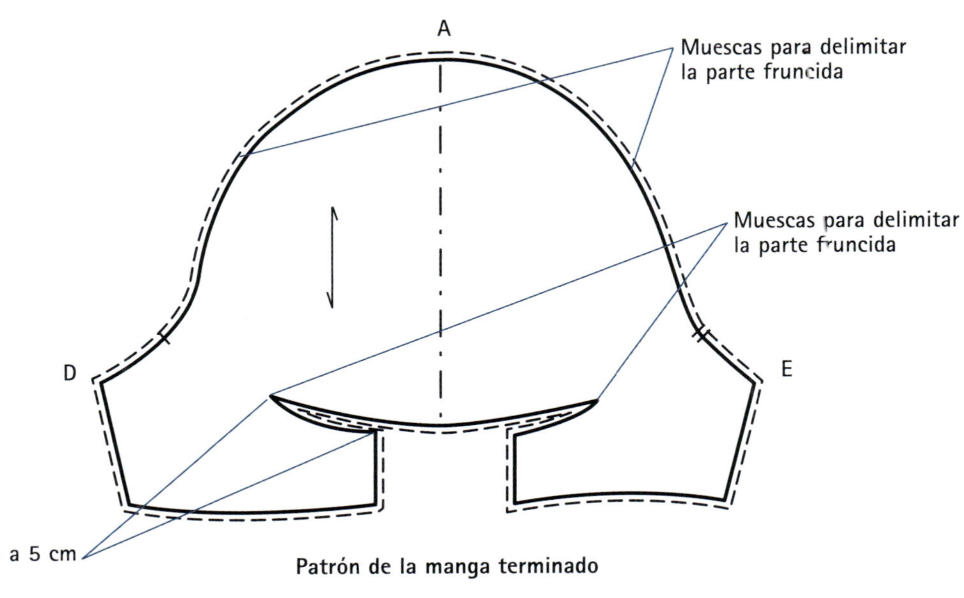

Patrón de la manga terminado

Manga de "farol"

Modelo 9

Este modelo recibe el nombre de "farol" o "farolillo" por su forma. También queda muy bonito en su versión larga.

Dibujar primero el patrón básico de manga.

Trazar luego las líneas de corte verticales (fig. 1).

No separar las partes cortadas para mantener el contorno exacto de la manga.

Para facilitar la transformación, dividir ahora la manga en dos piezas, siguiendo una línea de corte situada cerca de la sisa (fig. 1), pero no es obligatorio: depende del modelo que se desee.

Abrir los trozos de la parte alta de la manga a intervalos regulares, manteniendo vertical la línea de centro de la manga (fig. 2). Asegurarse de que los extremos de la corona de la manga lleguen a la línea horizontal. Volver a dibujar el patrón.

Proceder igual que se ha explicado antes para construir la parte inferior de la manga (fig. 3). Antes de dibujar el patrón definitivo de la manga, comprobar que el largo exterior de las dos partes sea idéntico.

No olvidar situar varias muescas de montaje y añadir 1 cm de costura en cada parte del patrón terminado.

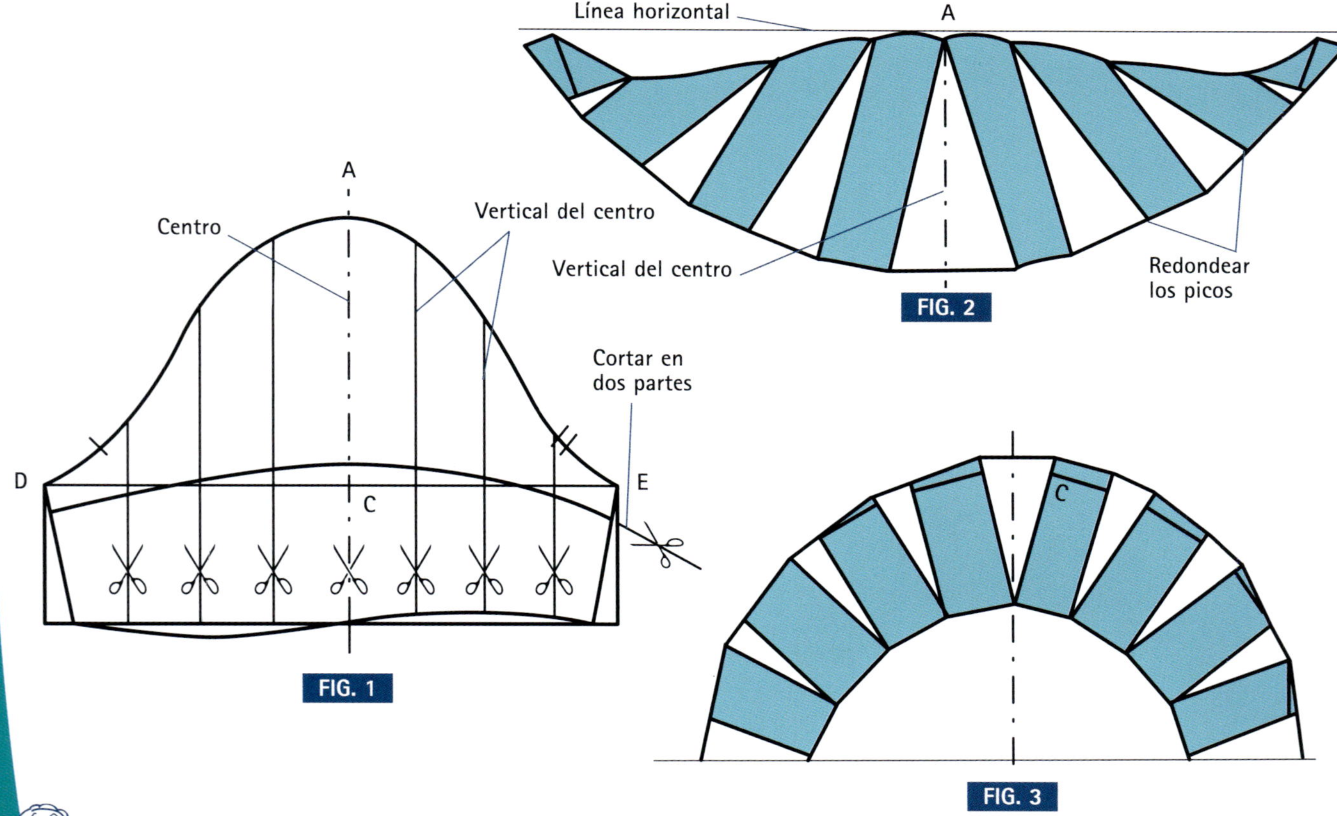

FIG. 1

FIG. 2

FIG. 3

Manga llamada "manguito"

Modelo 10

Esta manga, a veces llamada "manguito", requiere un ajuste perfecto con la sisa del cuerpo. El patrón terminado presenta solo una parte de la corona de la manga, por eso es muy importante que el resultado de la transformación no quede ni demasiado ajustado ni demasiado suelto (por lo general, los márgenes de embebido se hacen de 1 a 2 cm sobre la manga básica).

Bajar la línea de corte unos 2 cm en la espalda de la manga para que quede más estética (fig. 2).

Marcar el emplazamiento de la manga en la sisa mediante unas muescas para facilitar el montaje (fig. 1).

Hacer la vista interior de la sisa y la del bajo del manguito, excepto si toda la prenda va a ir forrada (fig. 3).

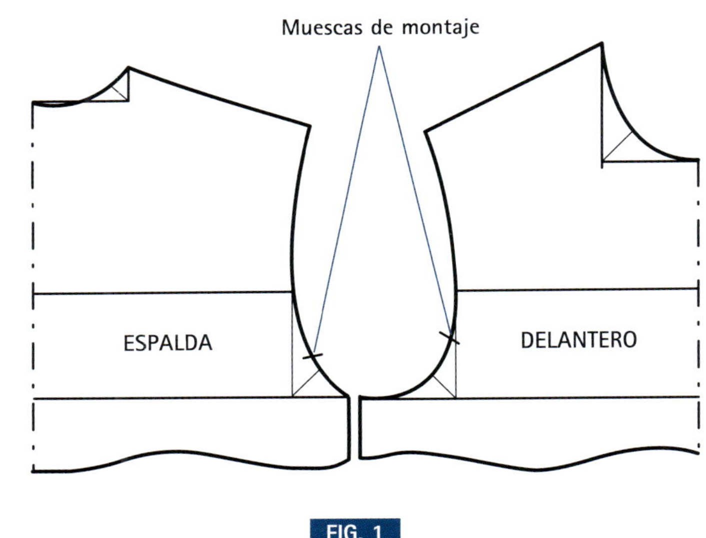

FIG. 1

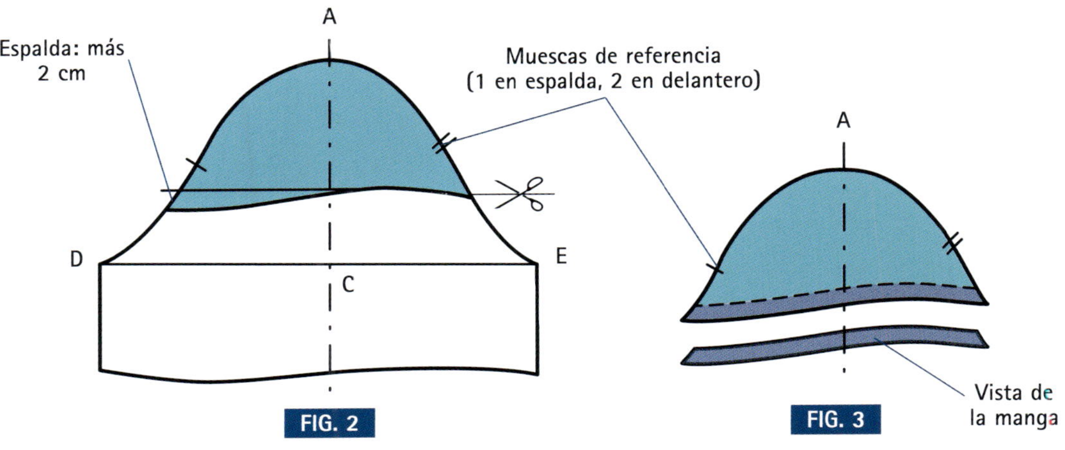

FIG. 2

FIG. 3

Manga de "globo"

Modelo 11

Por su forma, esta manga se denomina de "globo".

Si la prenda no se ha confeccionado con un material rígido (otomán, tafetán...), se añade un refuerzo por el interior (almohadilla u hombrera) o una entretela en la corona de la manga.

Empezar la construcción del patrón dibujando el patrón básico de manga según el largo y profundidad de sisa y con un largo de manga de unos 20 cm.

Dibujar luego las líneas de corte, como se indica en la figura 1, en vertical para aumentar el volumen del ancho, y en horizontal para aumentarlo en altura.

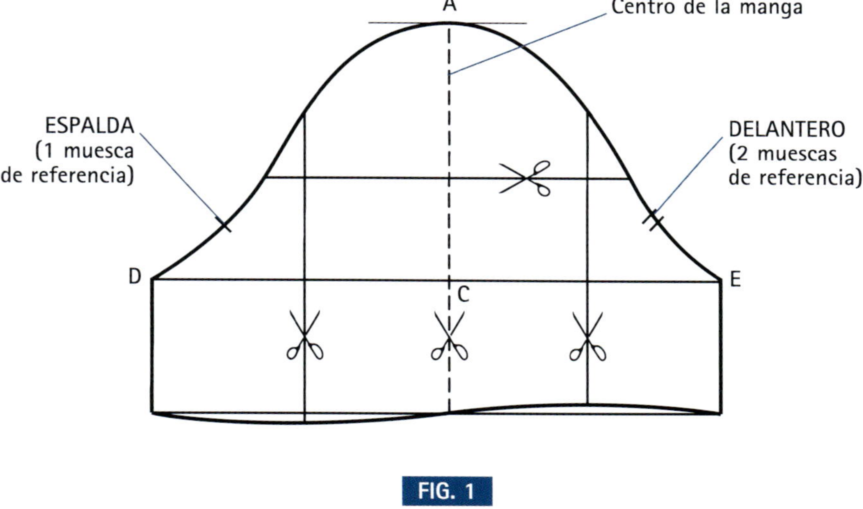

FIG. 1

Separar las piezas de la manga a intervalos regulares, manteniendo vertical la línea de centro (fig. 2). Cuanto más se separen los trozos, más volumen adquirirá la manga.

Volver a dibujar el patrón de la manga, redondear los picos que se forman al separar los trozos cortados.

Situar las muescas de referencia y de montaje y añadir una costura de 1 cm alrededor del patrón terminado.

Construir también una banda de 3 a 4 cm de ancho como mínimo y de un largo igual al contorno de brazo (fig. 4); esa banda hará de puño, que retendrá el volumen del bajo de la manga mediante frunces.

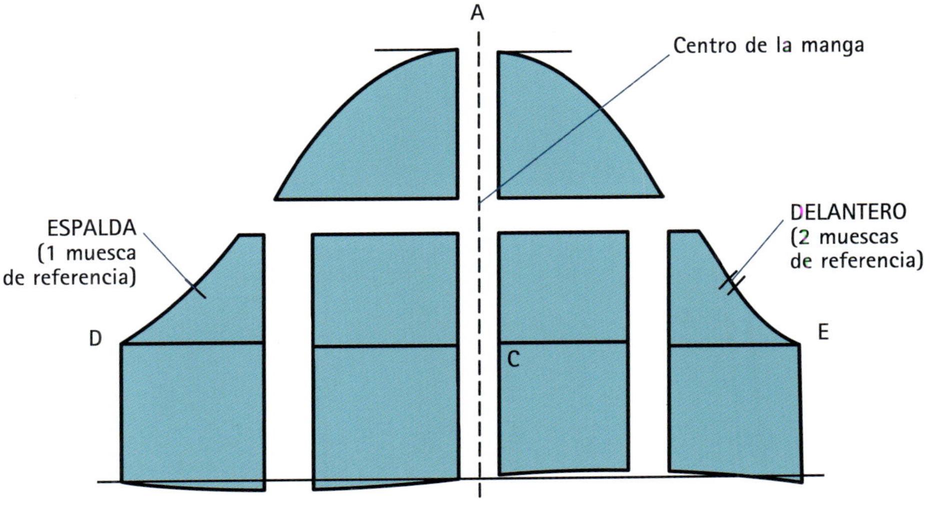

FIG. 2

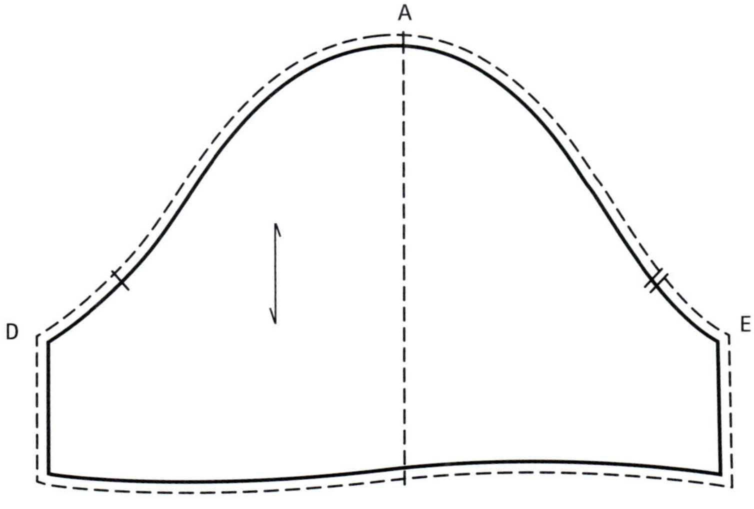

Patrón de la manga terminado

FIG. 3

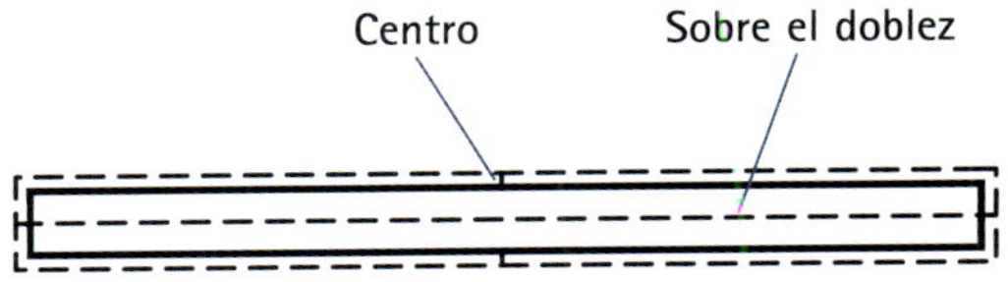

FIG. 4

81

Manga con la corona fruncida, 1 pliegue vertical

Modelo 12

Dibujar primero el patrón básico de manga según el largo y la profundidad de la sisa.

Este modelo requiere aumentar el volumen de la corona de la manga, por eso se hacen cortes en "rayos de sol" (página 66), como se indica en la figura 1.

Dividir la manga en dos partes por el centro para obtener luego una pinza que hará de falso pliegue en medio (fig. 1 y fig. 3).

Para el borde de la manga prever una vista de 3 a 4 cm, de igual forma que la manga (fig. 2); para ello, antes de realizar los cortes, dibujar la vista y luego calcarla.

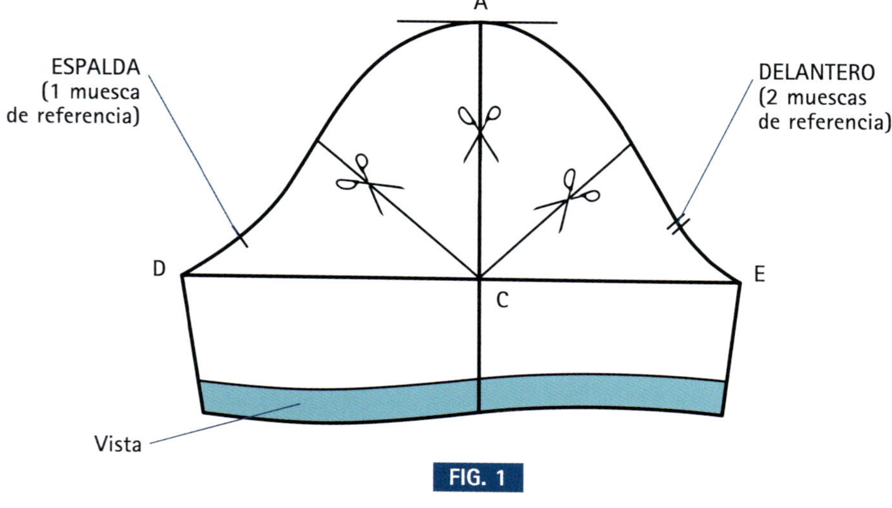

FIG. 1

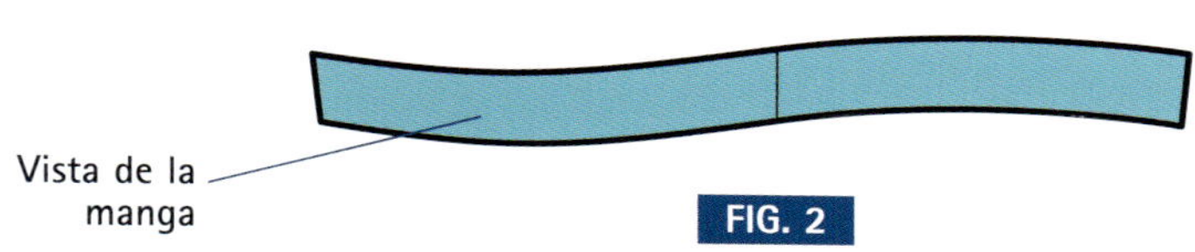

FIG. 2

Separar las partes cortadas como se indica en la figura 3.

Volver a dibujar el contorno del patrón redondeando todos los ángulos que se hayan formado al separar los trozos cortados.

No olvidar marcar las muescas de referencia y de montaje y añadir una costura de 1 cm al patrón terminado (fig. 4).

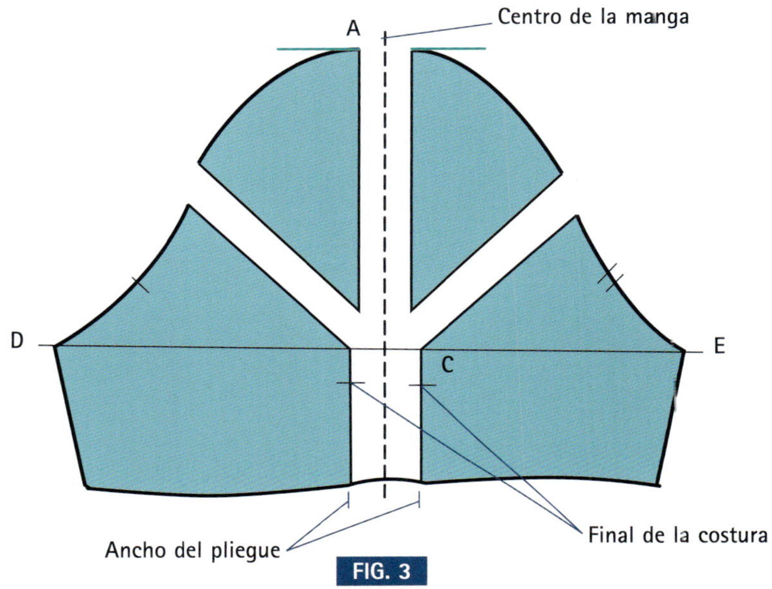

FIG. 3

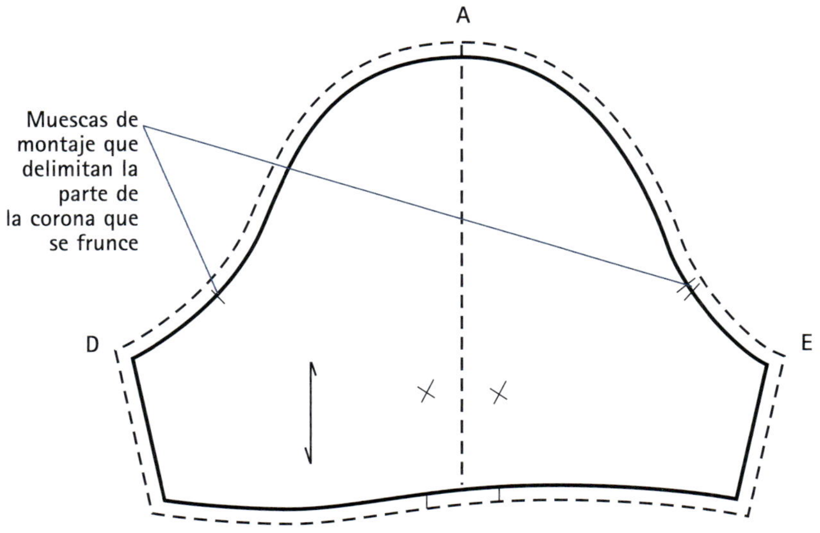

Patrón de la manga terminado

FIG. 4

Manga con la corona fruncida en 2 partes

Modelo 13

La manga de este modelo se divide en dos partes que se unen libremente en el centro, en el eje de la costura del hombro. Aquí también es indispensable aumentar el volumen de la corona de la manga.

Empezar la construcción de la manga básica según el largo y la profundidad de la sisa. Para lograr un efecto más bonito, utilizar una tela bastante rígida, o forrar las dos partes de la manga.

Dibujar luego las líneas de corte en "rayos de sol", como se indica en la figura 1.

Separar las partes cortadas a intervalos regulares (fig. 2).

Volver a dibujar el contorno de la manga redondeando todos los ángulos que se hayan formado al separar los trozos.

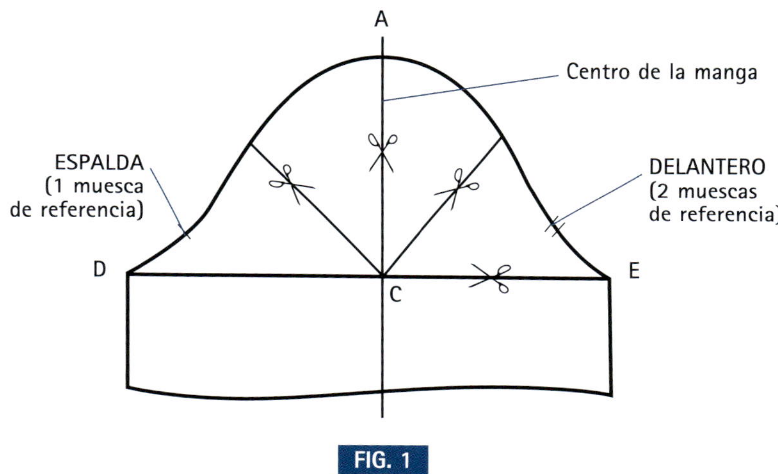

FIG. 1

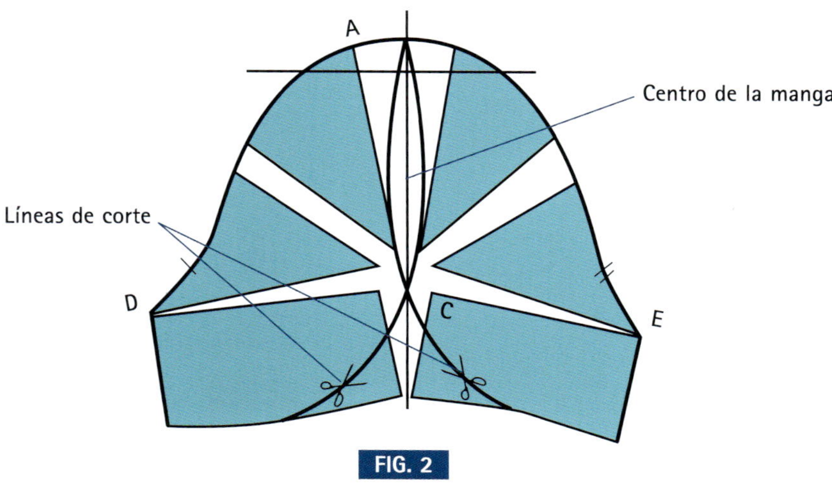

FIG. 2

En el patrón obtenido al separar las partes cortadas de la manga, dibujar las nuevas líneas de corte en el centro de la manga: estas líneas determinan las partes de la espalda y del delantero (fig. 2). Calcar por separado estas dos partes (fig. 3).

No olvidar marcar las muescas de montaje y añadir una costura de 1 cm alrededor de cada parte del patrón terminado (fig. 4).

Si no se forran las dos partes de la manga, hacer una vista para cada una, con un ancho mínimo de 5 a 7 cm.

Dibujar la vista en el patrón terminado y calcarla (fig. 5).

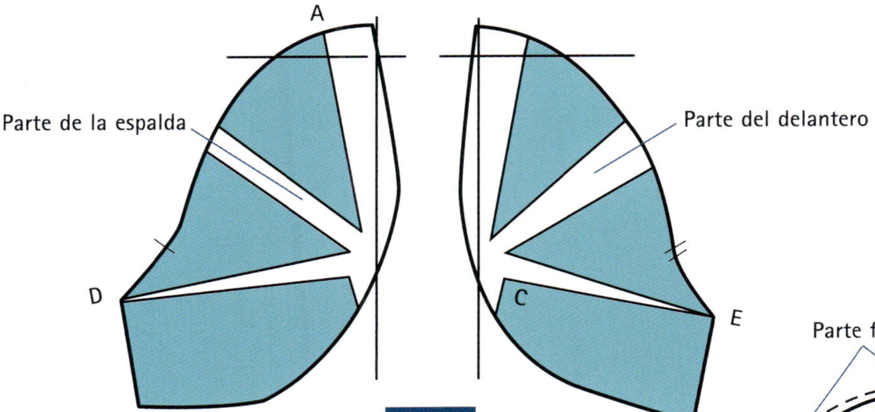

A

Parte de la espalda

Parte del delantero

D

C

E

FIG. 3

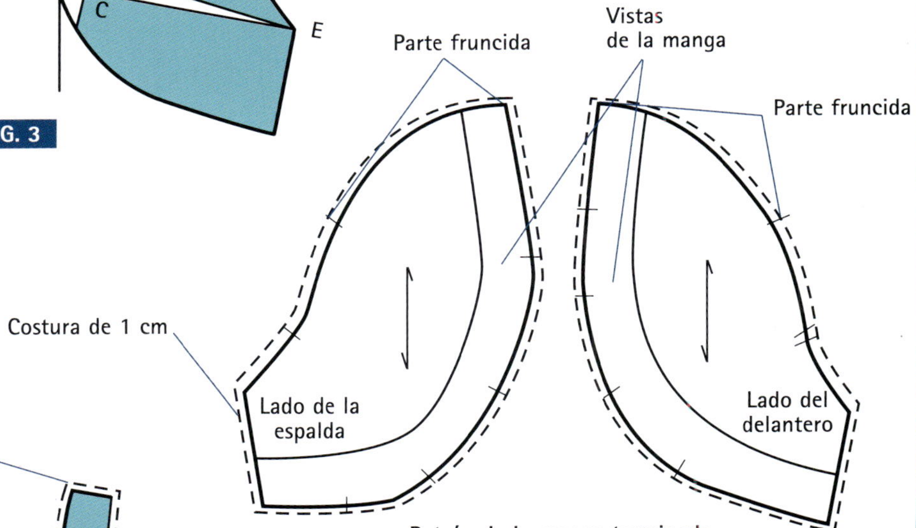

Parte fruncida

Vistas de la manga

Parte fruncida

Costura de 1 cm

Lado de la espalda

Lado del delantero

Patrón de la manga terminado

FIG. 4

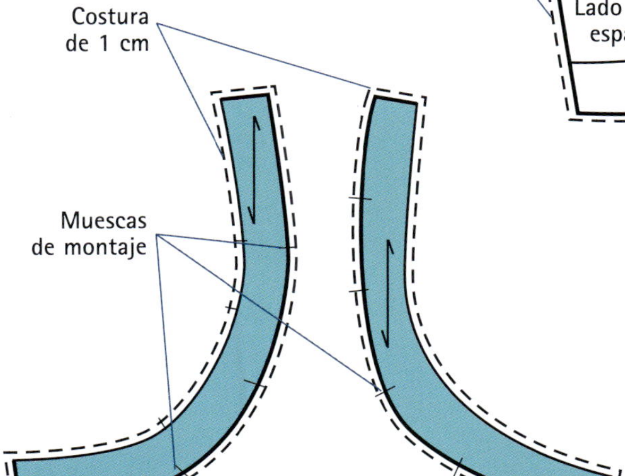

Costura de 1 cm

Muescas de montaje

Vistas

FIG. 5

Manga de volantes "a la española"

Modelo 14

En el modelo aquí presentado, las mangas se han sustituido por volantes "a la española". El patrón terminado de la manga de volantes se construye a partir de un fragmento de anillo.

Cuidado: el largo de la línea interior del patrón de la manga de volantes terminado (fig. 2) = al largo de sisa del cuerpo (fig. 1).

Para obtener dos filas de volantes en una misma sisa, dibujar dos anillos con igual línea interior, pero de distinto largo.

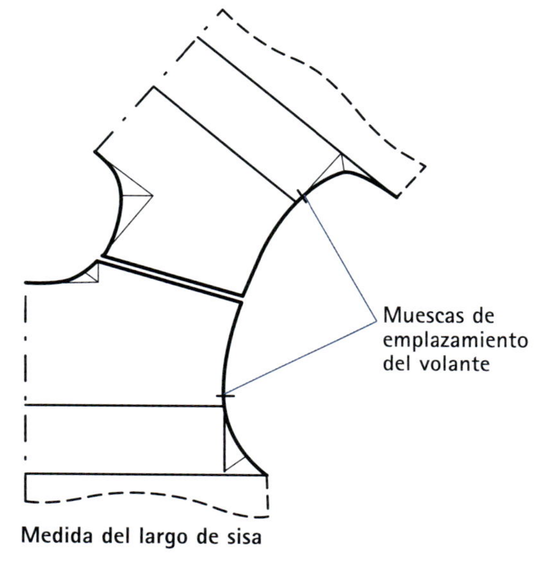

FIG. 1

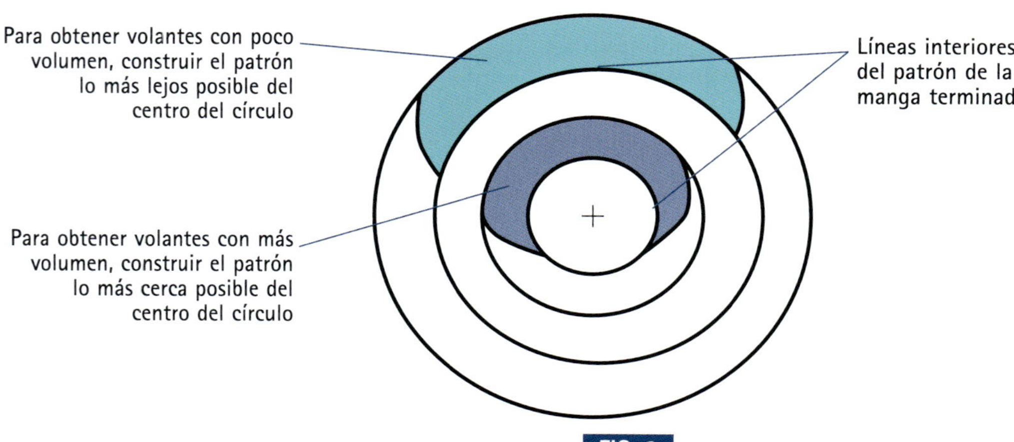

FIG. 2

Tirante ancho cubriendo el hombro

Modelo 15

La manga de este modelo, que es en realidad un tirante ancho, forma también la parte alta del cuerpo.

Para construir la manga, basarse en el patrón de la espalda y del delantero del cuerpo (fig. 1) para regular el largo y el ancho de la manga.

Colocar los patrones de la espalda y del delantero del cuerpo, hombro con hombro (fig. 2), y dibujar el contorno de la manga (en azul, fig. 2).

Situar la parte baja del tirante en la línea de sisa.

La línea AB del patrón obtenido en la figura 2 está al bies y puede ceder y deformar la manga: retenerla con una cinta al hilo o, mejor aún, cortar el borde exterior (junto al cuello) al hilo en vertical (fig. 3), para que queden al bies las líneas de montaje con la espalda y el delantero, lo que favorece los frunces. Las dos soluciones propuestas son buenas y su elección dependerá de la calidad de la tela utilizada.

Terminar el patrón añadiendo 1 cm de costura alrededor (fig. 3).

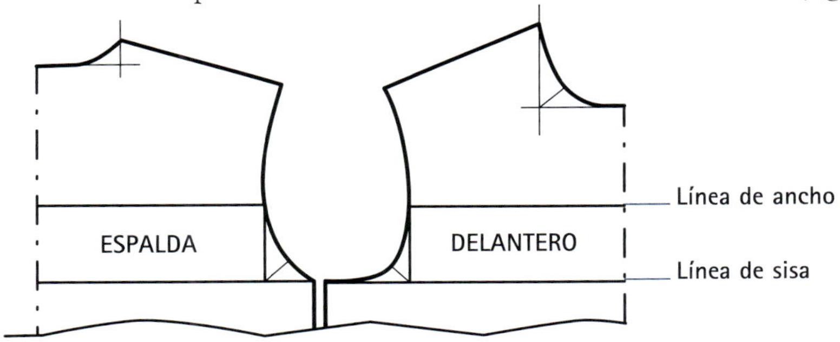

ESPALDA

DELANTERO

Línea de ancho

Línea de sisa

FIG. 1

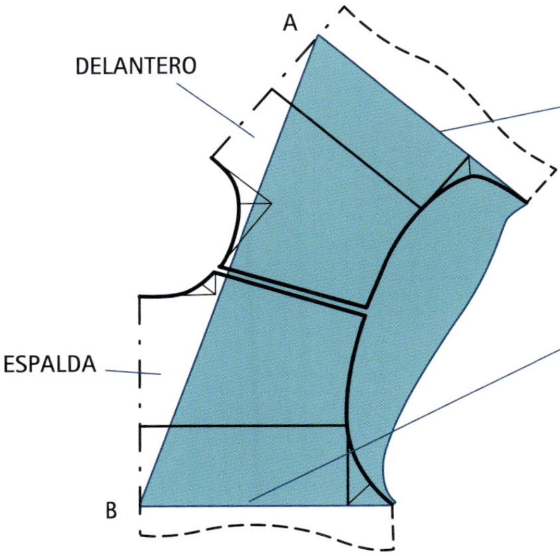

A

DELANTERO

ESPALDA

B

FIG. 2

Largo que se frunce y monta con el delantero

Largo que se frunce y monta con la espalda

Línea vertical al hilo

Dibujar y calcar la vista de 3 a 4 cm

A

B

Añadir una banda de 4 a 7 cm de ancho que servirá de vista (doblez en la línea AB)

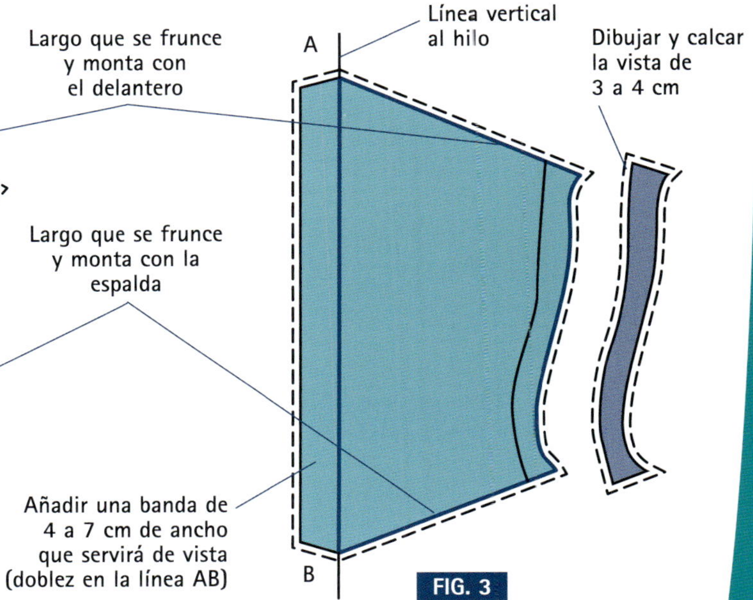

FIG. 3

Mangas largas

Los modelos que aquí se presentan se han seleccionado para enseñar a dominar y utilizar sin miedo la técnica de dibujo de patrones de mangas.

Las mangas largas, quizá más que las cortas, deben quedar perfectamente adaptadas a la forma del brazo y ajustadas en la sisa para ofrecer, al mismo tiempo, libertad de movimientos y una abertura suficiente para pasar por ellas la mano y la muñeca.

El "abombamiento" natural del brazo requiere incluir una medida suplementaria (el margen de embebido), que se añade al largo de la curva de la corona de la manga. Esta medida depende del tipo de prenda y debe coordinar con la forma y el estilo del modelo elegido; por eso, el patrón básico de manga (ver página 60) se ha dibujado sin margen de embebido.

Manga jamón

Modelo 1

Esta manga recibe el nombre de manga "jamón" por la forma que presenta.

Para conservar todo el volumen de este modelo se utiliza un tejido con cuerpo, como el tafetán o el otomán. Si el material empleado es más ligero, habrá que poner una entretela parcial o unos guarnecidos por dentro, como una hombrera o una almohadilla de tul.

Sobre el patrón básico de la manga, realizado según el largo y la profundidad de la sisa, fijar el largo de la manga y su ancho abajo, según las medidas dadas.

Como la manga se ajusta abajo, añadir una pinza vertical desde el bajo hasta el codo, para respetar la comodidad de los movimientos.

Dibujar las líneas de corte como se indica en la figura 1. Situar la línea de corte horizontal a unos 10 cm por debajo de la línea de sisa (DE) para mejorar el aspecto estético de la manga.

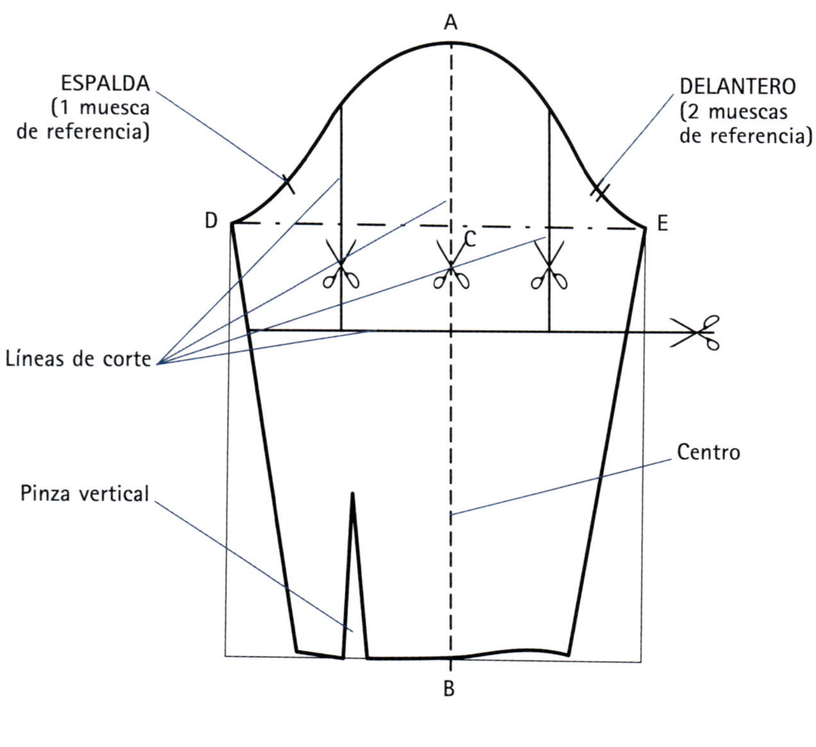

FIG. 1

Abrir en abanico los trozos cortados, espaciándolos por igual pero sin separarlos y manteniendo vertical la línea de centro de la manga (fig. 2).

Para conservar el contorno y la proporción que tiene la corona de la manga (fig. 2), volver a dibujar el patrón eliminando todos los picos que se hayan formado al abrir las partes.

Situar las muescas de referencia y las muescas de montaje en el patrón terminado.

Añadir una costura de 1 cm alrededor de la manga.

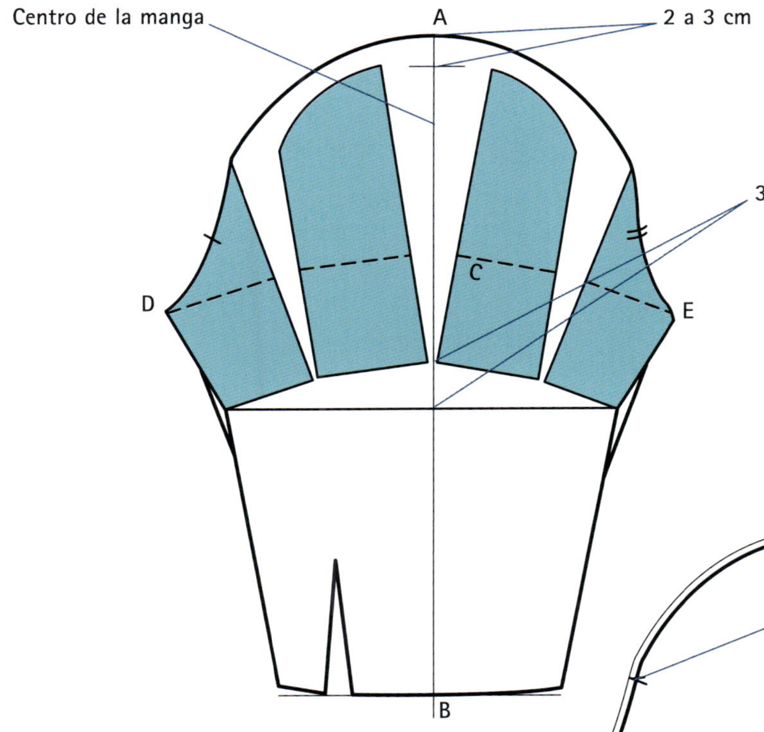

FIG. 2

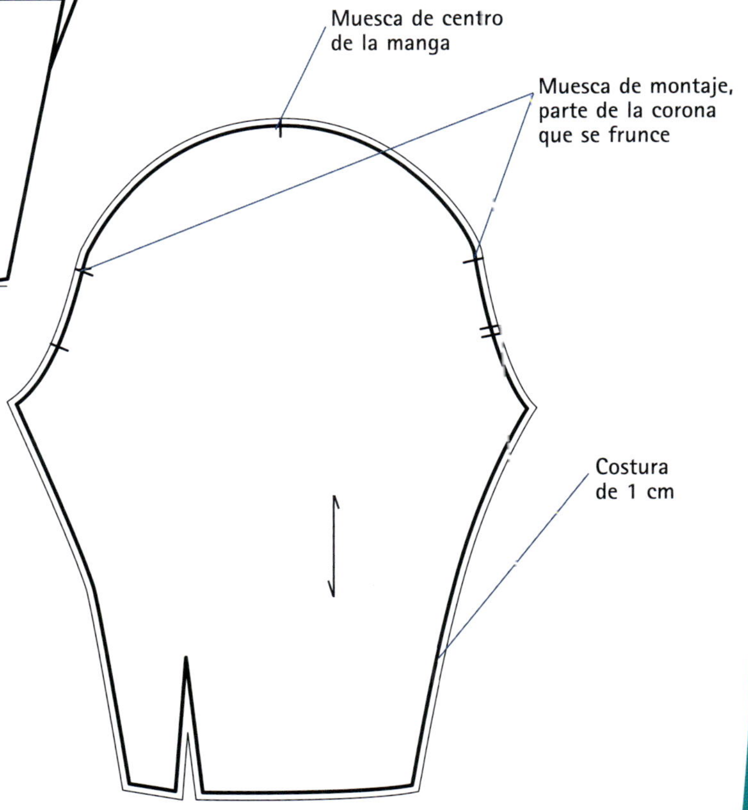

Patrón de la manga terminado

FIG. 3

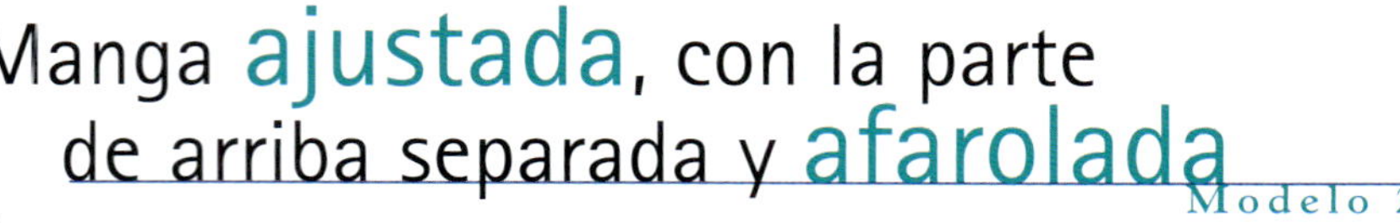

Manga ajustada, con la parte de arriba separada y afarolada

Modelo 2

La parte alta de este modelo de manga es relativamente voluminosa, y para que quede con forma bonita se utiliza una tela bastante rígida o se recurre a guarnecerla por dentro, como en el modelo anterior.

Sobre la base del patrón realizado con las medidas del largo y la profundidad de la sisa, dibujar las líneas de corte como se indica en la figura 1.

La línea de corte horizontal se sitúa en general a unos 10 cm por debajo de la línea de sisa (DE), pero depende del modelo que se desee.

La parte baja de la manga es muy ajustada, por lo que se pone una pinza horizontal a la altura del codo para no estorbar los movimientos del brazo.

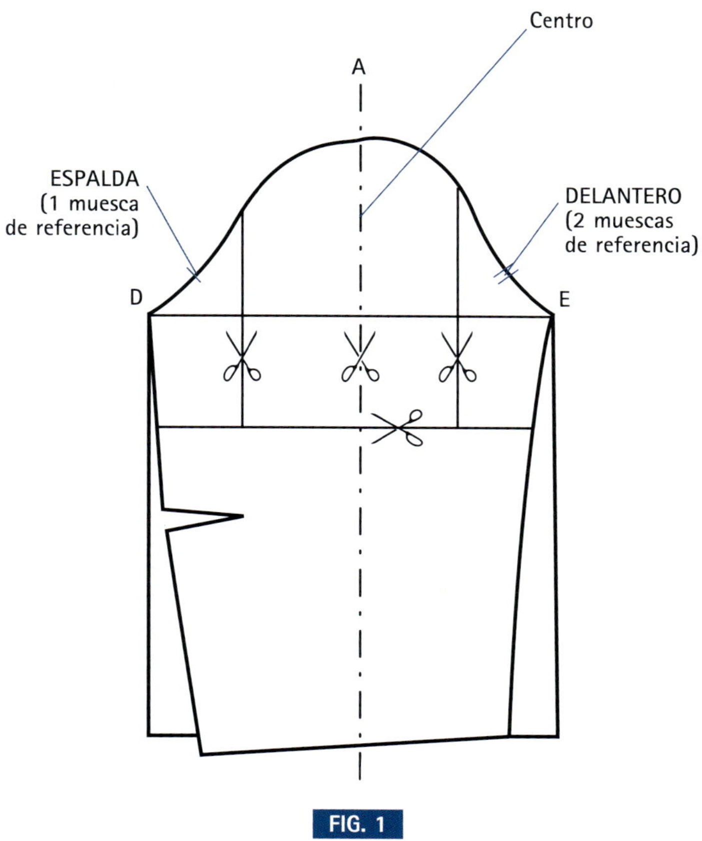

FIG. 1

Cortar la parte de arriba de la manga en varios trozos (ver líneas de corte, fig. 1).
Separar la parte de arriba de la manga de la de abajo.

Separar los trozos cortados a intervalos iguales, manteniendo vertical la línea de centro de la manga (fig. 2).

Separar más o menos los trozos en horizontal para obtener más o menos frunces en la corona de la manga. Si se quieren muchos frunces, cortar la parte de arriba de la manga en más trozos (6, 8 o 10) para facilitar luego el dibujo del nuevo patrón.

Volver a dibujar el contorno de la manga, elevando la corona entre 5 y 7 cm y redondeando el bajo de 2 a 3 cm para obtener los frunces y el volumen que se desee.

Añadir una costura de 1 cm alrededor de las dos partes de la manga. Situar las muescas de referencia y de montaje en los patrones terminados.

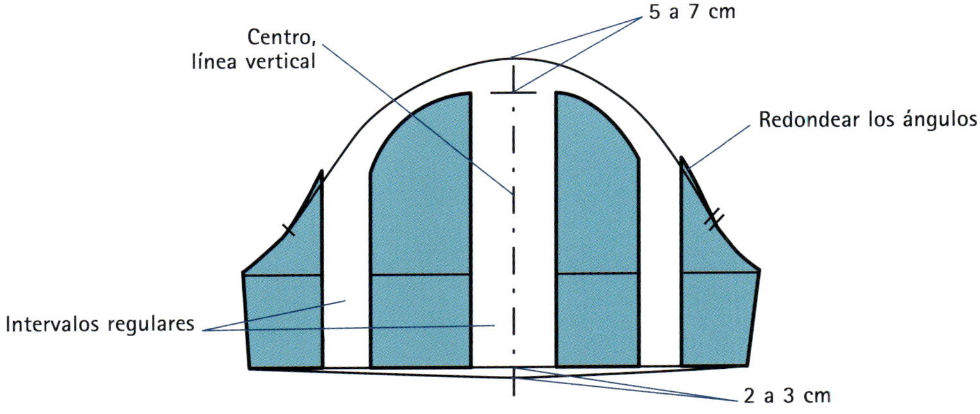

5 a 7 cm
Centro, línea vertical
Redondear los ángulos
Intervalos regulares
2 a 3 cm

FIG. 2

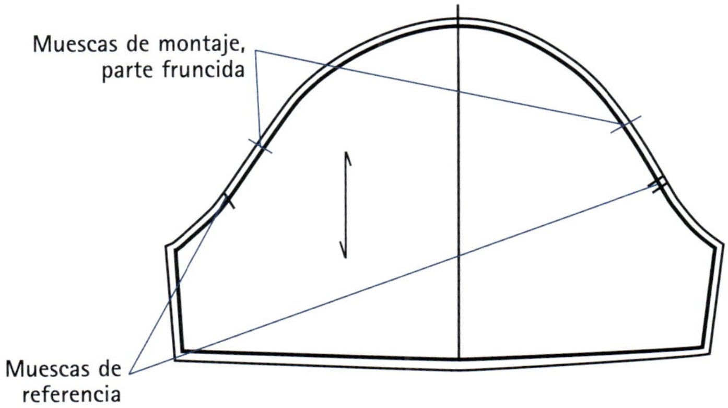

Muescas de montaje, parte fruncida
Muescas de referencia

Patrón de la parte alta de la manga terminado

FIG. 3

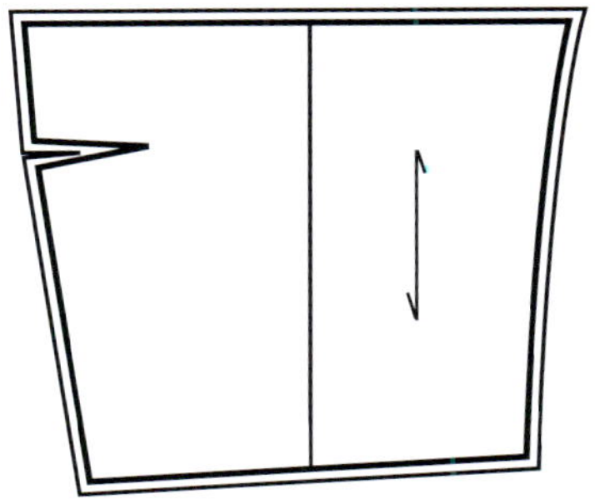

Patrón de la parte baja de la manga terminado

FIG. 4

Manga con media parte de arriba fruncida

Modelo 3

Para lograr un efecto bonito, la parte voluminosa de la manga se sostiene con una entretela, una hombrera o una almohadilla de tul, si el tejido no tiene cuerpo suficiente.

En el patrón básico de la manga construido según el largo y la profundidad de la sisa, dibujar las líneas de corte como se indica en la figura 1.

En este modelo, se ha fijado el largo de la línea de corte vertical por encima del codo, pero se puede bajar o subir cuanto se quiera.

Como el ensanchamiento y los frunces se aplican por encima del codo, dibujar una pinza vertical para no estorbar los movimientos del brazo.

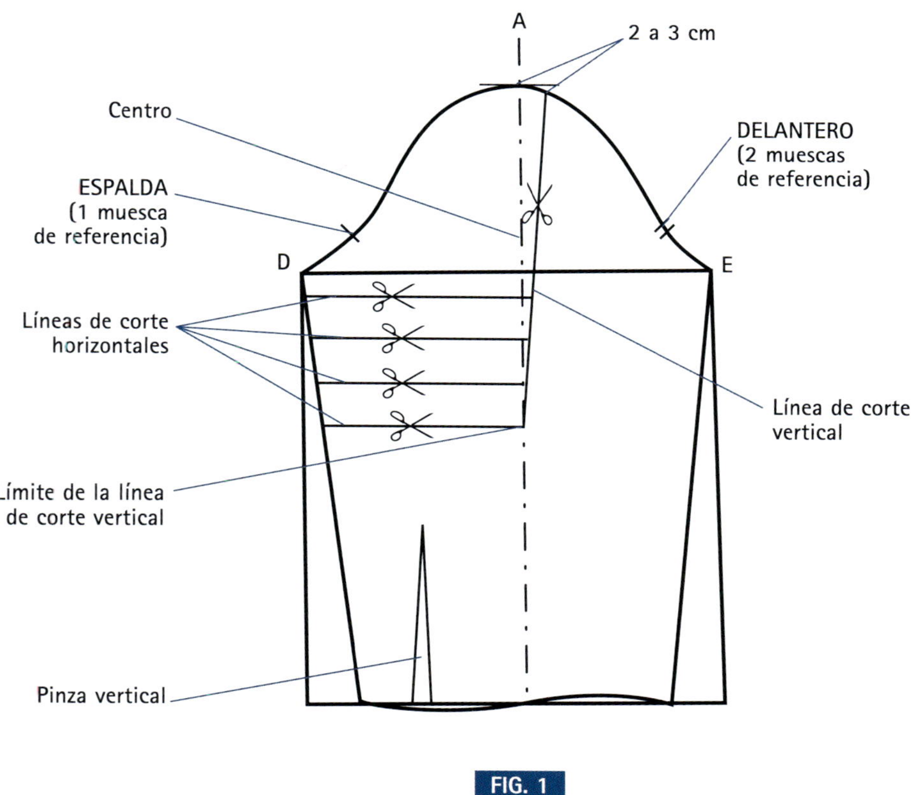

FIG. 1

Abrir las partes cortadas a intervalos regulares, manteniendo vertical la línea de centro de la manga (fig. 2).

Volver a dibujar el patrón ensanchando la parte delantera de la manga hasta el eje vertical (fig. 2).

Añadir una costura de 1 cm. Terminar la parte fruncida con una costura "que muera" en la línea de centro de la manga.

No olvidar marcar las muescas de referencia y las muescas de montaje en el patrón terminado.

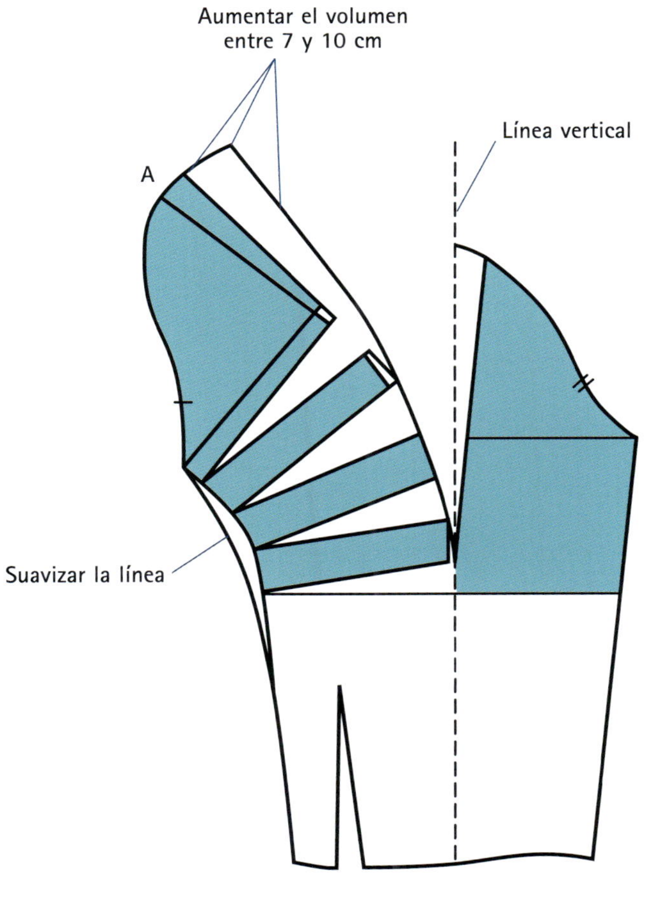

Aumentar el volumen entre 7 y 10 cm

A

Línea vertical

Suavizar la línea

FIG. 2

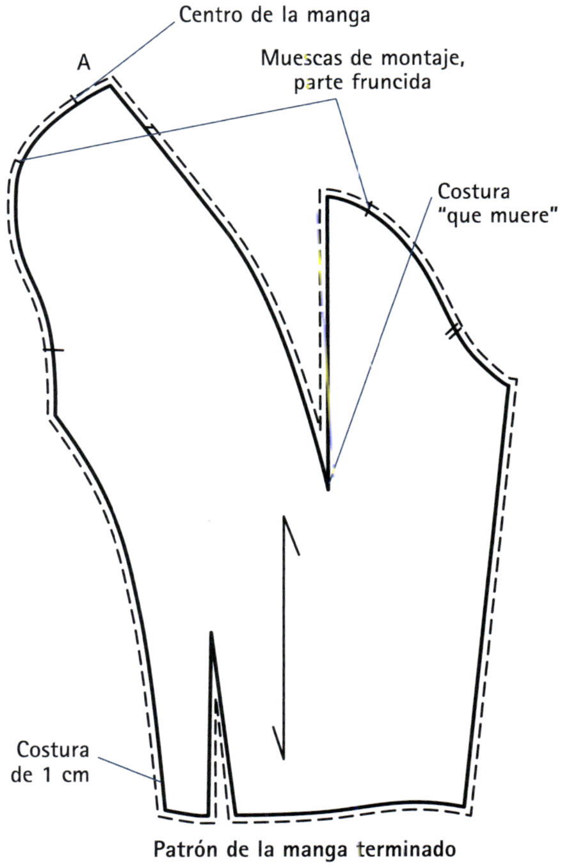

Centro de la manga

A

Muescas de montaje, parte fruncida

Costura "que muere"

Costura de 1 cm

Patrón de la manga terminado

FIG. 3

Manga fruncida en el puño

Modelo 4

Para que la parte voluminosa de la manga quede con forma bonita, utilizar un tejido con cuerpo, si no, reforzarlo con una entretela.

En el patrón básico de la manga, realizado según el largo y la profundidad de la sisa, dibujar las líneas de corte como se indica en la figura 1 y cortar las partes sin separar la corona para conservar la forma exacta de su contorno.

Determinar la altura de comienzo de los frunces, mejor en el centro, entre el codo y el puño.

Bajar la línea de corte horizontal unos 2 cm en la parte de la espalda de la manga para lograr un efecto más bonito.

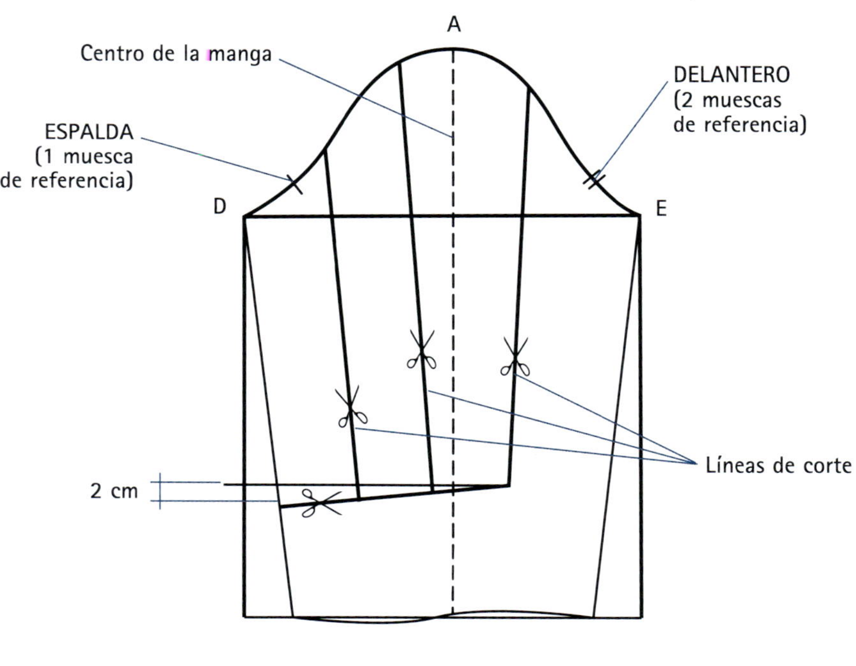

FIG. 1

Abrir las partes cortadas como se indica en la figura 2. Cuanto mayor sea la separación entre los segmentos, más volumen tendrá la manga.

Volver a dibujar el patrón. Para obtener el volumen de la parte fruncida, redondear y agrandar el bajo de 3 a 5 cm (fig. 2).

La parte fruncida termina con una costura "que muere", efectuada durante el montaje.

Añadir una costura de 1 cm alrededor del patrón terminado de la manga.

Situar las muescas de referencia (centro de la manga) y las muescas de montaje en el patrón terminado: la parte alta y la parte baja de la manga deben unirse obligatoriamente después de haber realizado los frunces, para volver a colocar la manga en su eje.

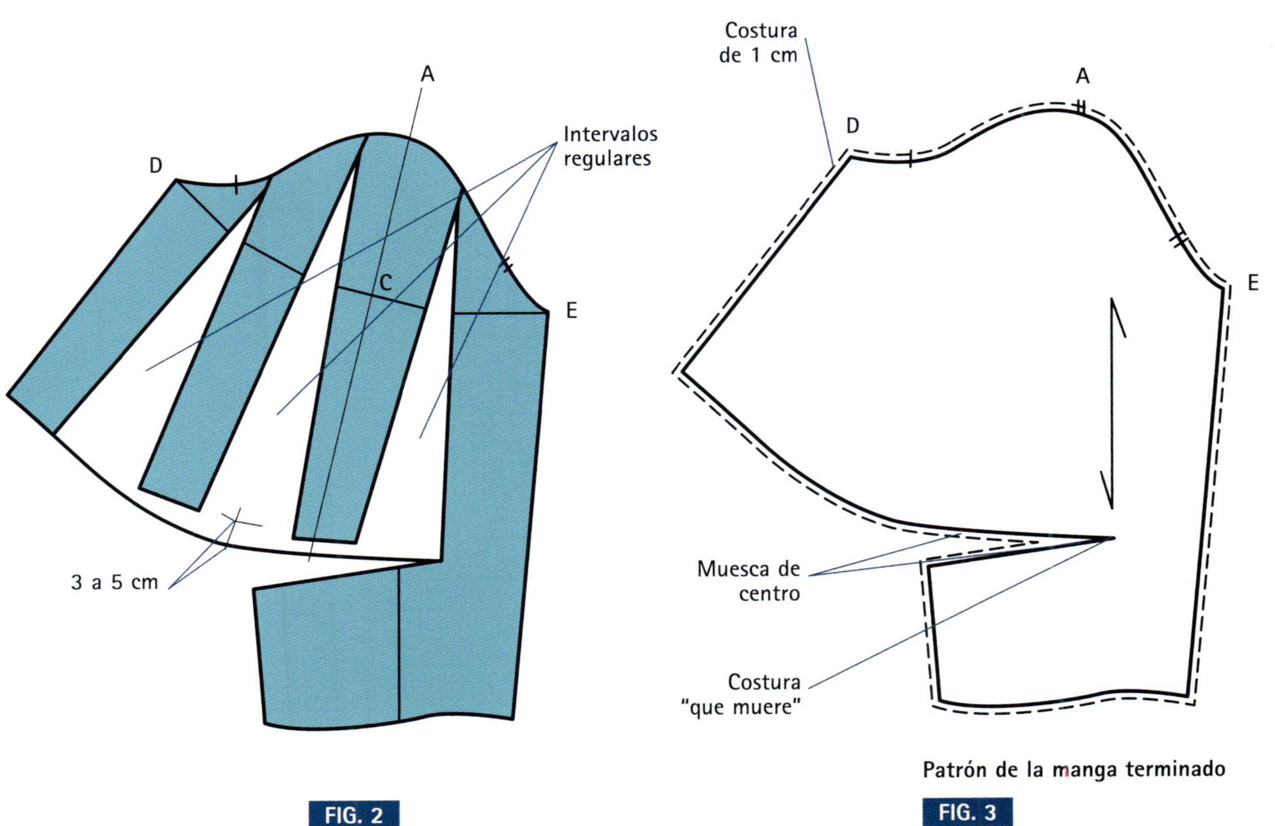

Patrón de la manga terminado

FIG. 2

FIG. 3

Manga con corona fruncida y abotonada en el antebrazo

Modelo 5

En este modelo, aplicar la transformación de la manga sobre el patrón básico realizado según el largo y la profundidad de la sisa.

Sostener el volumen de la corona mediante una almohadilla de tul o una hombrera, si no se utiliza una tela con cuerpo.

Dibujar las líneas de corte como se indica en la figura 1. Situar la línea de corte horizontal arriba o abajo del codo; de este modo, no es necesario ajustar la pinza.

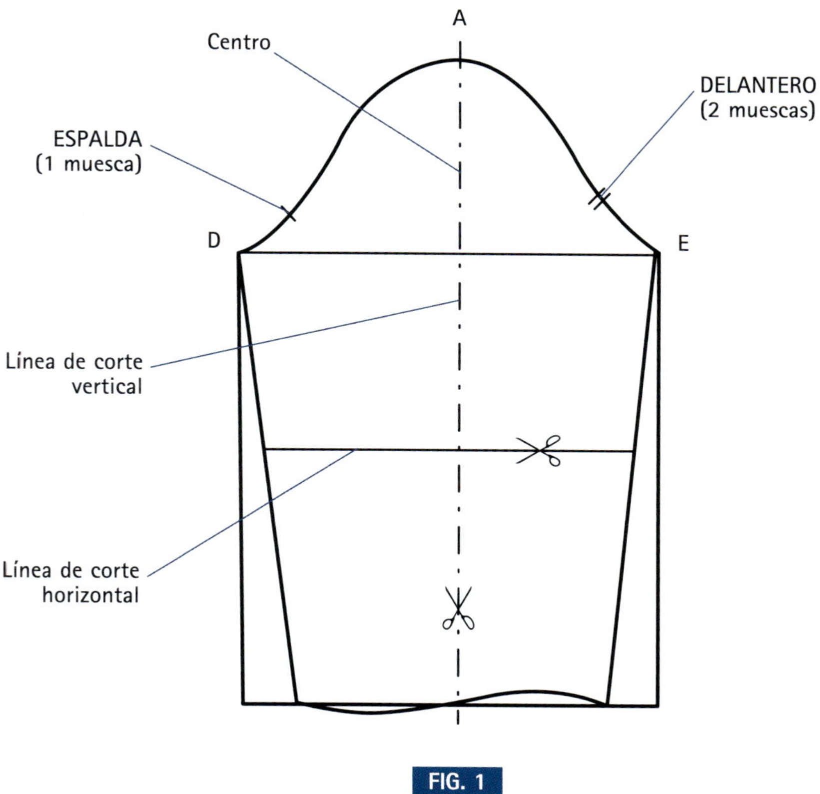

FIG. 1

En este modelo, la botonadura (borde sobre borde) se sitúa sobre la línea de centro de la manga (fig. 1), pero se puede desplazar hacia delante o hacia atrás, según se quiera.

Establecer el ancho del "pliegue" que se va formar una vez abrochados los botones, de unos 5 cm a cada lado de la línea de centro (fig. 2), y separar las partes de la espalda y del delantero en esa misma medida.

Para dar volumen arriba de la corona de la manga, subir de 2 a 3 cm en el centro de las dos partes cortadas.

Volver a dibujar el patrón terminado de la manga, redondeando la corona.

Marcar el emplazamiento de los botones en la parte de detrás de la manga y casarlo con la marca de las presillas en la parte delantera.

Situar las muescas de referencia y de montaje en el patrón terminado.

Añadir una costura de 1 cm alrededor de la manga.

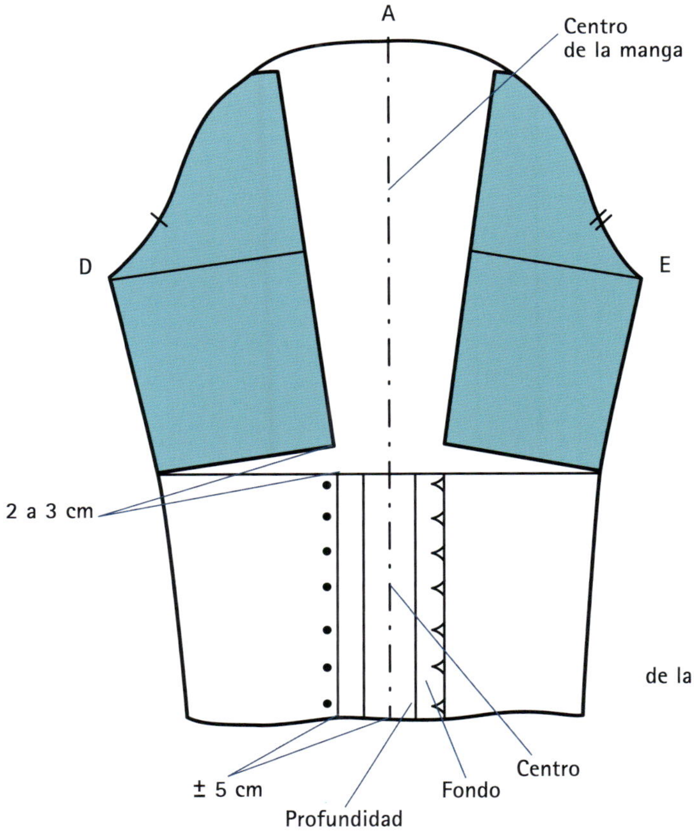

A
Centro
de la manga
D
E
2 a 3 cm
± 5 cm
Profundidad
Fondo
Centro

FIG. 2

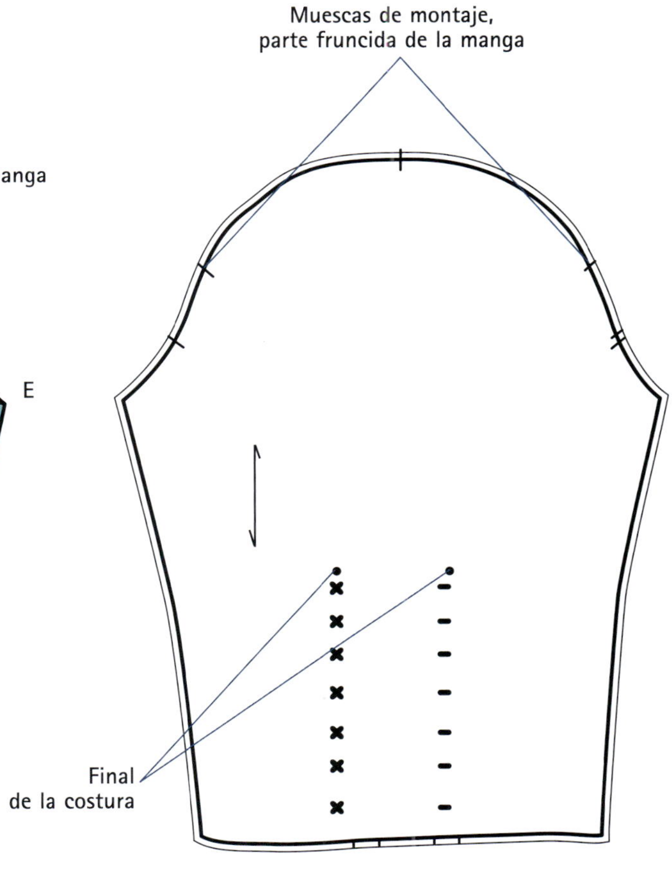

Muescas de montaje,
parte fruncida de la manga
Final
de la costura

Patrón de la manga terminado

FIG. 3

Manga de mariposa

Modelo 6

Dibujar primero el patrón básico de la manga según el largo y la profundidad de la sisa.

Establecer el largo que se desee para la manga y dibujar las líneas de corte (fig. 1) según la técnica de cortes en vertical (página 63). Para obtener más fácilmente el dibujo del patrón de una manga muy ancha, dividir el patrón básico en 8, 10, 12, o más trozos; para una manga menos abierta, basta con 4 a 6 trozos.

No separar las partes cortadas para conservar el largo exacto de la manga.

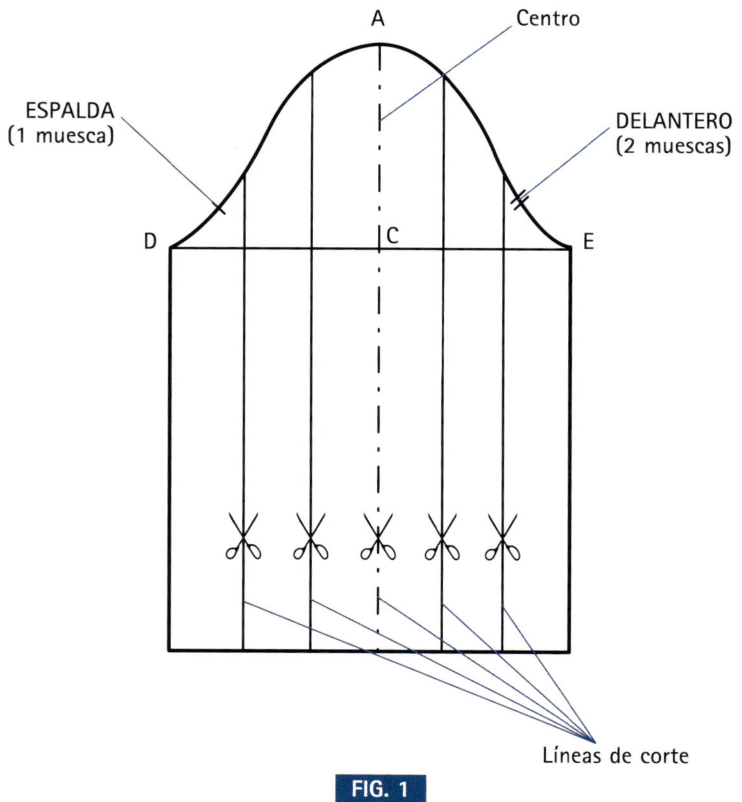

FIG. 1

Manteniendo vertical la línea de centro de la manga, abrir en abanico los trozos cortados a intervalos regulares, hasta tener el ancho que se desee (fig. 2).

Volver a dibujar el patrón terminado de la manga (fig. 3). Debajo del patrón, redondear los picos que se forman al abrir los trozos cortados. Situar las muescas de referencia y de montaje y añadir una costura de 1 cm (fig. 3).

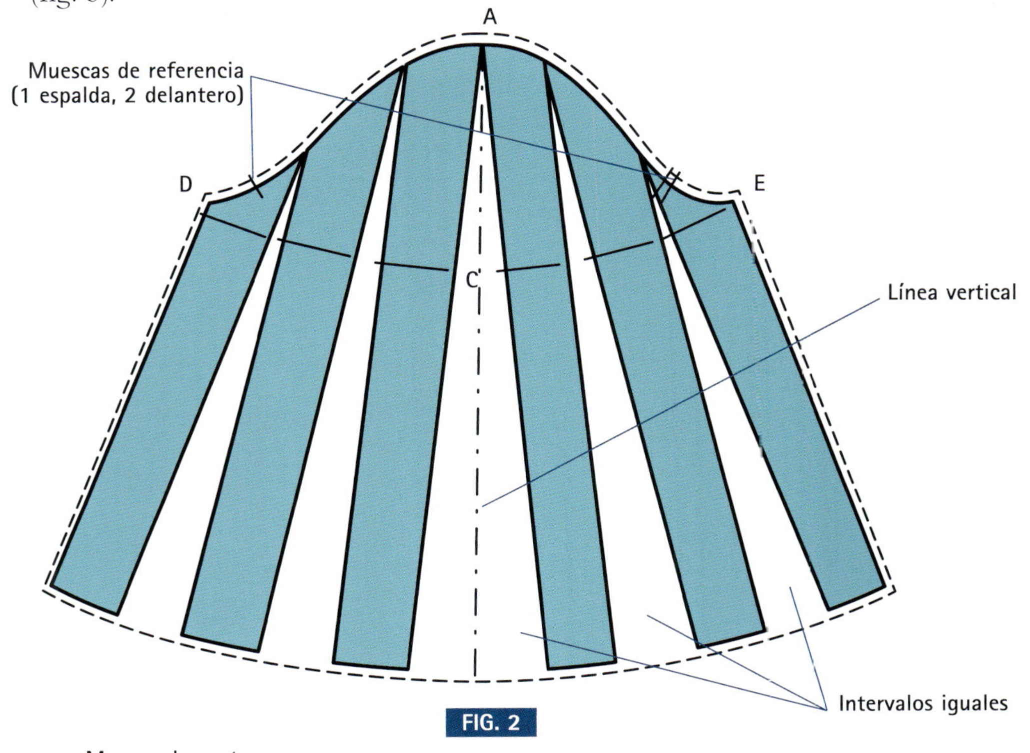

FIG. 2

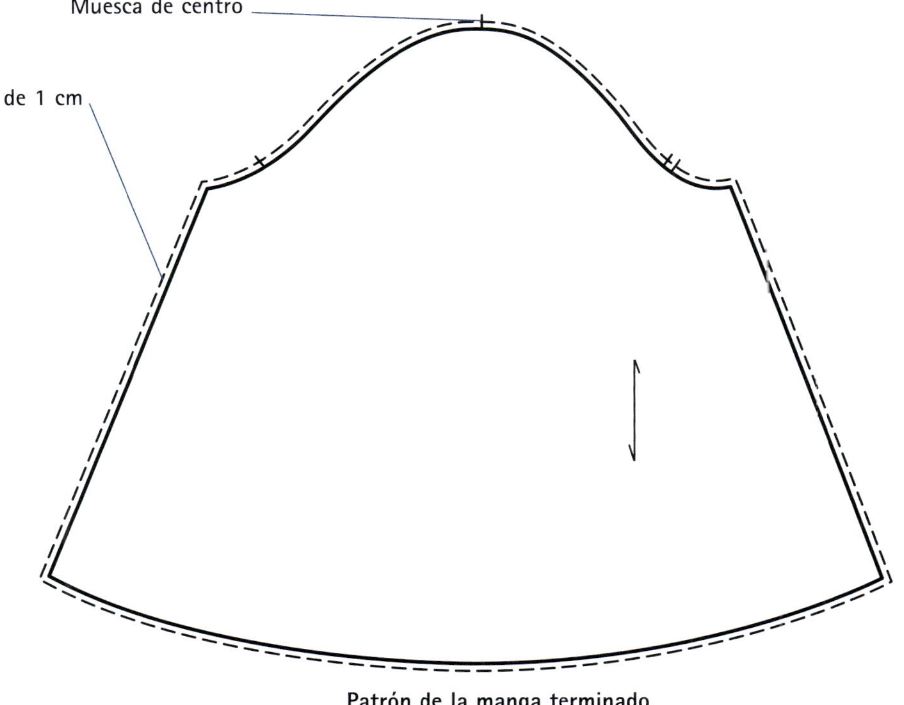

Patrón de la manga terminado

FIG. 3

Manga sencilla, con botonadura en el antebrazo

Modelo 7

Este patrón se puede realizar de dos maneras: con o sin costura en el centro de la manga. En ambos casos, hay que colocar una vista en el bajo de la manga; puede ser una vista añadida o un dobladillo de 3 a 4 cm de ancho.

Dibujar primero el patrón básico de la manga con el largo y profundidad de sisa que se desee (fig. 1).

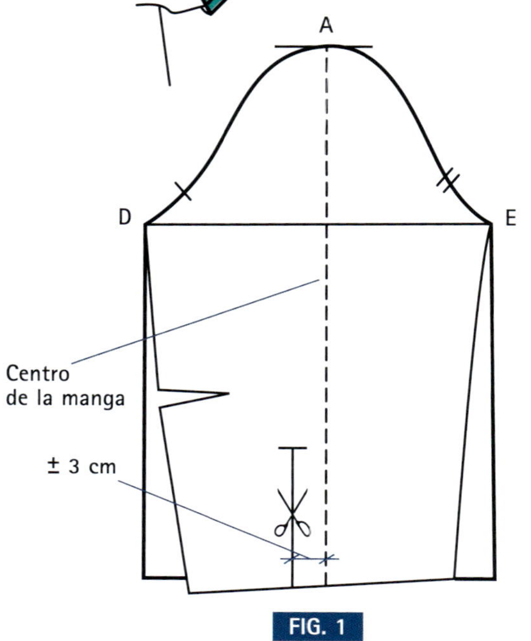

FIG. 1

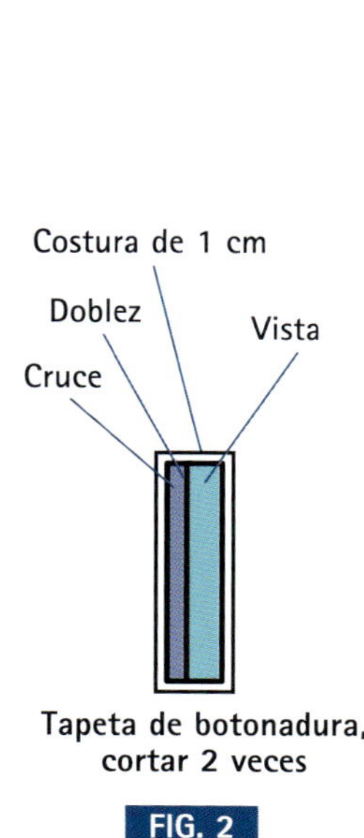

FIG. 2

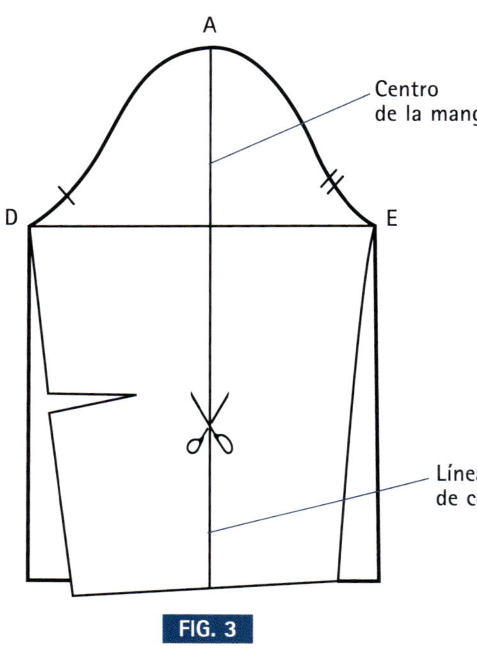

FIG. 3

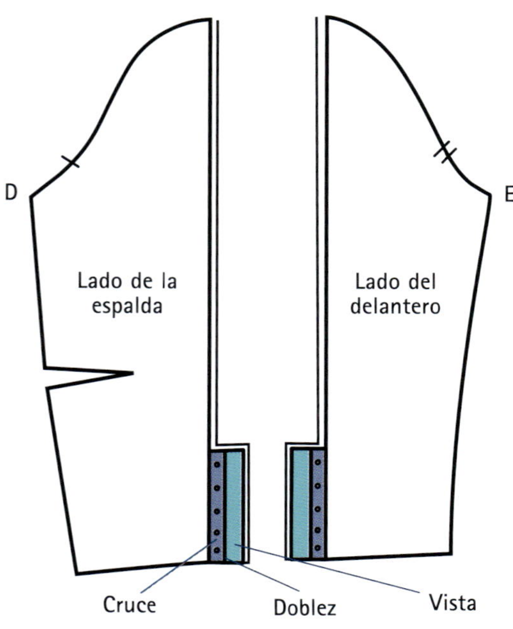

FIG. 4

Patrón de manga sin costura en el centro

Determinar el alto y el emplazamiento de la abertura (a unos 3 cm por detrás de la línea de centro de la manga).

Construir una tapeta de botonadura con un cruce de 1,5 cm de ancho y una vista de 3 a 4 cm de ancho (fig. 2).

Patrón de manga con costura en el centro

Dibujar la línea de corte en el centro de la manga (fig. 3). Separar las dos partes: el lado de la espalda y el del delantero (fig. 4).

A la altura que se desee en cada parte de la manga, añadir una tapeta con un cruce de 1,5 cm de ancho y una vista de 3 a 4 cm de ancho (fig. 4). Cualquiera que sea el método utilizado, situar las muescas de referencia y de montaje y añadir una costura de 1 cm a los patrones terminados.

Manga sencilla, con botonadura a lo largo del brazo

Modelo 8

Construir este modelo de manga a partir del patrón básico de la manga, ajustándolo en función de las medidas de largo y profundidad de la sisa del cuerpo (fig. 1).

Determinar el largo de la manga y el contorno de muñeca.

Situar una pinza horizontal (que sirve para no entorpecer los movimientos del brazo) a la altura del codo.

Cortar y separar las dos partes de espalda y delantero de la manga (fig. 2). La línea de corte es la línea de centro de la manga.

Añadir a cada parte un cruce de 1,5 a 2 cm de ancho (el ancho del cruce depende del diámetro de los botones) y también una vista de 3 cm de ancho (fig. 2).

Marcar el emplazamiento de los botones en el patrón terminado.

Situar las muescas de referencia y de montaje.

Añadir una costura de 1 cm a las dos partes.

Terminar el bajo de la manga con una vista añadida o con un dobladillo de 2 a 3 cm.

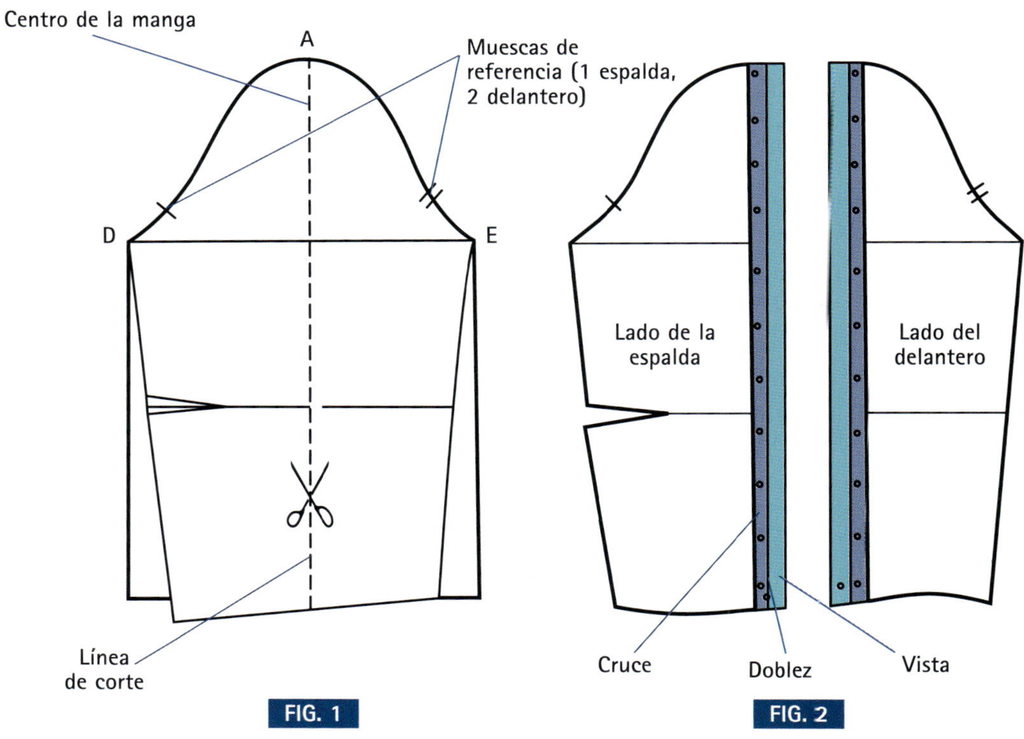

FIG. 1 FIG. 2

Manga sencilla, con volante en el puño

Modelo 9

Construir este modelo de manga a partir del patrón básico de la manga, ajustándolo en función de las medidas de largo y profundidad de la sisa del cuerpo (fig. 1).

Para no entorpecer los movimientos del brazo, dibujar una pinza horizontal a la altura del codo, ya que este modelo de manga es bastante ajustado.

Determinar el largo de manga y el contorno de muñeca. Acortar el largo en un valor equivalente al ancho que se desee para el volante (por ejemplo, 10 cm). El largo del volante corresponderá al contorno de muñeca.

El volumen del volante en que termina la manga depende del arco dibujado entre los puntos A y B: cuanto más profundo sea el arco, más volumen tendrá el volante (fig. 2: arco azul, volante con volumen; arco negro, volante con menos volumen). De este modo se puede obtener desde un volante de 180º (semicírculo azul de la figura 3) hasta uno de 360º (círculo completo).

Situar las muescas de referencia y de montaje. Añadir una costura de 1 cm alrededor del patrón terminado de la manga y del volante.

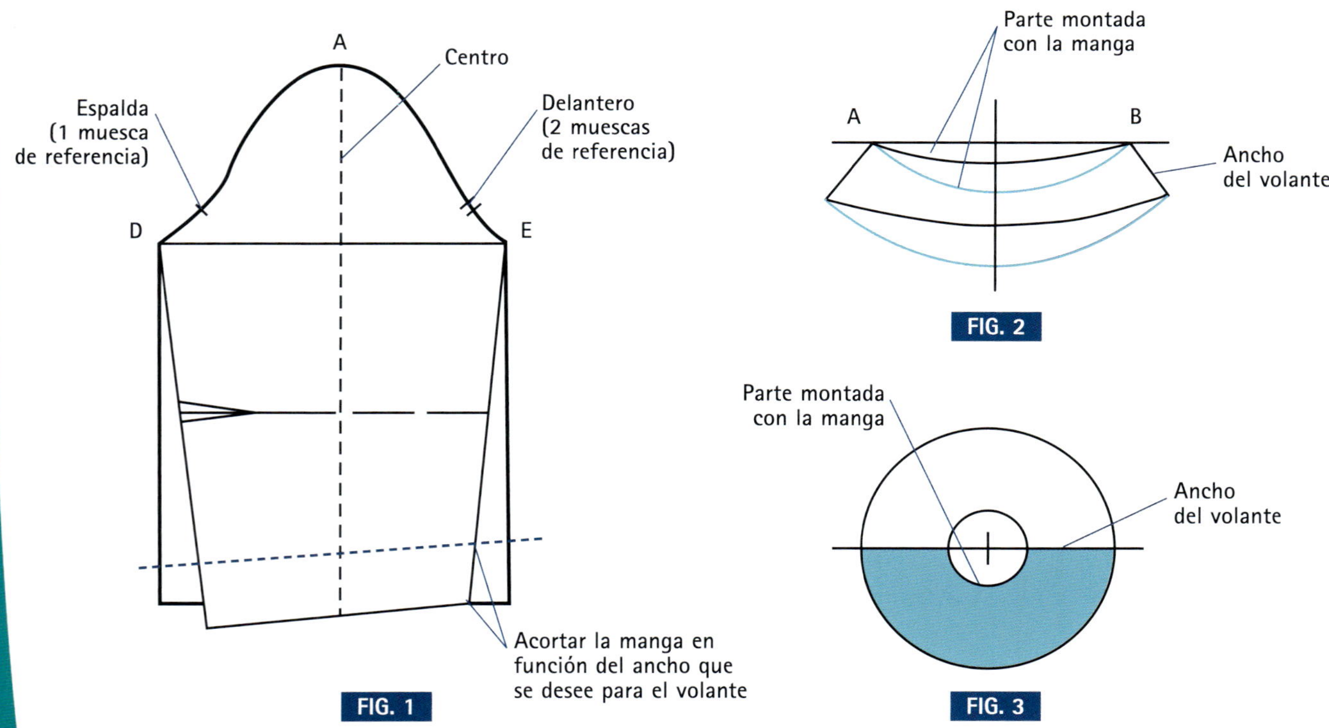

FIG. 1

FIG. 2

FIG. 3

Manga sencilla, con puño añadido

Modelo 10

Dibujar primero el patrón básico de la manga, según el largo y la profundidad de la sisa (fig. 1).

Para no entorpecer los movimientos del brazo, dibujar una pinza a la altura del codo.

Este modelo no lleva abertura en la muñeca: para poder pasar la mano, el bajo de la manga se hace lo bastante ancho o se utiliza un tejido con suficiente elasticidad.

Unir los dos bordes exteriores del puño o hacerlo en el eje del centro; o bien de 2 a 3 cm hacia delante o hacia atrás de la manga (no olvidar la muesca de montaje).

Hacer coincidir la medida del ancho del bajo de la manga con la del largo del puño (fig. 2). Añadir una costura de 1 cm y no olvidar marcar las muescas de referencia y de montaje.

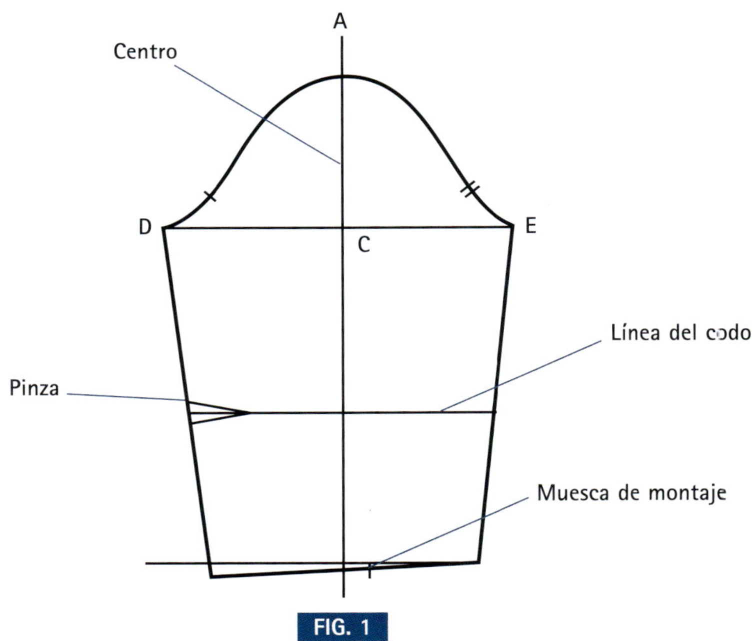

FIG. 1

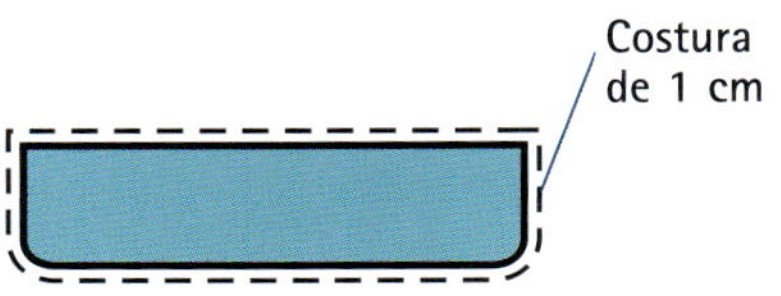

Puño, cortar 2 veces

FIG. 2

Manga sencilla, con puño camisero

Modelo 11

Dibujar primero el patrón básico de manga, según el largo y la profundidad de la sisa (fig. 1).

Habrá que hacer un pliegue de comodidad al montar el puño para evitar poner una pinza en el codo. Dibujar una abertura de unos 8 a 10 cm (fig. 1).

Hacer coincidir el largo del puño con el ancho del bajo de la manga, una vez cerrado el pliegue (fig. 2). La profundidad del pliegue de comodidad no suele superar los 2 a 3 cm.

Añadir una costura de 1 cm y no olvidar marcar las muescas de referencia y de montaje.

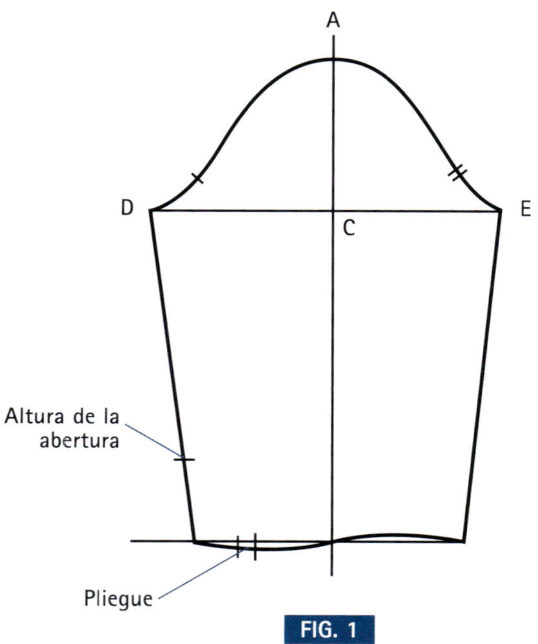

FIG. 1

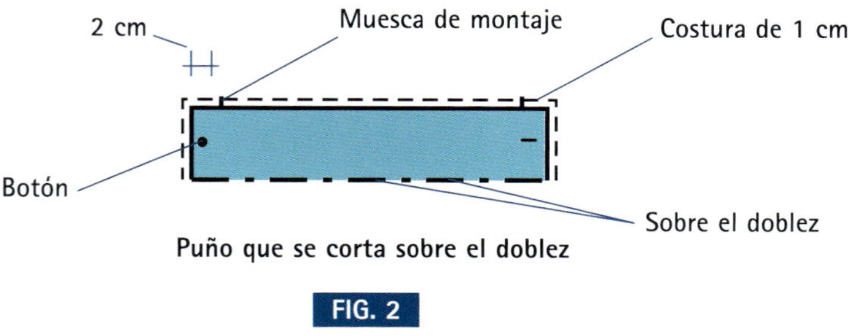

FIG. 2

Manga sencilla, con 2 pliegues y puño vuelto

Modelo 12

Dibujar el patrón básico de la manga, según el largo y la profundidad de la sisa.

Aplicar dos pliegues en la muñeca para evitar hacer una pinza a la altura del codo.

Fijar el alto de la abertura en unos 8-12 cm (fig. 1).

Hacer coincidir el largo del puño con el ancho del bajo de la manga (una vez cerrados los pliegues).

Situar el botón que cierra la manga junto al borde interno del puño para dejar libre el resto del puño (fig. 2).

Añadir una costura de 1 cm y no olvidar marcar las muescas de referencia y de montaje.

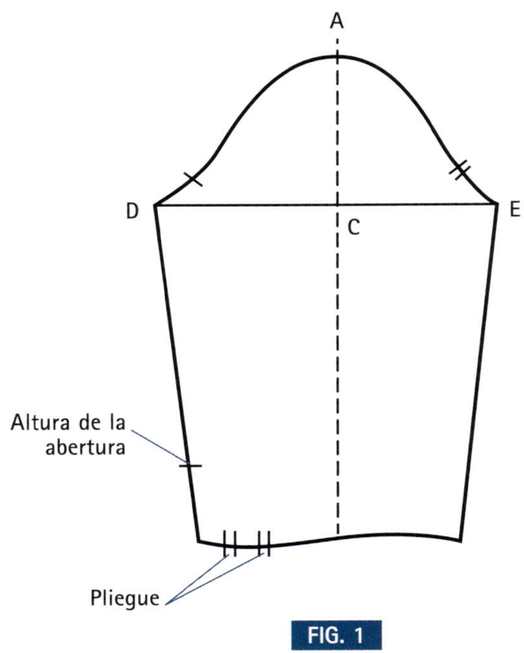

FIG. 1

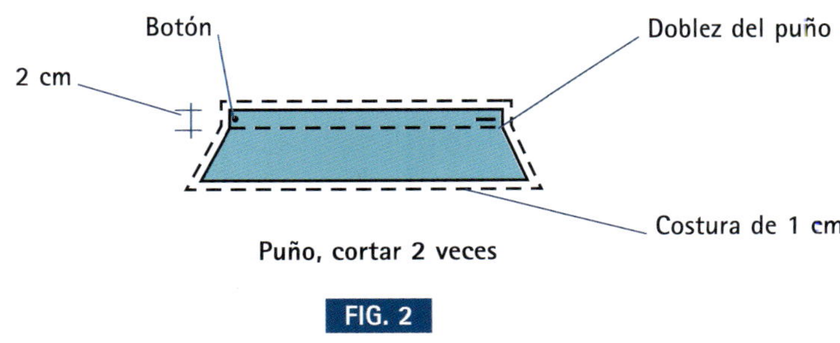

FIG. 2

Manga sencilla, con abertura en el puño

Modelo 13

Dibujar el patrón básico de la manga, según el largo y la profundidad de la sisa.

Como la manga queda relativamente ajustada al brazo, hay que prever una pinza en el codo para no estorbar los movimientos (fig. 1).

Terminar el bajo de la manga con una abertura (por la que pasar bien la mano) y una vista. En función de la tela utilizada, esta vista se hará según la opción 1, 2 o 3.

Fijar la altura de la abertura en unos 8-10 cm.

Opción 1 (fig. 1 y fig. 2)

Dibujar la vista con un ancho de 3 a 4 cm. La altura será, como mínimo, superior en 2 cm a la de la abertura.

Calcar la vista.

Añadir una costura de 1 cm y marcar las muescas de referencia y las muescas de montaje.

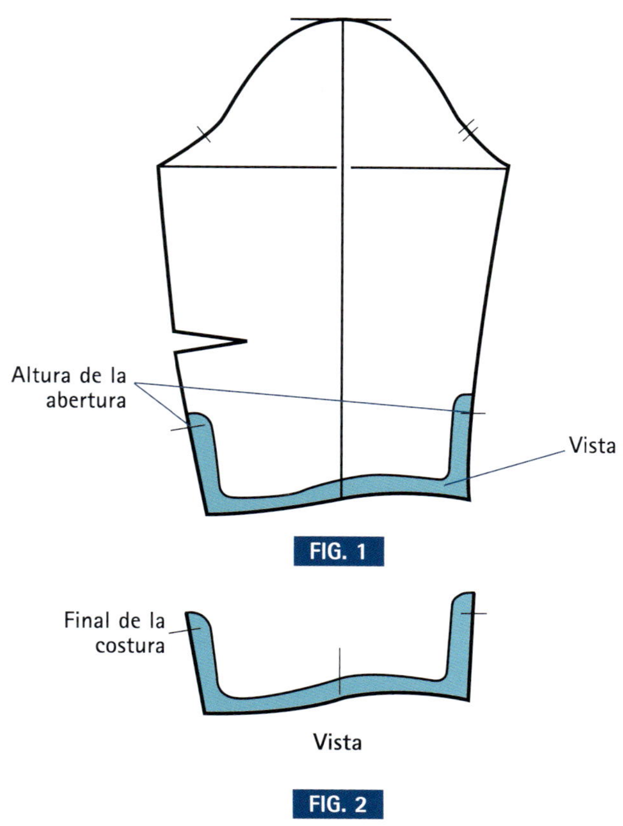

FIG. 1

FIG. 2

Opción 2 (fig. 3, fig. 4 y fig. 5)

El inconveniente de esta opción es que se obtienen 4 capas de tela y una costura en cada esquina debajo de la manga después de dcblar la vista.

Añadir la vista con un ancho de 3 a 4 cm y con una altura superior en 2 cm a la de la abertura.

Añadir una costura de 1 cm y marcar las muescas de referencia y las muescas de montaje.

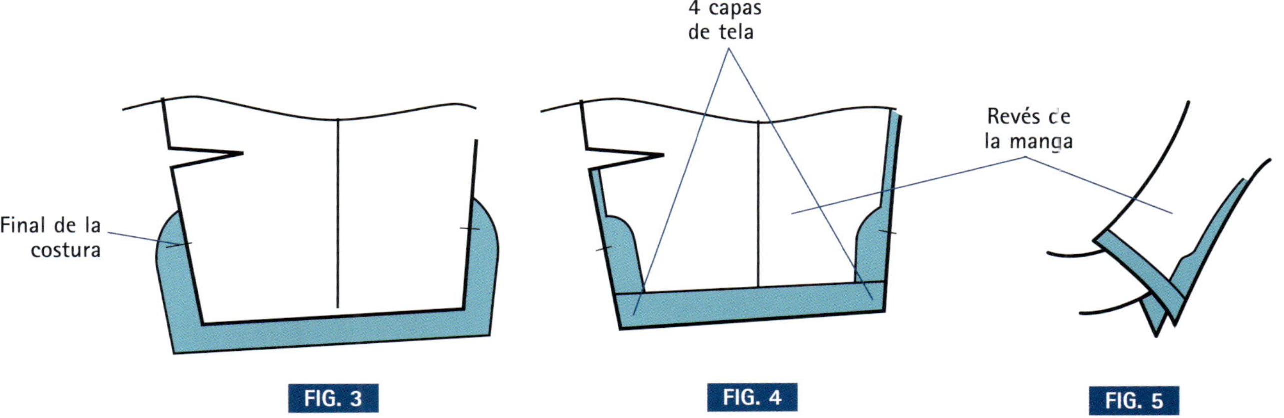

FIG. 3 FIG. 4 FIG. 5

Opción 3 (fig. 6, fig. 7 y fig. 8)

Para evitar las capas, cortar las esquinas de la vista (fig. 6) y hacer una costura abierta durante el montaje.

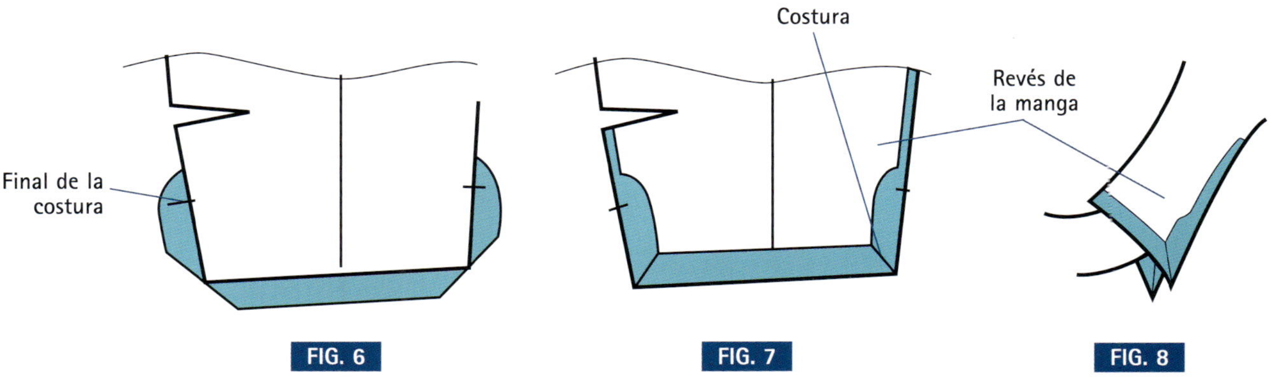

FIG. 6 FIG. 7 FIG. 8

Faldas

Cualquiera que sea la época del año o las tendencias de la moda, la falda continúa siendo un elemento esencial del armario femenino. Desde la minifalda de los años 1960 a la maxifalda de la década de 1980, ya sea ancha, abierta, o con vista, se podrá confeccionar con toda clase de tejidos sin excepción.

Dos elementos de la falda, la cinturilla y la abertura, se estudian aparte debido a la complejidad de la técnica de construcción.

Por las mismas razones que en anteriores capítulos, no se tiene en cuenta el ensanchamiento en el dibujo básico. Habrá que añadirlo a la base en el momento de dibujar el patrón del modelo en función de su finalidad, del tejido utilizado o de las exigencias individuales.

La falda es independiente del cuerpo, se sujeta en la cintura con una cinturilla; las medidas del contorno de cintura y de cadera se ajustan mediante pinzas, por eso es necesario hacer una abertura para poder ponerse la falda; excepto, naturalmente, si se trata de una falda ancha con elástico en la cintura.

Construcción de una falda recta básica con una pinza en cada mitad de delantero

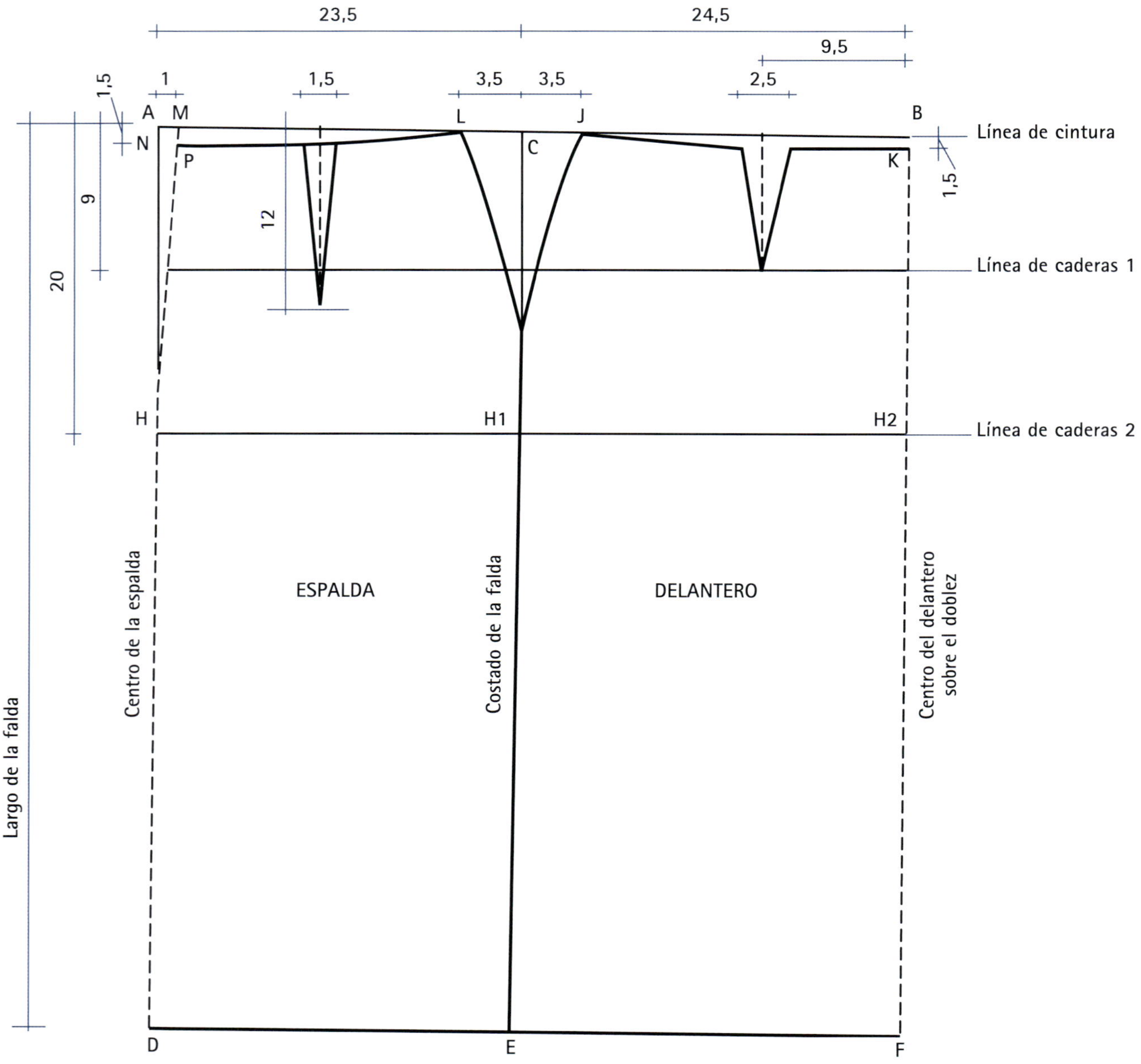

23,5
24,5
9,5
1,5 1 1,5 3,5 3,5 2,5
A M L J B
N C
P K
Línea de cintura
1,5
9
12
20
Línea de caderas 1
H H1 H2
Línea de caderas 2
Largo de la falda
Centro de la espalda
ESPALDA
Costado de la falda
DELANTERO
Centro del delantero sobre el doblez
D E F

Patrón de la falda básica
(media espalda y medio delantero)

FIG. 1

Ejemplos de medidas utilizadas para construir una falda básica: contorno de cintura = 72 cm; contorno de caderas 2 = 96 cm; alto de caderas 2 = 20 cm; alto de caderas 1 = 9 cm; largo de la falda = 60 cm.

1. Dibujar una línea horizontal AB = contorno de caderas 2: 2 = 96 : 2 = 48 cm.

2. ½ del delantero = CB = ½ (AB + 1 cm) = (48 + 1) : 2 = 24,5 cm.

3. ½ de la espalda = AC = ½ (AB – 1 cm) = (48 – 1) : 2 = 23,5 cm.

4. Dibujar las 3 líneas verticales: AD (centro de la espalda) = CE (línea del costado) = BF (centro del delantero sobre el doblez) = 60 cm = largo de la falda.

5. Unir D, E y F, luego marcar H, H1 y H2 de manera que AH = CH1 = BH2 = 20 cm de alto (alto de cadera 2); dibujar la línea de la cadera 2 pasando por H, H1 y H2.

6. Calcular el valor a absorber a nivel de las pinzas de la cintura (para un patrón ½ espalda y ½ del delantero): ½ contorno de caderas 2 – ½ contorno de cintura = (96 : 2) – (72 : 2) = 12 cm.

Dividir ahora por 2 para obtener el valor a absorber en el ½ delantero o en la ½ espalda: 12 : 2 = 6 cm.

¡Cuidado!
Esta técnica de construcción del patrón de la falda recta con una pinza en el medio delantero se puede utilizar cuando la diferencia entre el contorno de cintura y el contorno de caderas 2 no es muy pronunciada. Esta falda básica se utilizará para las transformaciones mediante "cortes". (Ejemplos: falda de talle bajo, falda evasé, falda con cuatro paños...).

Valor a absorber en el ½ delantero

1. Mitad de ancho de la pinza en el costado = CJ = 3,5 cm. Dibujar JH1 con regla de curvas.

2. Situar la pinza del delantero en la línea de cintura, a 9,5 cm del centro del delantero. En general, este valor depende de la separación del pecho: por ejemplo, si la separación del pecho = 19 cm, la pinza del delantero se sitúa a 19 : 2 = 9,5 cm del centro del delantero; ancho de la pinza del delantero = 2,5 cm en la línea de cintura; largo de la pinza del delantero = 9 cm.

3. En la línea del centro del delantero, situar K a 1,5 cm por debajo de B y unir J con una línea ligeramente cóncava (volver a dibujar esta línea cuando ya se haya cerrado la pinza). Comprobación del valor a absorber: 3,5 cm + 2,5 cm = 6 cm.

¡Cuidado!
El número de pinzas depende de la diferencia entre el contorno de cintura y el de cadera 2: si la diferencia es importante, se aplican varias pinzas (2, incluso 3, en cada cuarto de falda) y se divide el valor total a absorber por el número de pinzas.

Valor a absorber en la ½ espalda

1. Mitad de ancho de la pinza en el costado = CL = 3,5 cm. Dibujar LH1 con regla de curvas.

2. En la línea de centro de la espalda, situar una pinza de mitad de ancho de 1 cm (AM); largo de esta pinza = hasta la línea de cadera 2; dibujar HM.

3. En medio de ML, situar una pinza: ancho = 1,5 cm y largo = 12 cm.

4. En la línea de centro de la espalda, marcar N a 1,5 cm por debajo de A.

5. Dibujar una línea PL ligeramente cóncava (comenzar a dibujar una vez cerrada la pinza). Comprobación del valor a absorber: 3,5 + 1,5 + 1 = 6 cm.

Esta técnica de construcción permite obtener fácilmente y con precisión una base de trabajo sobre la que realizar cualquier modelo de falda, con independencia de cómo sea la morfología de la persona y cualesquiera que sean las transformaciones que se deseen.

¡Importante!
El ancho de una pinza en el costado no debe ser mayor de 4 a 5 cm, el de una pinza de espalda de 3 a 4 cm y el de una pinza de delantero de 2 a 3 cm.

Construcción de la falda recta básica con dos pinzas en cada mitad de delantero

Se aplican 2 pinzas por mitad del delantero de una falda cuando la diferencia entre la medida del contorno de cintura y la del contorno de caderas 1 es muy marcada.

Dividir por 2 el valor absorbido por la pinza del delantero del patrón anterior para repartirlo entre las dos pinzas.

Ejemplo: ancho de la pinza del delantero del patrón anterior = 2,5 cm; ancho de cada una de las dos pinzas = 2,5 : 2 = 1,25 cm.

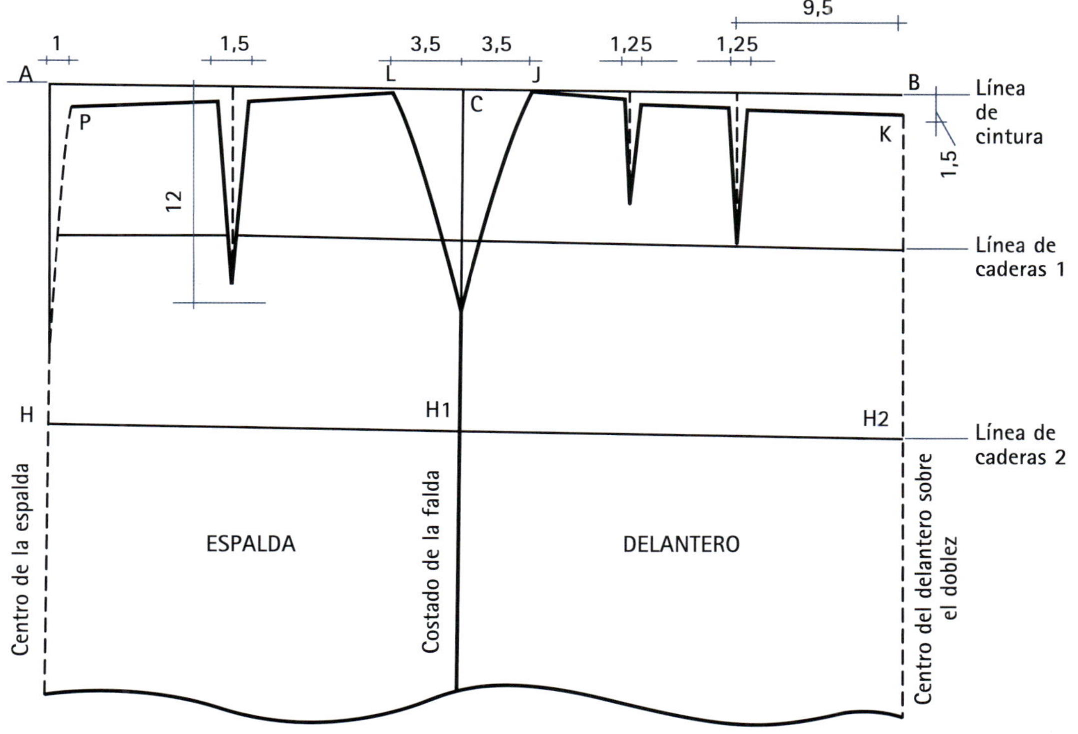

Situar la primera pinza como en el patrón anterior (a una distancia de B igual a la separación del pecho dividida por 2). Dibujar el eje de esa pinza y marcar su ancho y su largo (= 9 cm).

Situar la segunda pinza en mitad de la distancia entre J y la primera pinza. Dibujar el eje de la pinza y marcar su ancho y su largo (de 1 a 1,5 cm más corto que el largo anterior).

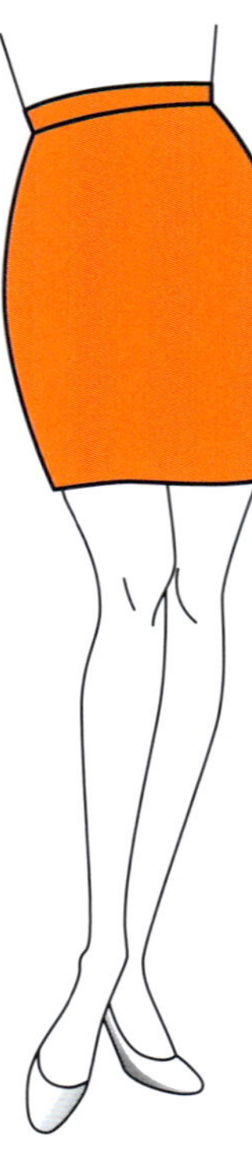

Falda ajustada

Las faldas "ajustadas", ceñidas al cuerpo, suelen cortarse en tejidos elásticos para que resulten más cómodas. A la hora de cortarlas, hay que situar el patrón en el sentido de elasticidad del tejido.

Para construir el patrón hay que conocer el porcentaje de elasticidad.

Si es del 5% o inferior al 5%, no se reducen las medidas y se hace el patrón base clásico. Si el porcentaje de elasticidad es mayor, reducir las medidas multiplicándolas por un multiplicador que se calcula de la siguiente manera :

Ejemplo: porcentaje de elasticidad = 12%.

Dividir el porcentaje de elasticidad por 2, es decir, 12 : 2 = 6.

Multiplicador = 100% – 6% = 94% o 0,94.

Multiplicar por 0,94 todas las medidas utilizadas para construir el patrón de la falda.

Ejemplo: contorno de cintura = 72 cm x 0,94 = 67,68 cm; contorno de caderas 2 = 96 cm x 0,94 = 90,24 cm.

No añadir ensanchamientos ni costuras en el patrón terminado, porque su valor está incluido en el cálculo.

La elasticidad del tejido permite prescindir de las pinzas. Pegar la cinturilla sobre una entretela termoadhesiva.

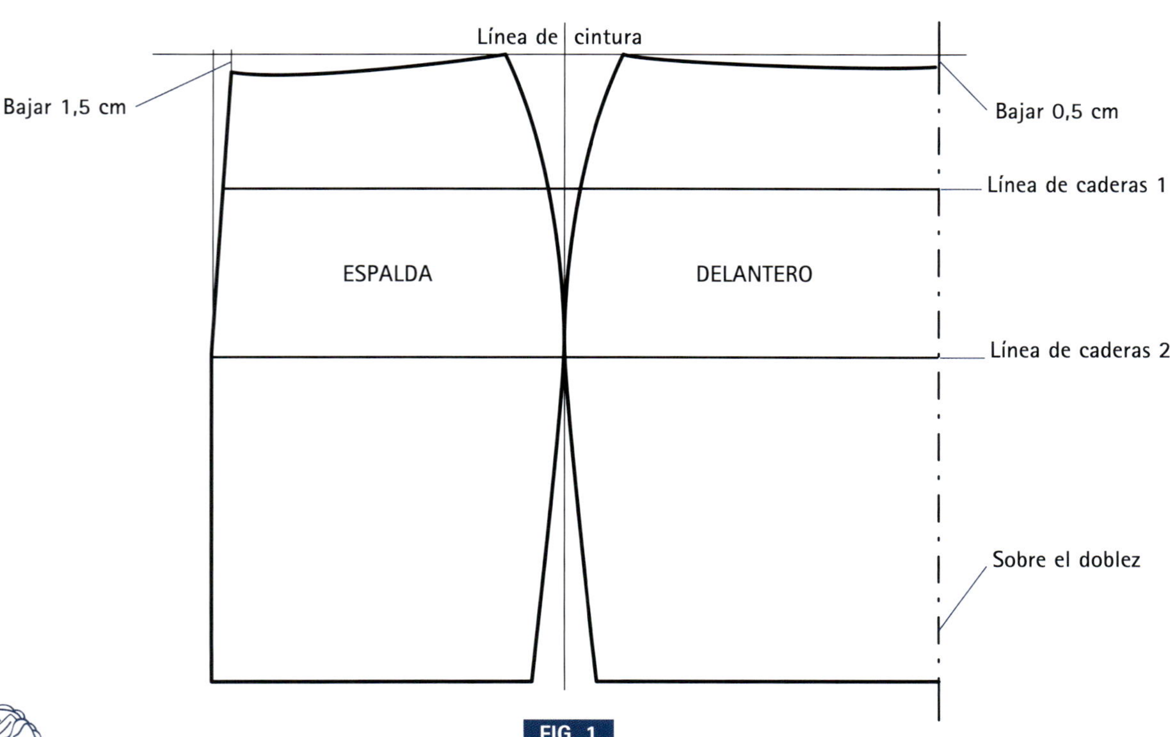

FIG. 1

Cinturillas

1. Cinturilla recta en la cintura

Esta cinturilla es una banda estrecha que sujeta la falda en la cintura. Su largo es igual al contorno de cintura. Debe resultar cómoda y para ello:

– Hacerla doblada (para evitar el volumen de la costura); suele ir forrada con una entretela termoadhesiva que le da rigidez.
– Su ancho no superará los 4 o 5 cm máximo; si es más ancha, sobrepasa la curva entrante arriba de la cadera y puede doblarse y molestar en la cintura.

Dibujar una costura de 1 cm.

Marcar las muescas de referencia y de montaje en el patrón terminado de la cintura.

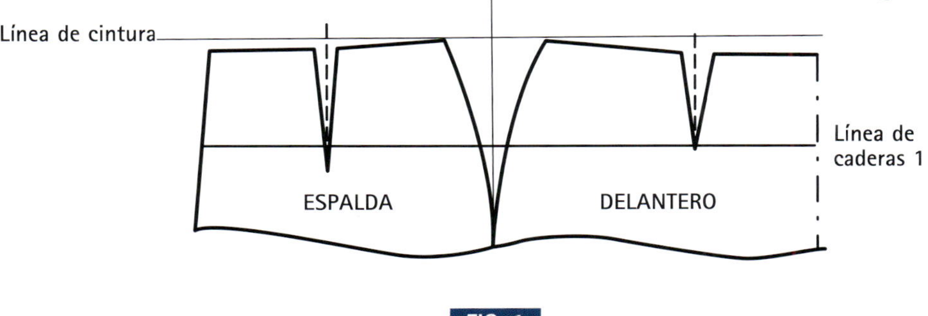

FIG. 1

117

El ancho de la tapeta de botonadura y su emplazamiento dependerán del diámetro del botón y del modelo de cinturilla elegido. En general, se añade a un extremo de la cinturilla.

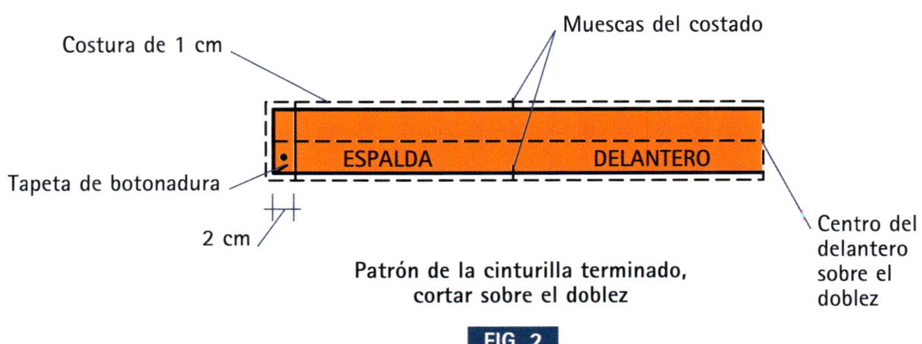

FIG. 2

¡Cuidado!
No añadir ensanchamiento al largo de una cinturilla recta.

2. Cinturilla integrada para talle alto

Esta cinturilla es una prolongación en altura de la falda. Se utiliza, sobre todo, para estilizar la figura.

Una cinturilla integrada es tan solo la vista de la parte alta de la falda.

Dibujar el patrón de la falda básica.

Tomar la medida de la línea de cintura y subirla paralela a ella hasta la altura que se desee. Altura por encima de la cintura: unos 10 a 15 cm (si la cinturilla queda más alta, habrá que sujetarla con tirantes). Altura por debajo de la cintura: unos 5 a 10 cm (fig. 1).

Para moldear la línea del cuerpo, añadir unos 1,5 cm a los costados (fig. 1).

Cortar la cinturilla integrada sobre el mismo patrón, del mismo tejido que la falda o de una tela de forro.

En general, se aplica una entretela termoadhesiva para darle más cuerpo.

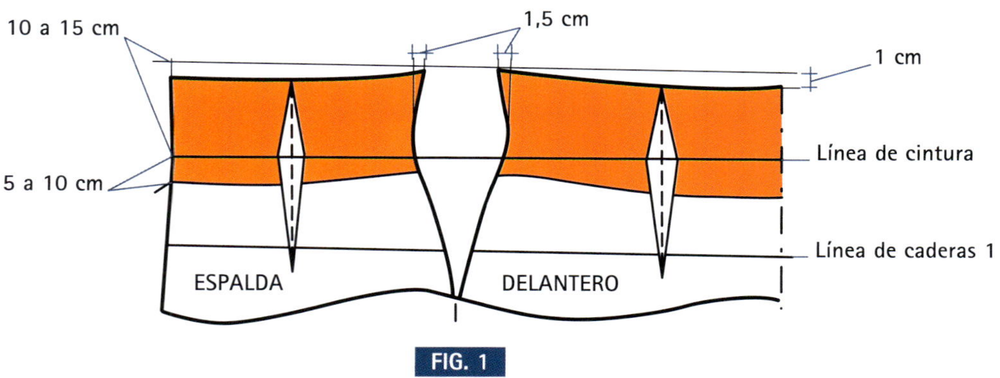

FIG. 1

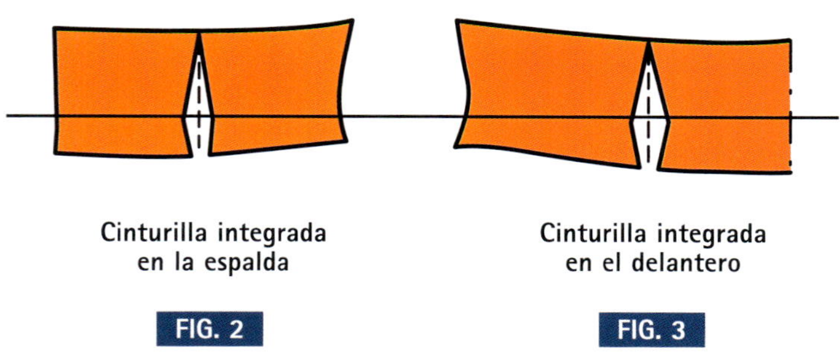

Cinturilla integrada en la espalda

FIG. 2

Cinturilla integrada en el delantero

FIG. 3

3. Cinturilla trasladada a talle bajo

Para construir el patrón de esta cinturilla, hacer primero el patrón de la falda evasé (fig. 2 y fig. 3 del modelo 4, p. 137).

El mejor emplazamiento del talle bajo es sobre la línea de caderas 1, es decir, a unos 10 cm por debajo de la cintura. Suele medir de 3 a 5 cm de ancho.

Tomar las medidas de la línea de cintura y trasladarlas dos veces en paralelo a la línea de cintura, una vez por encima de la línea de caderas 1 y otra vez por debajo, quedando ambas líneas separadas por el ancho de la cinturilla.

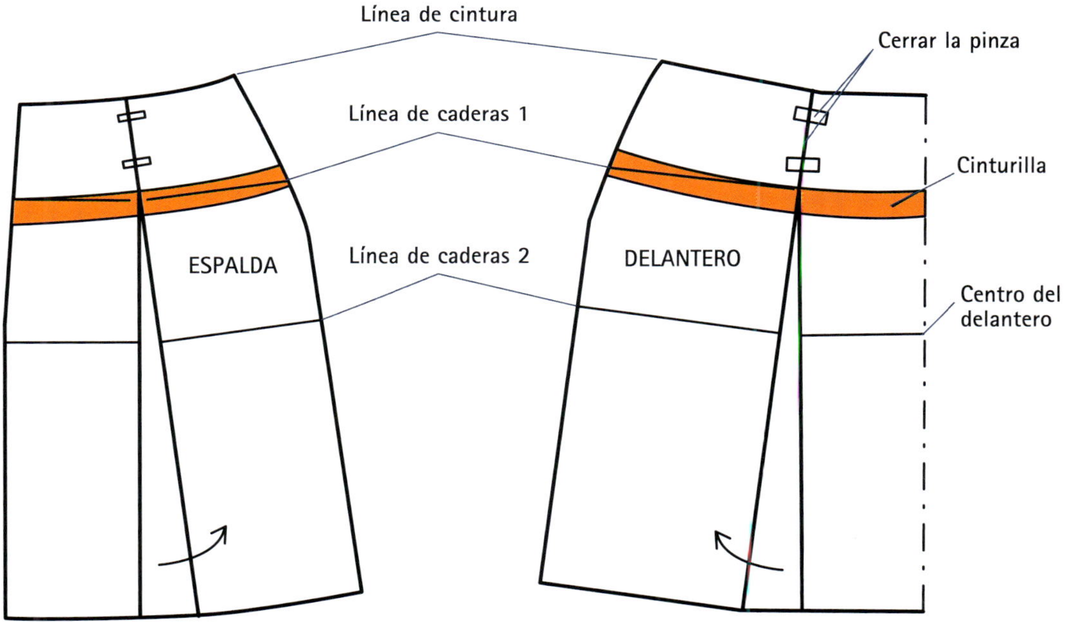

FIG. 1

Separar ahora las dos partes: cinturilla y bajo de la falda evasé. Volver a dibujar el patrón de la falda (fig. 4 y fig. 5).

Añadir una costura de 1 cm. Marcar las muescas de referencia y de montaje.

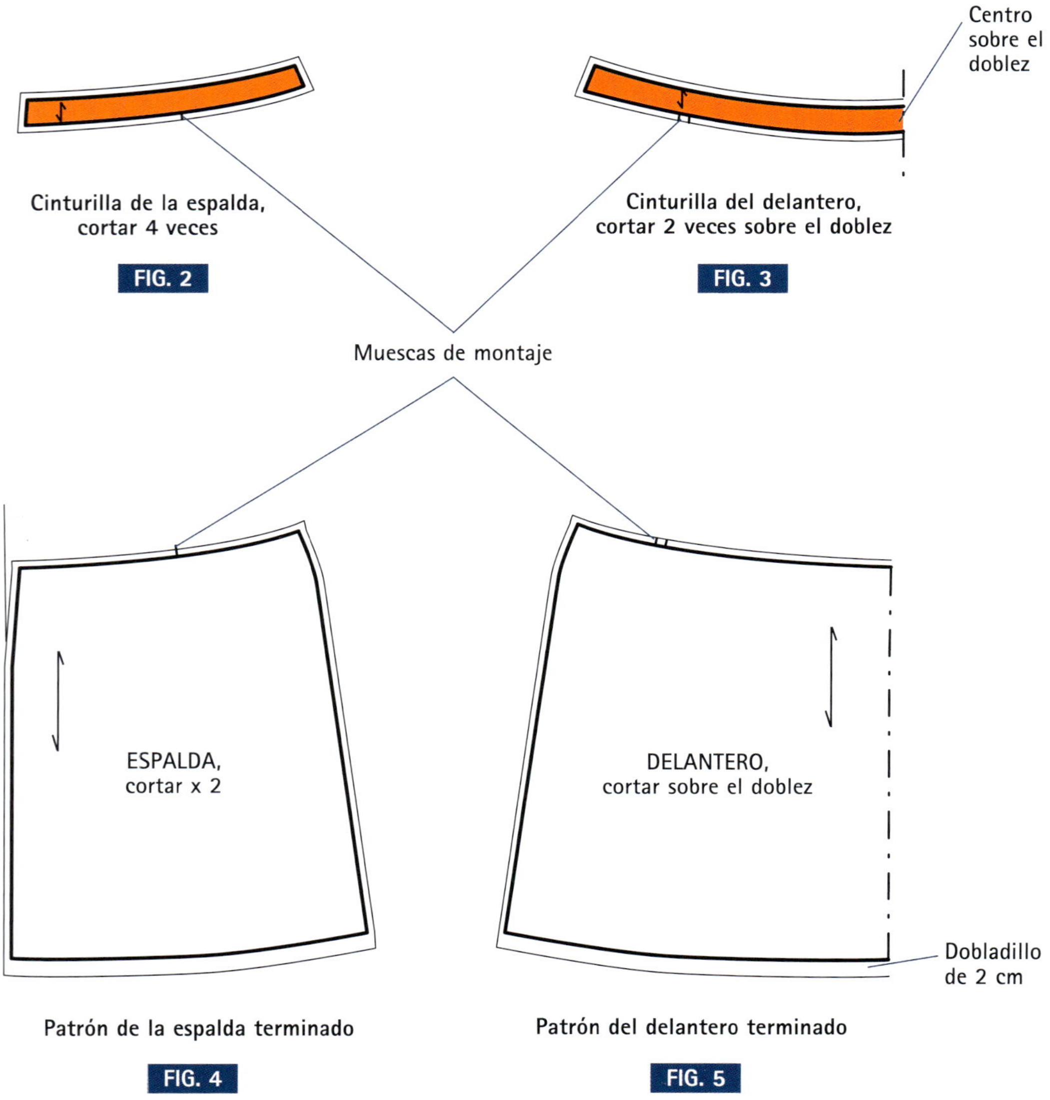

Cinturilla de la espalda, cortar 4 veces

FIG. 2

Cinturilla del delantero, cortar 2 veces sobre el doblez

FIG. 3

Patrón de la espalda terminado

FIG. 4

Patrón del delantero terminado

FIG. 5

4. Cinturilla integrada en el talle bajo

Esta cinturilla integrada sirve para sujetar la parte de arriba de la falda y mantener su forma; se sitúa por dentro de la falda. Se puede hacer de la misma tela de la falda o de tela de forro, pero debe llevar siempre una entretela termoadhesiva que le dé rigidez.

Para construir el patrón de esta cinturilla, dibujar primero el patrón de la falda evasé (fig. 2 y fig. 3, modelo 4, p. 137).

Fijar la altura de la cinturilla (en general, sobre la línea de caderas 1) como se indica en la figura 1. Tomar la medida de la línea de caderas 1 y trasladarla en paralelo a la línea de cintura sobre la línea de caderas 1.

Suprimir la parte alta de la espalda y del delantero de la falda (en naranja en la figura 1).

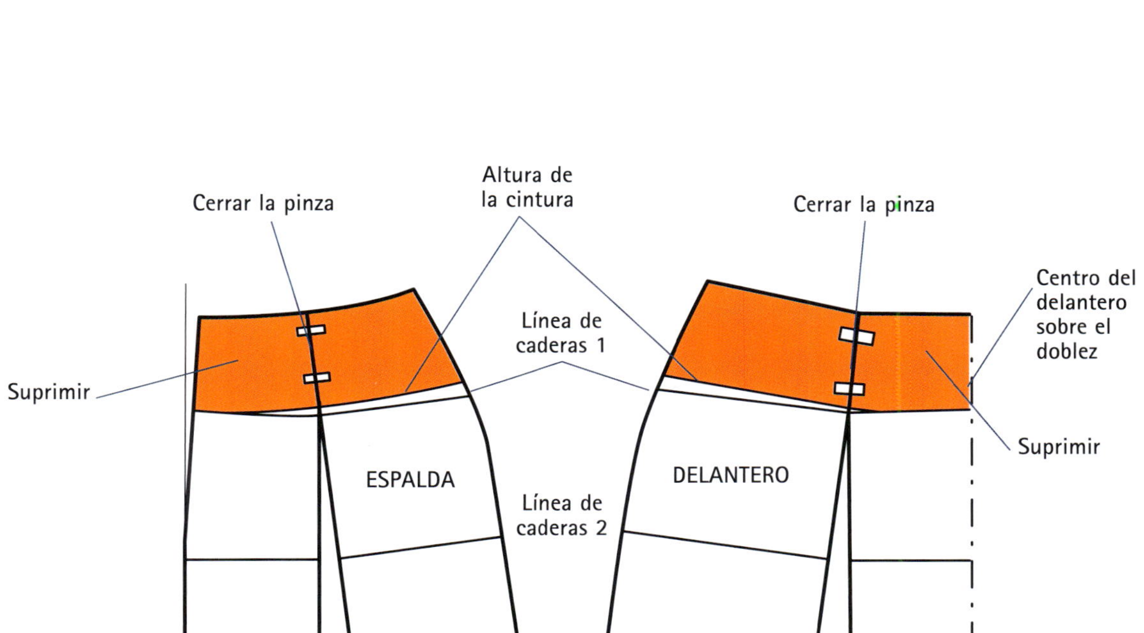

FIG. 1

Después, en el patrón obtenido, dibujar el ancho de la cinturilla integrada: unos 7 a 10 cm (fig. 2).

Calcar las cinturillas integradas de la espalda y del delantero de la falda (fig. 3 y fig. 4).

Añadir una costura de 1 cm. Marcar las muescas de referencia y las muescas de montaje.

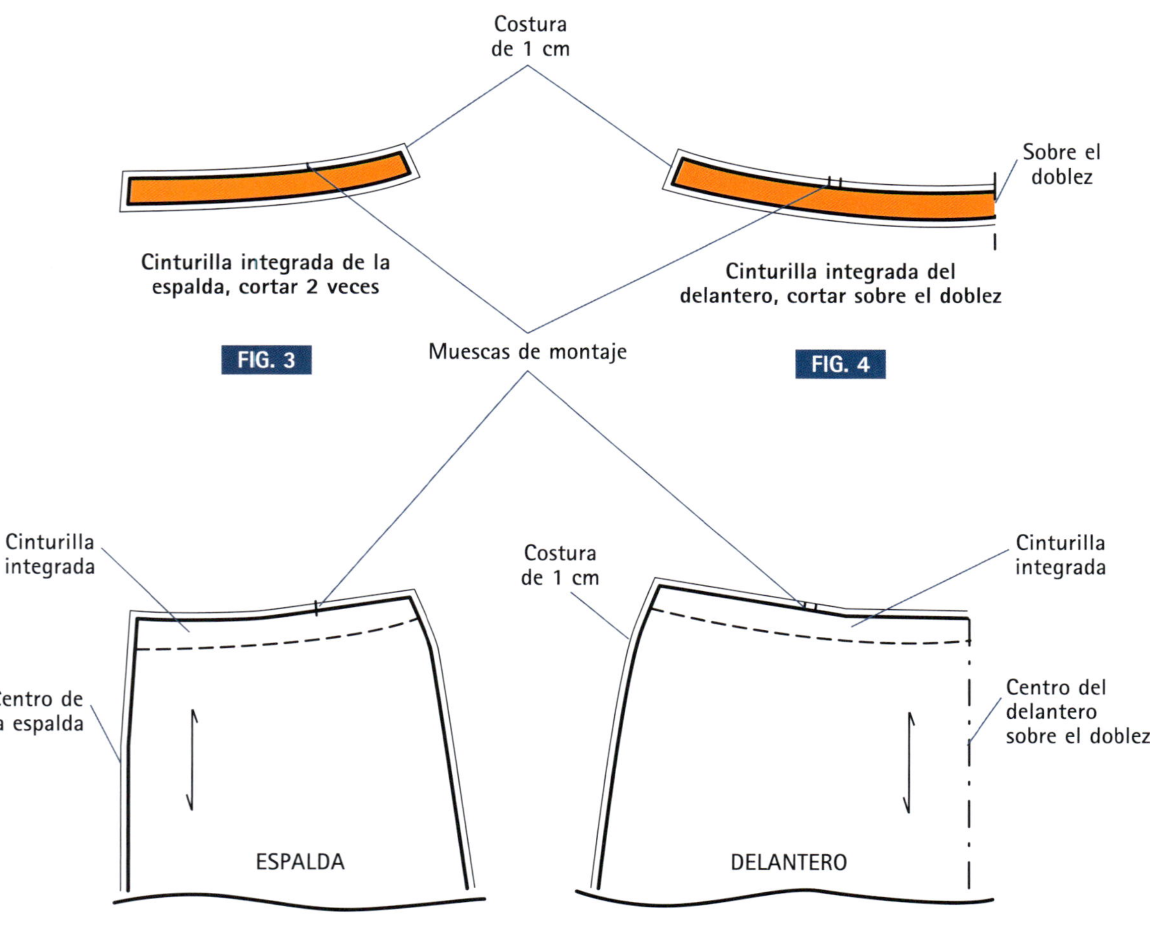

Aberturas

1. Abertura sencilla

Las aberturas se suelen aplicar a faldas rectas, ya sea por estética (aberturas de fantasía), ya por comodidad para facilitar los movimientos.

Dibujar el patrón de la falda básica según las medidas dadas y determinar la altura de la abertura (aquí, unos 15 cm).

El patrón de este modelo de abertura se puede construir de dos maneras: la elección depende del grosor del tejido utilizado y de la calidad del acabado.

Primer método

Es el método de construcción más sencillo y fácil. Añadir el fondo del pliegue, de unos 3 cm de ancho, siguiendo la línea de centro de la espalda y a lo largo de unos 17 cm. Añadir también en el bajo de la falda un dobladillo de igual ancho que el fondo del pliegue (fig. 1). El inconveniente de este método es que queda mucho espesor de tela en el montaje (fig. 2).

Segundo método

Para evitar espesores, cortar a 45° la esquina que forma el repliegue de la abertura con el del dobladillo (fig. 3). Este método suele utilizarse en alta costura porque el acabado queda más cuidado.

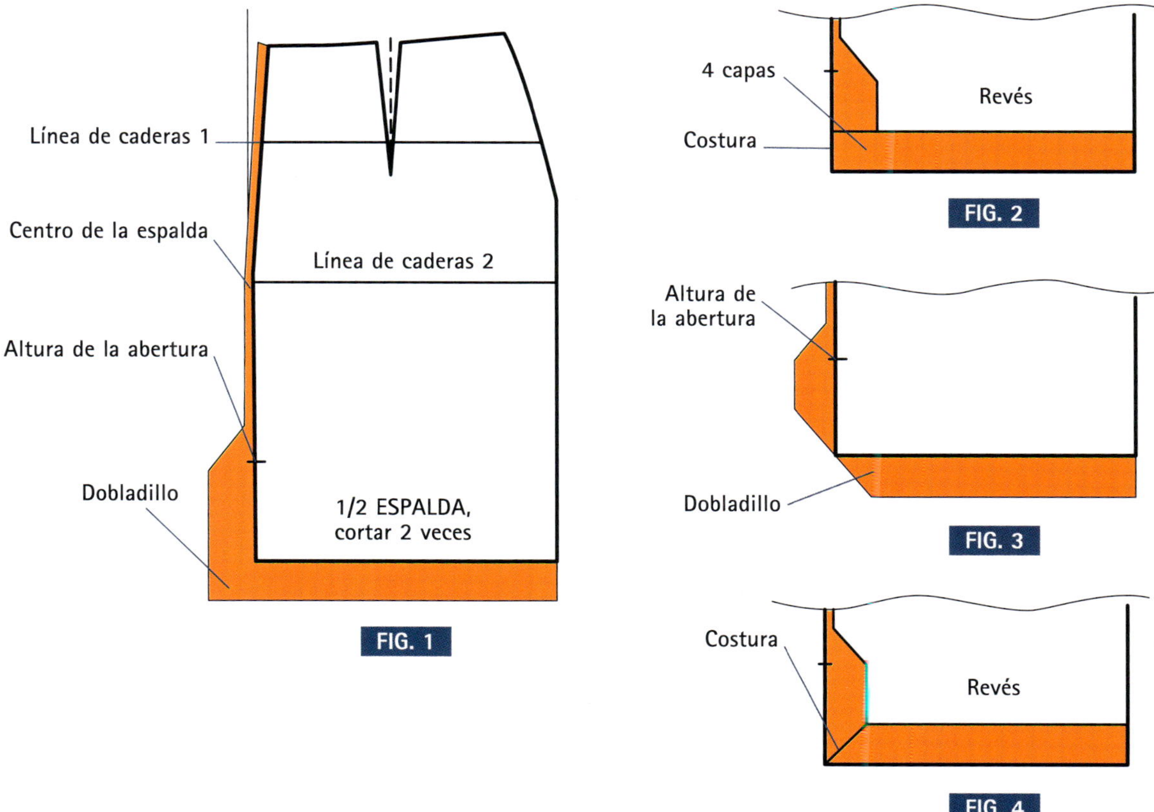

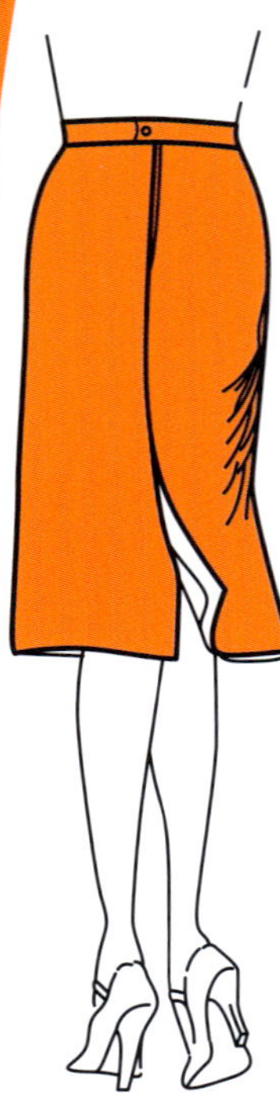

2. Abertura con pliegue aplastado, abierto o cerrado

En este modelo, el pliegue aplastado (o tumbado) se añade en la espalda de la falda, en la costura del centro.

Utilizar el mismo patrón para el modelo con el pliegue cerrado o con el pliegue abierto, ya que la diferencia reside en el montaje elegido: para el pliegue cerrado, coser todo el largo del pliegue; para el pliegue abierto, no.

En ambos casos (pliegue cerrado o pliegue abierto) se pespuntea el ancho del pliegue para que no se deforme.

Construir primero el patrón de la falda básica según las medidas dadas.

En la línea de centro de la espalda, determinar la altura de la abertura (fig. 1).

Añadir, en el lado izquierdo y en el derecho, el ancho del pliegue, que será como mínimo de 3 cm.

Marcar las muescas de referencia y de montaje en el patrón terminado.

Añadir una costura de 1 cm y un dobladillo del ancho del pliegue, debajo de la falda.

La abertura con pliegue adquiere su forma definitiva después de planchada: hay que doblar el lado izquierdo siguiendo la línea de centro de la espalda (línea de doblez en la fig. 1), y el lado derecho forma el fondo del pliegue (fig. 2).

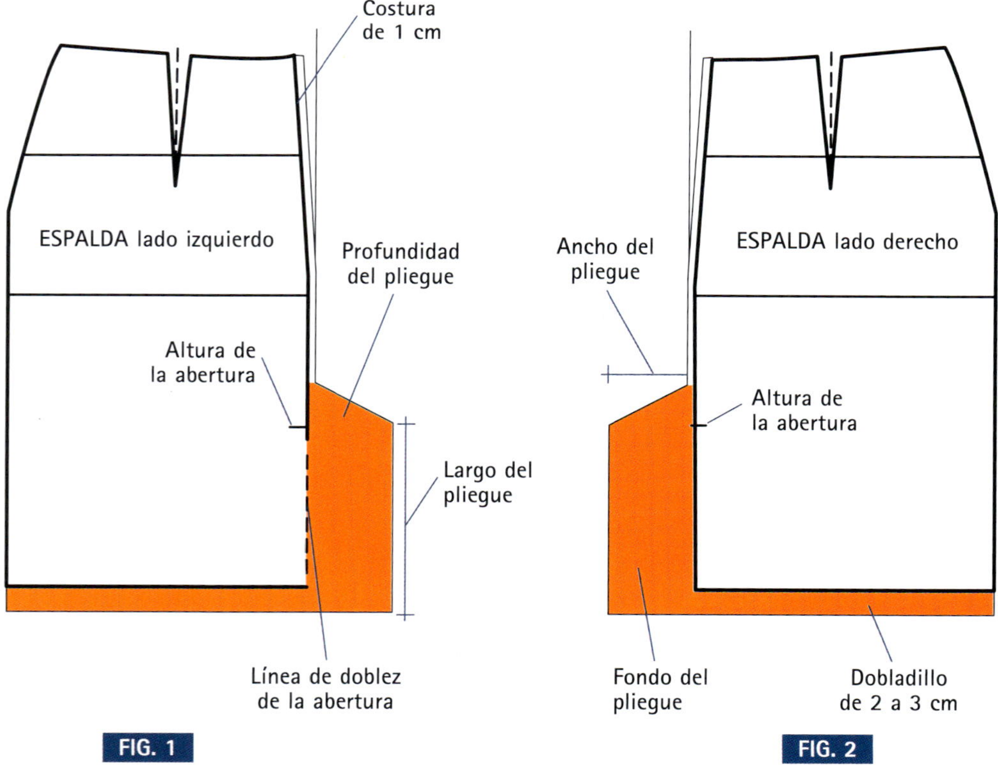

3. Abertura con pliegue encontrado hacia dentro

En este modelo se añade el pliegue en el centro de la espalda de la falda. El patrón se representa aquí entero para mayor claridad, pero puede hacerse sobre doblez.

Dibujar el patrón de la falda básica según las medidas dadas.

En el centro de la espalda fijar la altura del pliegue y luego, 2 o 3 cm más abajo, situar la muesca de final de la costura (fig. 1).

Añadir luego la profundidad (en naranja en la figura 1) y el fondo del pliegue (en azul), los dos del mismo ancho. Ese ancho suele ser de unos 5 cm. Si el pliegue fuera más ancho podría entorpecer los movimientos.

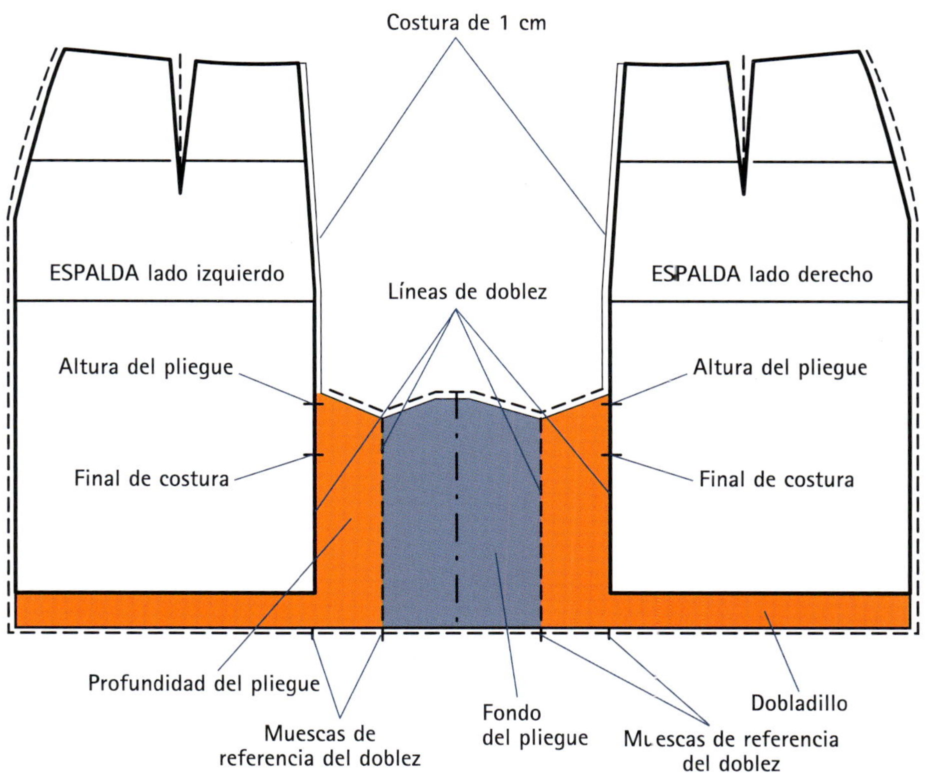

FIG. 1

Este modelo se puede realizar de una pieza, pero, para ahorrar tela, es mejor separar las partes (fig. 2, fig. 3 y fig. 4).

Añadir una costura de 1 cm y marcar las muescas de referencia, de montaje y de referencia del doblez.

Al planchar la abertura con pliegue encontrado hacia dentro, tener cuidado de que el centro del fondo del pliegue quede en la prolongación de la costura del centro de la falda, para que el pliegue tenga buena forma.

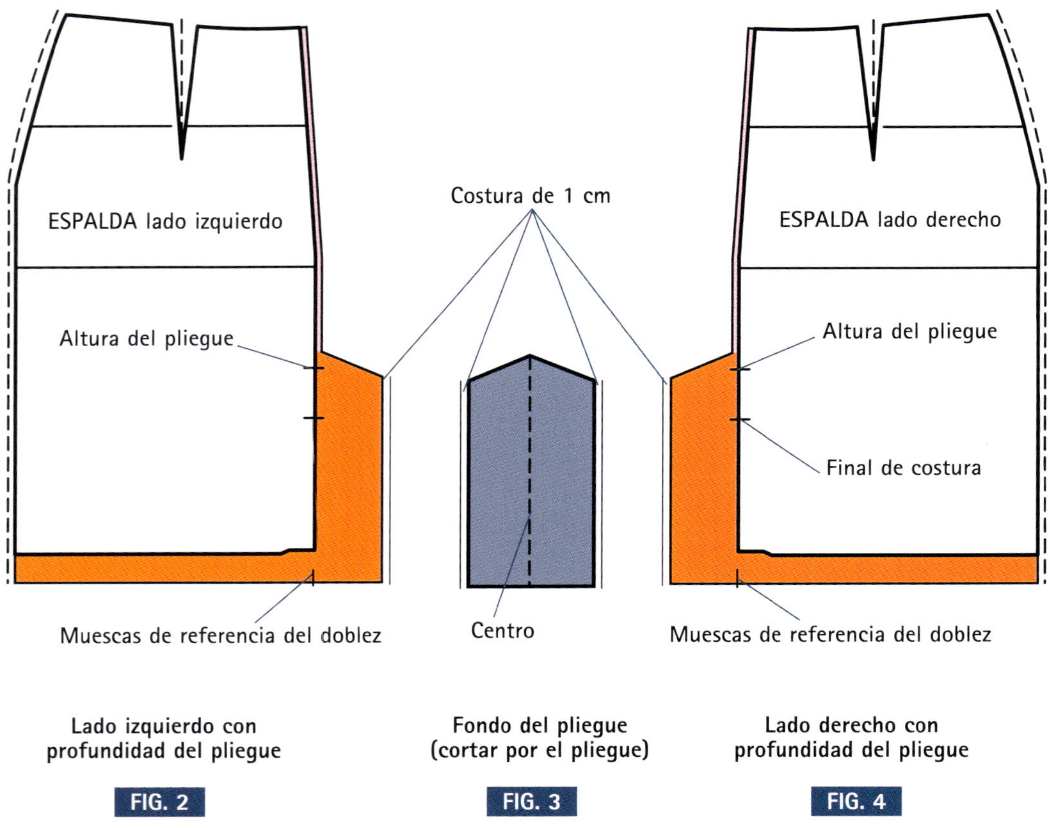

Lado izquierdo con profundidad del pliegue

FIG. 2

Fondo del pliegue (cortar por el pliegue)

FIG. 3

Lado derecho con profundidad del pliegue

FIG. 4

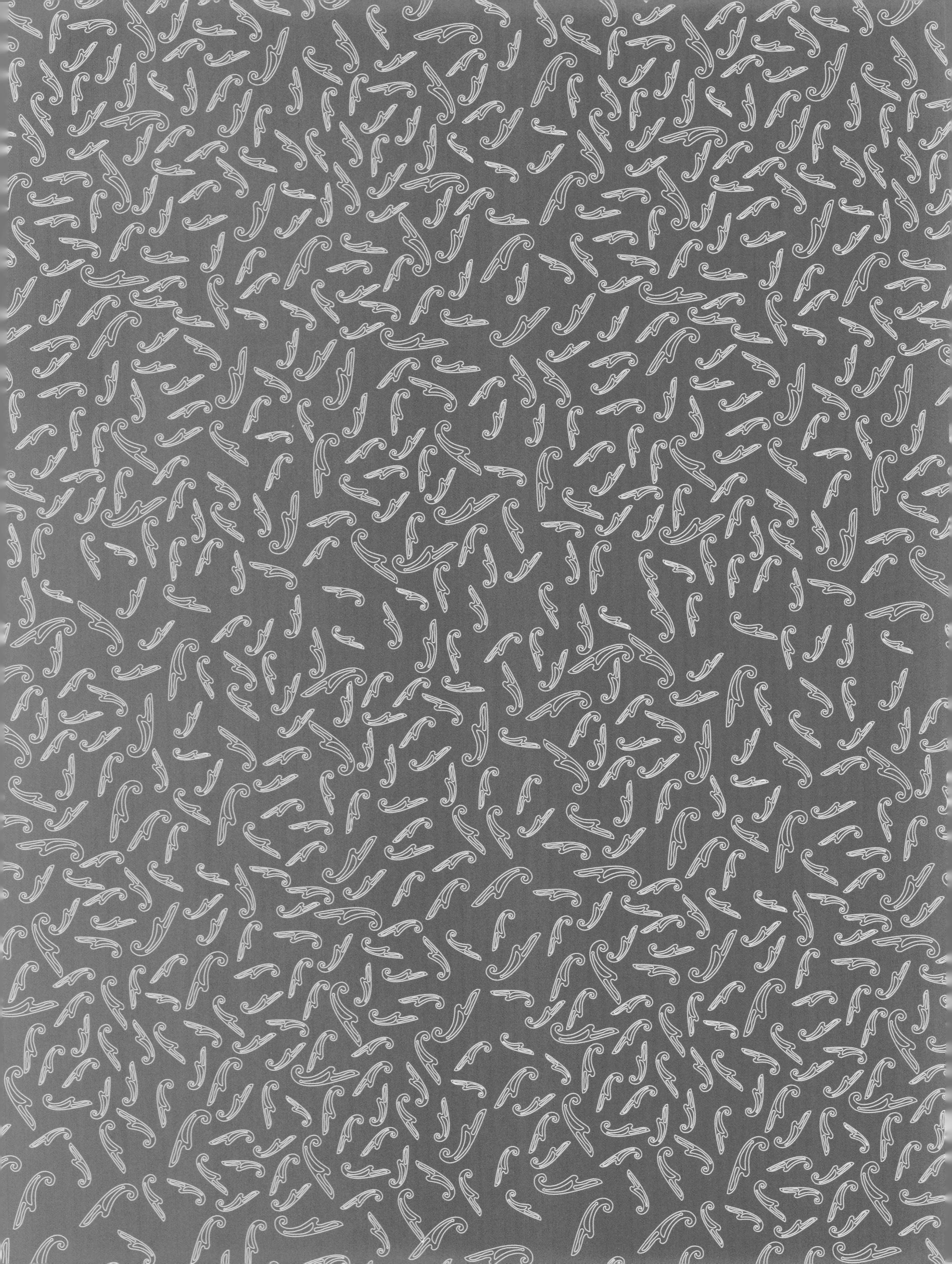

Modelos de faldas

Los modelos de faldas aquí presentados han sido seleccionados para aplicar las técnicas necesarias a la construcción de los patrones de faldas (corte, ensanche). Para favorecer la libertad y la creatividad en la confección, se ha evitado imponer sistemáticamente varios elementos como ensanchamiento, ancho de pliegues o de paños, largo de aberturas, emplazamiento de la cremallera, etc. Se aconseja, por tanto, determinar estos elementos antes de realizar las modificaciones en el patrón base.

Falda con pliegues encontrados

Modelo 1

Para obtener el patrón de este modelo de falda, dibujar primero el patrón de falda recta básica según las medidas dadas y aplicar luego la técnica de cortes verticales.

El método aquí presentado se ha elegido en función del efecto estético final y de la facilidad de su construcción.

Prolongar los ejes de las pinzas de la espalda y del delantero (fig. 1).

Aplicar los cortes y separar las partes cortadas.

Colocar las partes cortadas sobre otra hoja (para poder trabajar las líneas del pliegue).

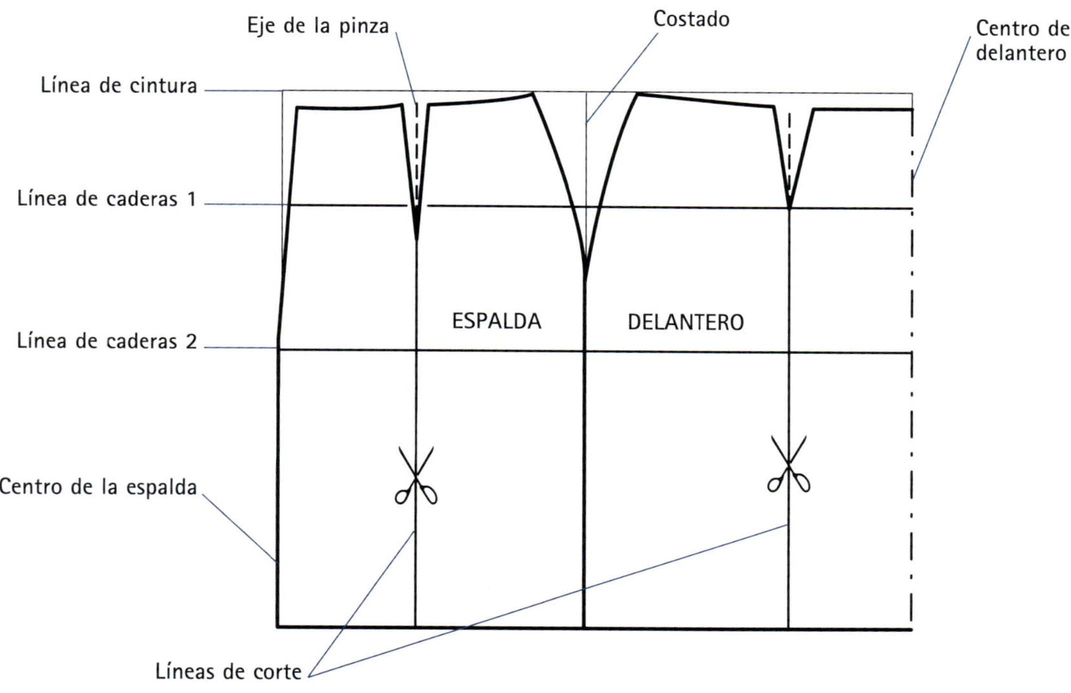

Base de la falda

FIG. 1

Separar las piezas a la distancia que se desee, como en la figura 2 (aquí, fondo del pliegue = 15 cm). Volver a dibujar el patrón del delantero (fig. 3).

Añadir al patrón terminado una costura de 1 cm y un dobladillo de 2 cm debajo de la falda.

No olvidar marcar varias muescas de referencia y de montaje.

El pliegue adquiere su forma definitiva después de planchado.

Realizar la espalda de la falda igual que el delantero, aunque son posibles otras opciones: espalda sin pliegue o con un solo pliegue en el centro; espalda con o sin costura en el centro; en el caso "sin costura", la cremallera se sitúa en uno de los pliegues de la espalda o en el costado. Además, los pliegues de la espalda y del delantero pueden no ir en la prolongación de las pinzas.

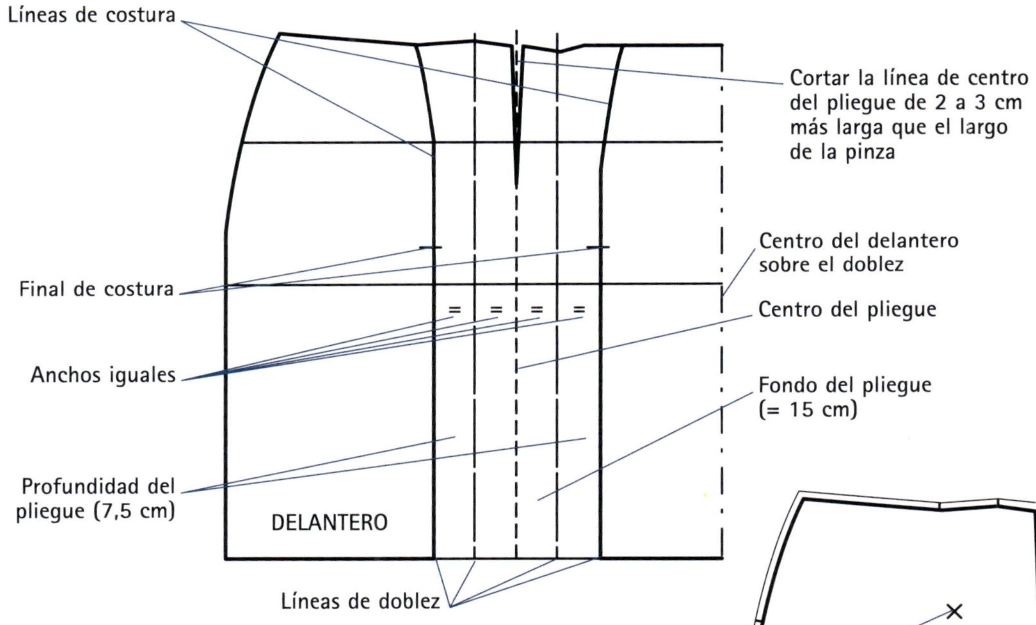

FIG. 2

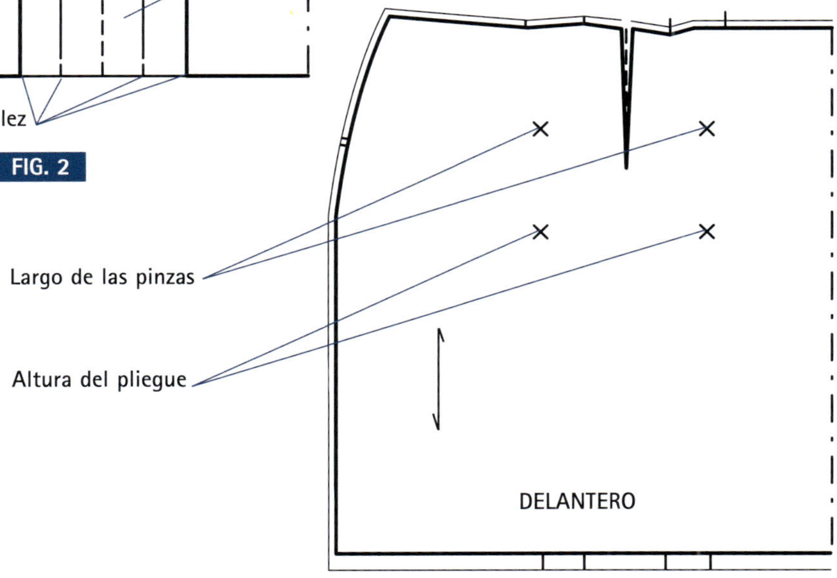

Patrón del delantero terminado, cortar sobre doblez

FIG. 3

Falda con pliegue encontrado en el centro del delantero y de la espalda

Modelo 2

Para obtener el patrón de este modelo, dibujar primero el patrón de falda recta básica según las medidas dadas y aplicar luego la técnica de cortes verticales en las líneas de centro de la espalda y del delantero (fig. 1 y fig. 2).

En esta falda se puede evitar la costura del centro de la espalda que es tan habitual en estos modelos; en ese caso, incluir la pinza del centro de la espalda en el pliegue, hacer para la cremallera una abertura de 18 a 20 cm y terminar con una costura "que muera" al montarla (o bien situar la cremallera en el costado).

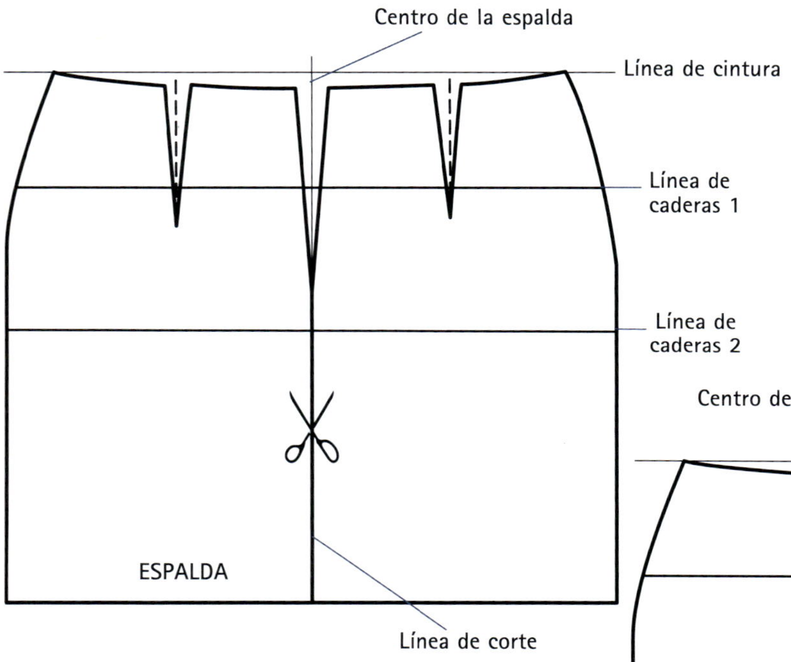

Centro de la espalda
Línea de cintura
Línea de caderas 1
Línea de caderas 2
ESPALDA
Línea de corte

Patrón base de la espalda

FIG. 1

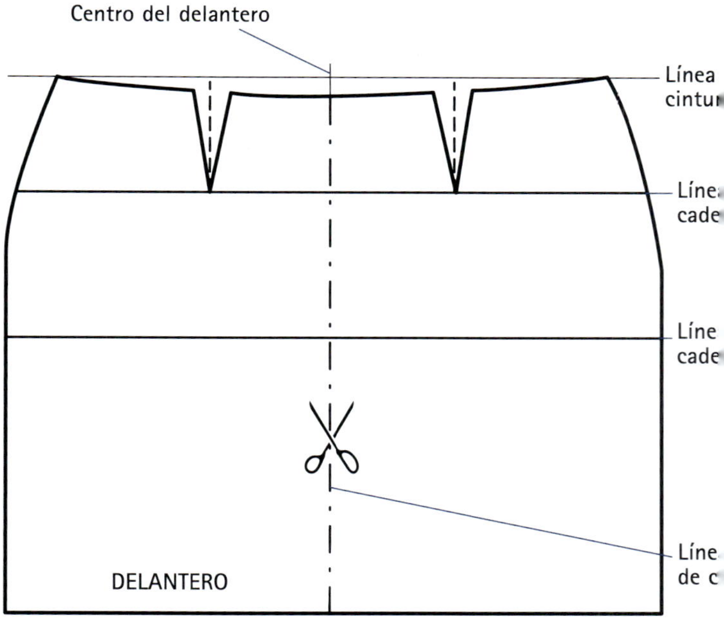

Centro del delantero
Línea cintur
Líne cade
Líne cade
DELANTERO
Líne de c

Patrón base del delantero

FIG. 2

Separar luego las partes cortadas.
Colocar las partes cortadas sobre otra hoja, separarlas a la distancia que se desee (aquí, fondo del pliegue = 15 cm), y volver a dibujar el patrón de la espalda y del delantero.

Para este modelo, situar la altura del pliegue por debajo de la línea de caderas 2 (aunque no es una regla; se puede situar a la altura que se desee).

Para facilitar la construcción del pliegue, realizar los patrones enteros de la espalda y del delantero: se requiere cierta experiencia para lanzarse a hacer medios patrones dependiendo de la calidad del tejido, sobre todo de su grosor.

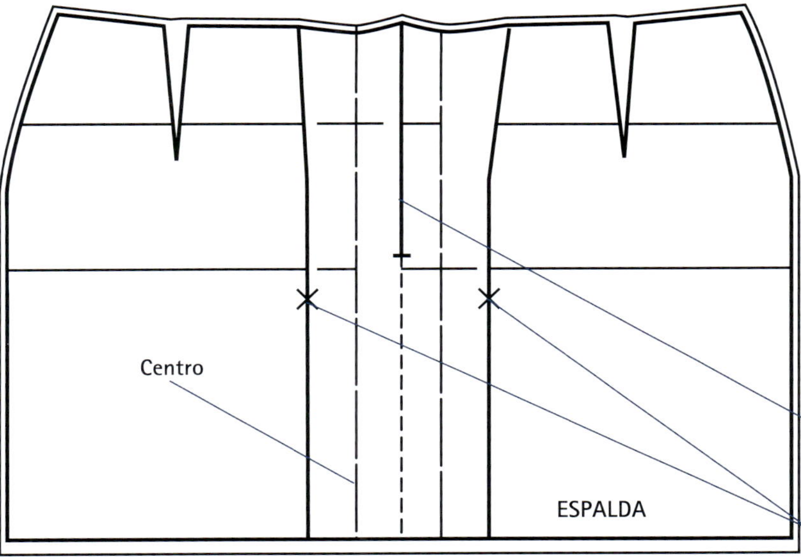

Patrón de la espalda terminado

FIG. 3

Añadir en el patrón terminado una costura de 1 cm y un dobladillo de 2 cm en el bajo de la falda.

No olvidar marcar las muescas de referencia y las muescas de montaje.

El pliegue adquiere su forma definitiva cuando está planchado.

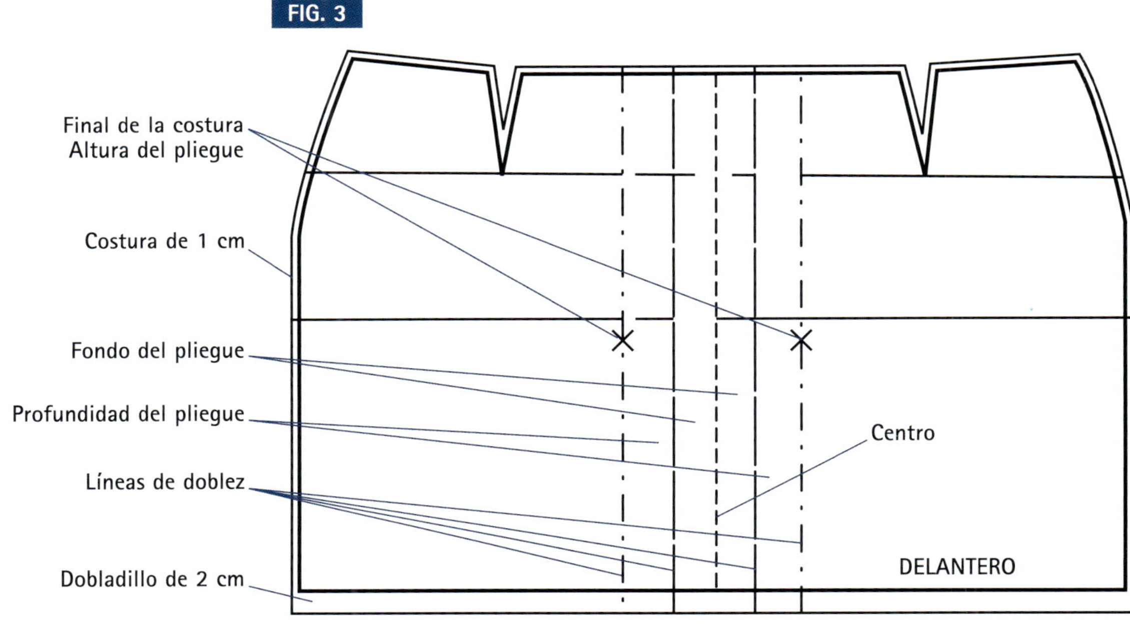

Patrón del delantero terminado

FIG. 4

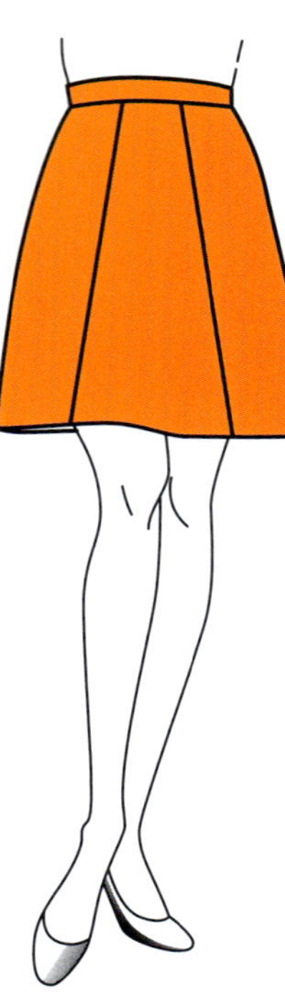

Falda evasé de 6 paños

Modelo 3

Dibujar el patrón de falda recta básica según las medidas dadas.

Este modelo lleva dos costuras en el delantero y dos en la espalda, por lo que el patrón se construye con los 6 paños separados.

Para un mejor efecto estético, ajustar el ancho de los tres paños del delantero como se indica más abajo.

1. Delantero

– Como el delantero de la falda lleva tres paños, hay que dividir por 3 la ½ del contorno de caderas 2. Por ejemplo, ½ contorno de caderas 2 = 51 cm; 51 : 3 = 17 cm = ancho de cada paño.

– Como el patrón del delantero se construye sobre doblez, el ancho de ½ paño central = 17 : 2 = 8,5 cm (fig. 1). Si el eje de la pinza del patrón base se sitúa en el borde de este paño, los cortes se tendrán que hacer siguiendo las líneas de corte en naranja. Si el eje de la pinza no se sitúa en el borde del paño, desplazar la pinza hasta ese borde.

Para obtener el patrón terminado de la falda evasé, calcar por separado cada uno de los paños que la componen.

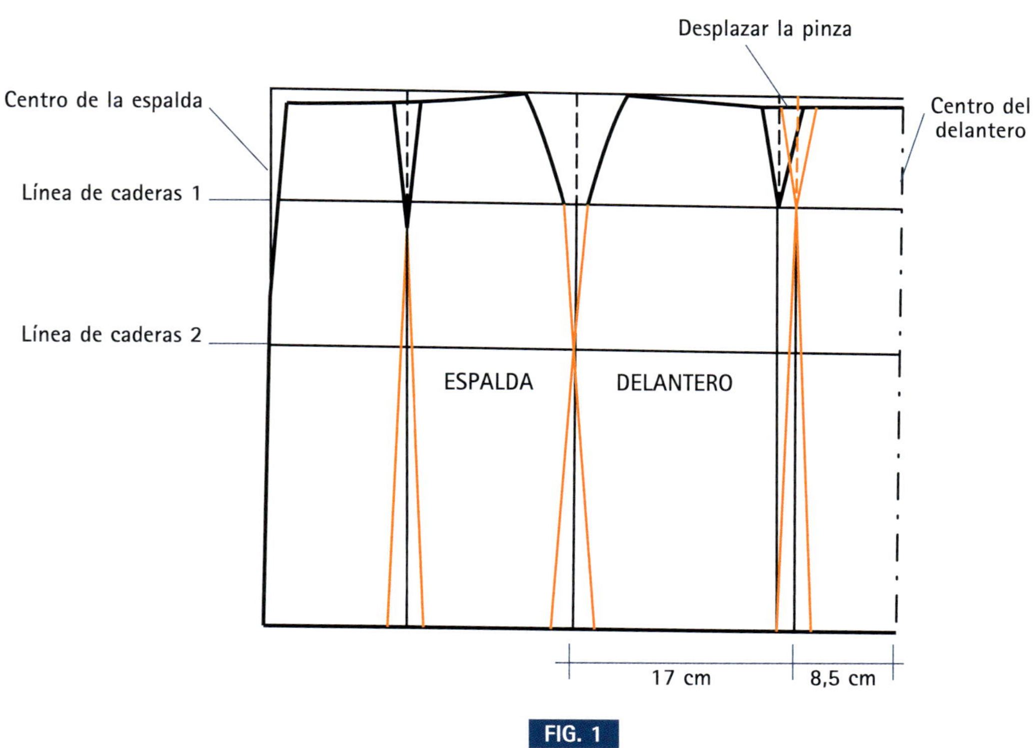

FIG. 1

2. Espalda

Se puede elegir entre dos métodos (la opción que aquí se adopta es la primera):

– Mantener la costura en el centro y hacer los cortes respetando el eje de la pinza de la espalda (fig. 1).

– Para evitar la costura en el centro, proceder igual que en el delantero: ajustar el ancho de los 3 paños y, si hiciera falta, desplazar la pinza; en ese caso, el centro de la espalda se sitúa sobre el doblez y se coloca la cremallera en un costado de la falda o en el corte entre los dos paños.

Añadir una costura de 1 cm, marcar las muescas de referencia y las muescas de montaje.

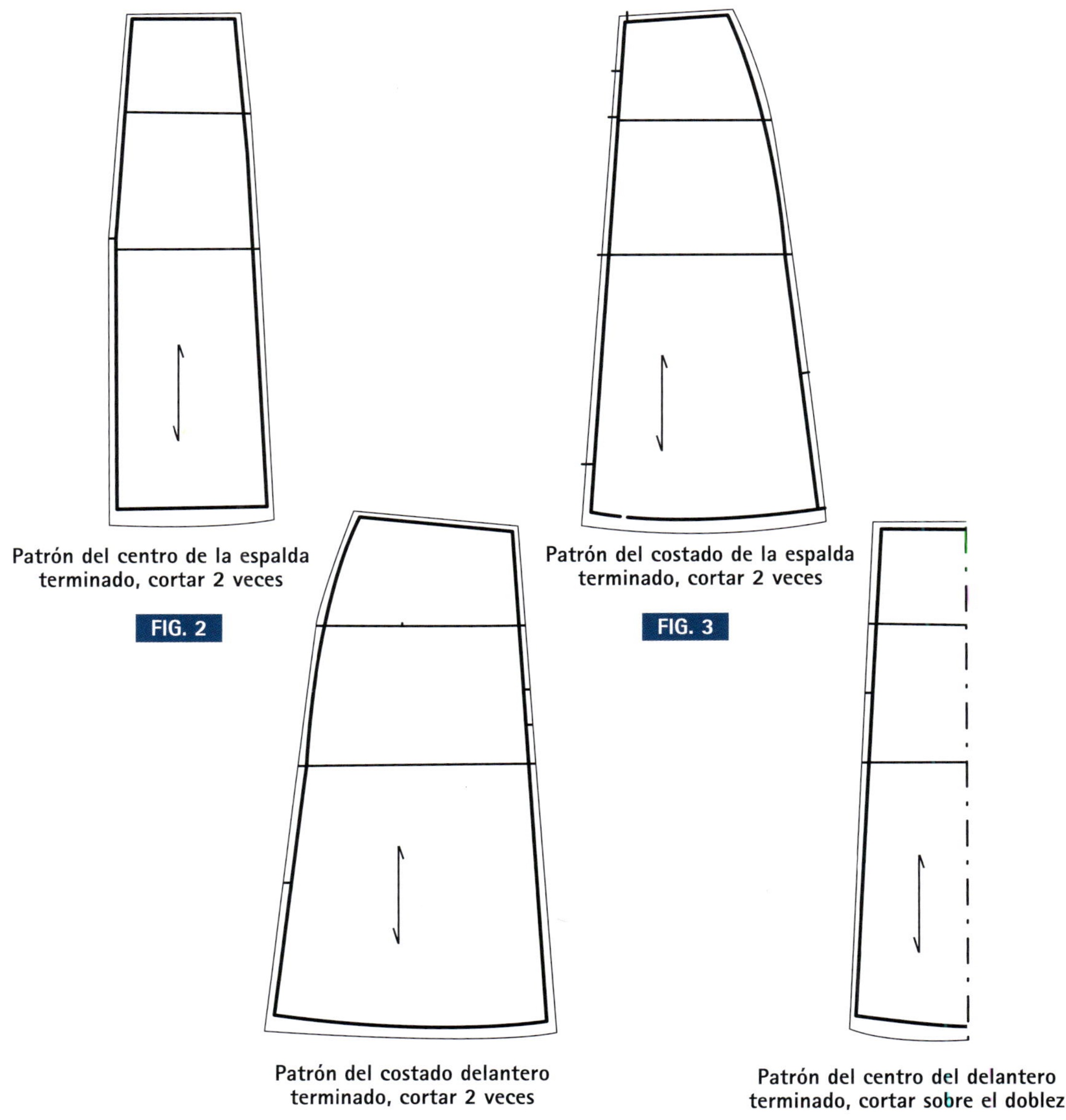

Patrón del centro de la espalda terminado, cortar 2 veces

FIG. 2

Patrón del costado de la espalda terminado, cortar 2 veces

FIG. 3

Patrón del costado delantero terminado, cortar 2 veces

FIG. 4

Patrón del centro del delantero terminado, cortar sobre el doblez

FIG. 5

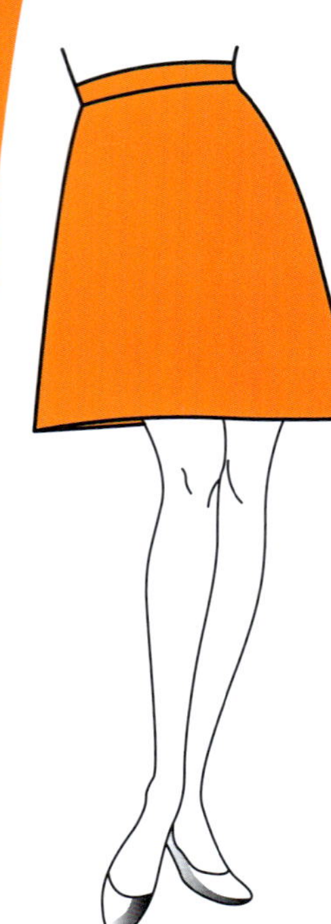

Falda evasé sin costura en el delantero

Modelo 4

Para obtener el patrón terminado de este modelo, dibujar primero el patrón base de la falda recta según las medidas dadas y hacer luego los cortes verticales como se indica en la figura 1.

Prolongar los ejes de las pinzas de la espalda y del delantero para obtener las líneas de corte, cortar y separar las partes.

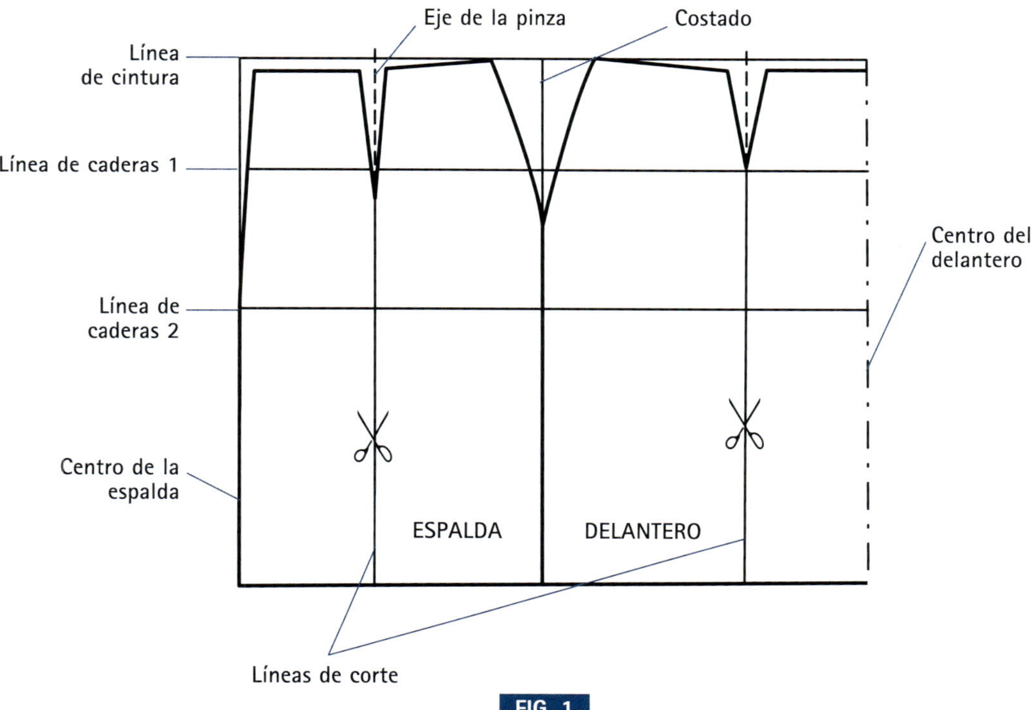

FIG. 1

Colocar los trozos en otra hoja, manteniendo verticales las líneas de centro del delantero y de la espalda (fig. 2 y fig. 3), luego separar el trozo del costado de la falda, cerrando las pinzas.

Volver a dibujar el contorno del patrón redondeando los picos que se forman al separar el bajo de la falda.

Añadir una costura de 1 cm, un dobladillo de 2 cm en el bajo de la falda y marcar las muescas de referencia y de montaje.

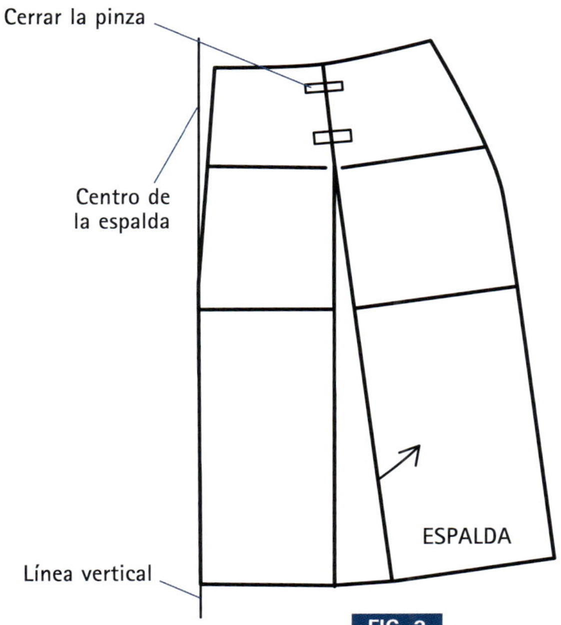

Cerrar la pinza

Centro de la espalda

Línea vertical

ESPALDA

FIG. 2

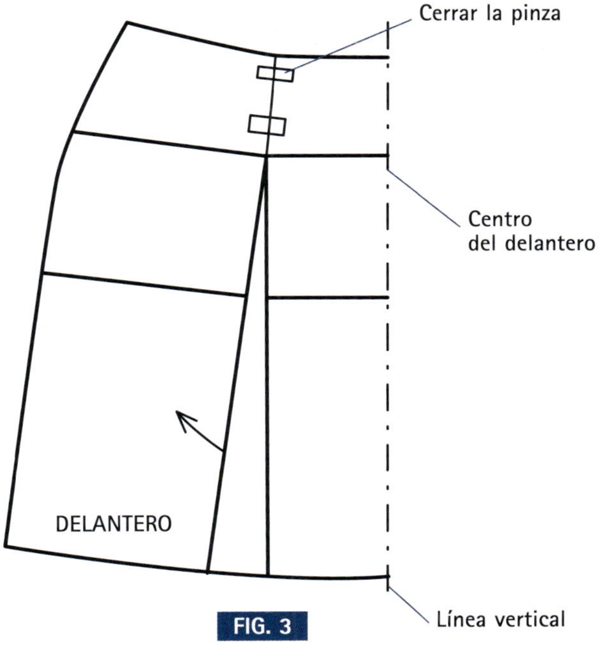

Cerrar la pinza

Centro del delantero

DELANTERO

Línea vertical

FIG. 3

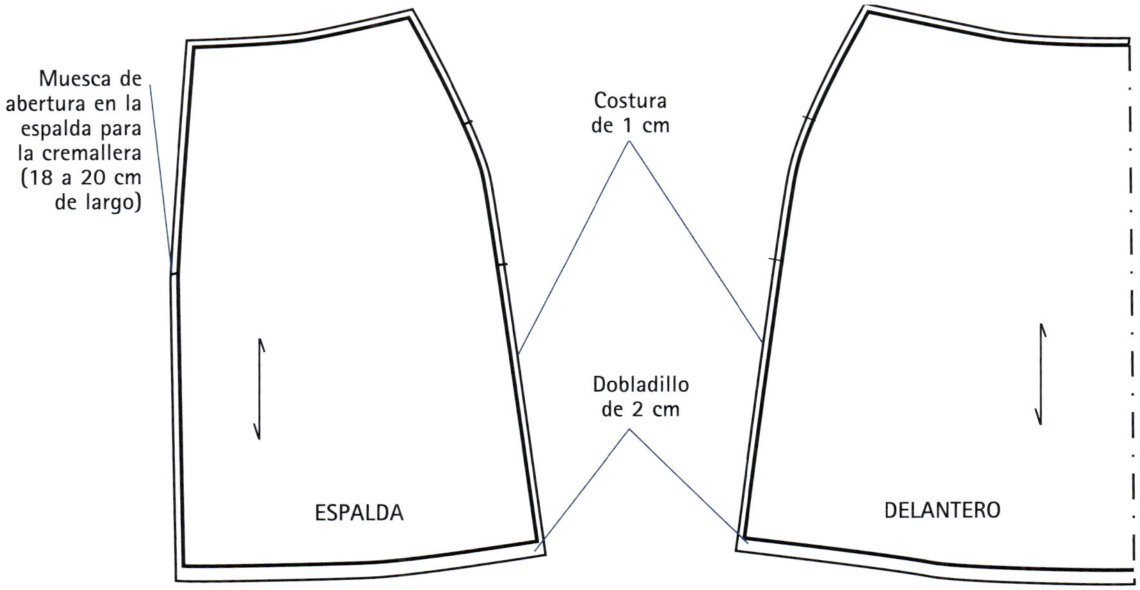

Muesca de abertura en la espalda para la cremallera (18 a 20 cm de largo)

Costura de 1 cm

Dobladillo de 2 cm

ESPALDA

DELANTERO

Patrón de la espalda terminado, cortar 2 veces

FIG. 4

Patrón del delantero terminado, cortar sobre el doblez

FIG. 5

Falda con godets

Modelo 5

El primer paso es construir el patrón base de la falda recta según las medidas dadas.

Determinar luego la altura de los godets: el mejor emplazamiento es por encima de la rodilla, para no entorpecer los movimientos. En este ejemplo, las medidas son las siguientes: largo de la falda = 75 cm y altura de los godets = 25 cm.

Hacer luego los cortes verticales para obtener tres paños delanteros y dos de espalda, todos del mismo largo (fig. 1). Si fuera necesario, desplazar las pinzas para que coincidan con las líneas de corte (ver en página 134, modelo 3, el método de desplazamiento de las pinzas).

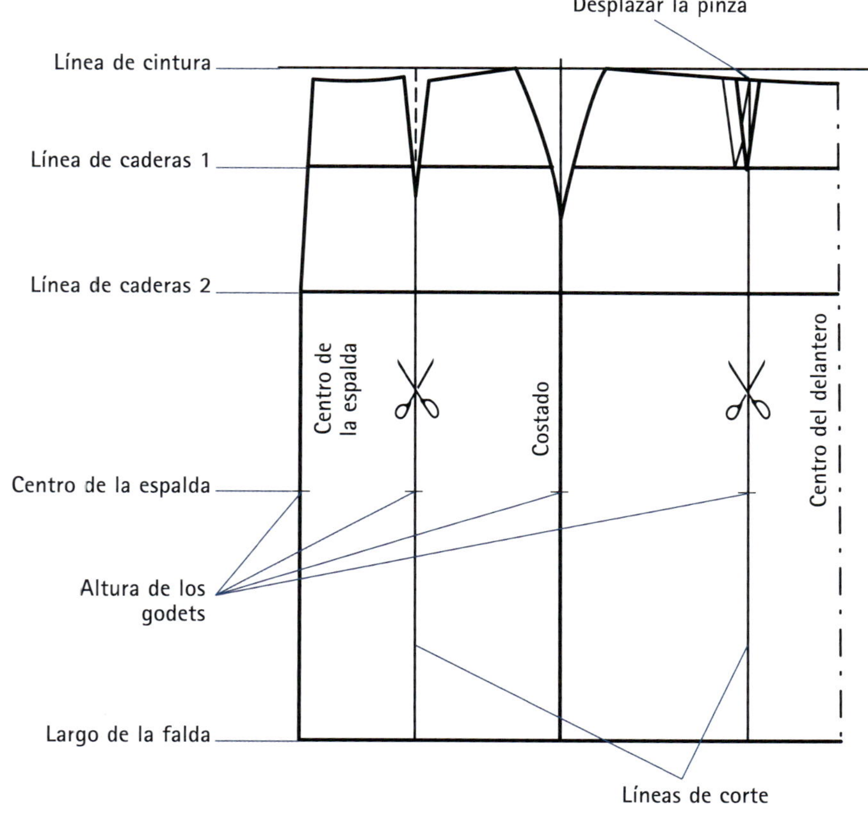

FIG. 1

Volver a dibujar el patrón de cada paño por separado, añadiendo una costura de 1 cm y un dobladillo de 2 cm en el bajo de la falda.

Aquí el patrón de la espalda se construye con la costura en el centro; para evitarlo, hacer la parte del centro de la espalda sobre doblez y colocar la cremallera en la costura del costado izquierdo de la falda.

Construcción de los godets

El godet de la falda tiene forma de triángulo; el largo de los lados es igual a la altura de godet calculada en el patrón base. El ancho del godet depende de la tela y del estilo que se le quiera dar (aquí, ancho = 17 cm, altura = 25 cm).

Redondear ligeramente la base del godet dándole de 1 a 2 cm más, para que no queden "puntas" en la costura después del montaje.

Alternar en el montaje un godet y un paño. Para lograr un efecto más bonito en la espalda, no añadir godet en el corte del centro de la espalda.

Numerar los paños, marcar muchas muescas de referencia y de montaje en el patrón terminado porque las piezas se parecen mucho.

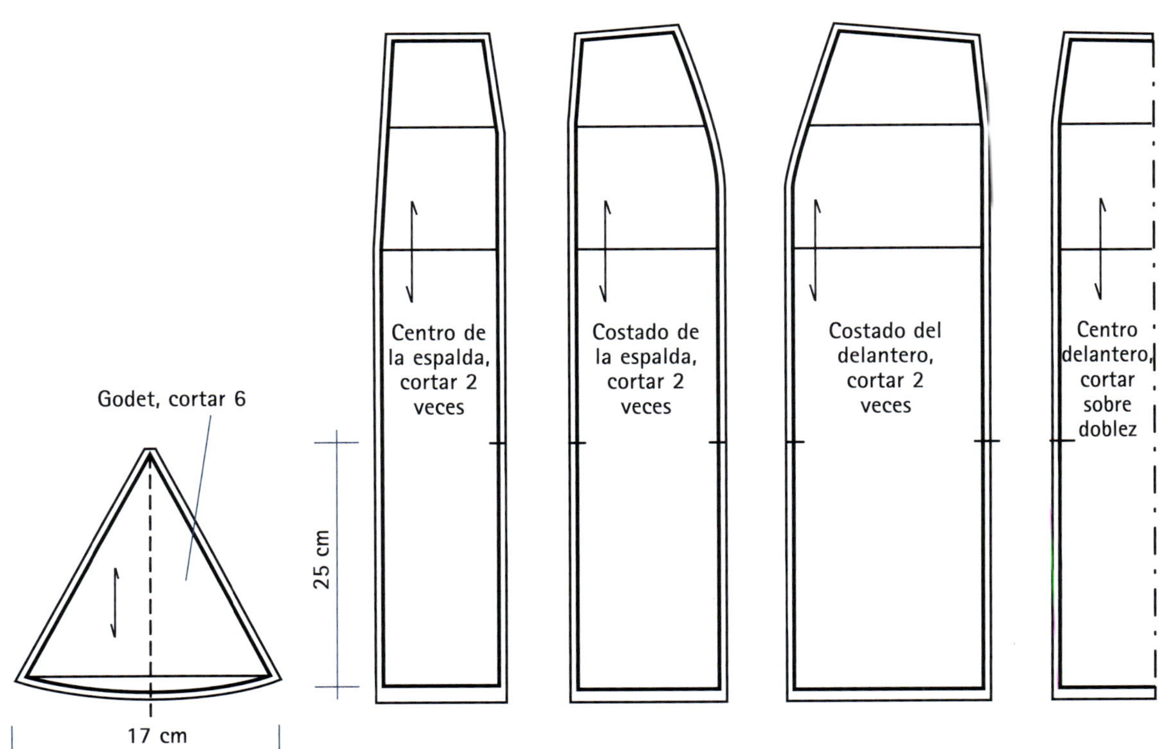

Patrón de la falda terminado

FIG. 2

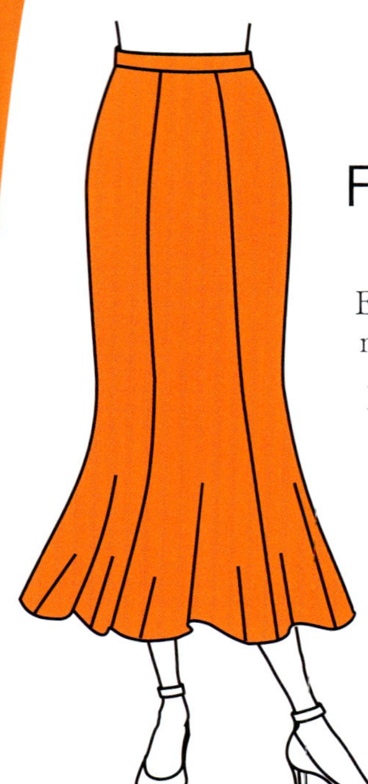

Falda "sirena" de varios paños

Modelo 6

El primer paso es construir el patrón base de la falda recta según las medidas dadas.

Determinar la altura del ensanchamiento: el mejor emplazamiento es sobre la línea de las rodillas o por encima, para no entorpecer los movimientos.

Hacer luego cortes verticales para obtener tres paños delanteros y tres en la espalda, todos del mismo ancho (fig. 1). Si fuera necesario, desplazar las pinzas para que coincidan con las líneas de corte (ver en página 134, modelo 3, el método de desplazamiento de las pinzas).

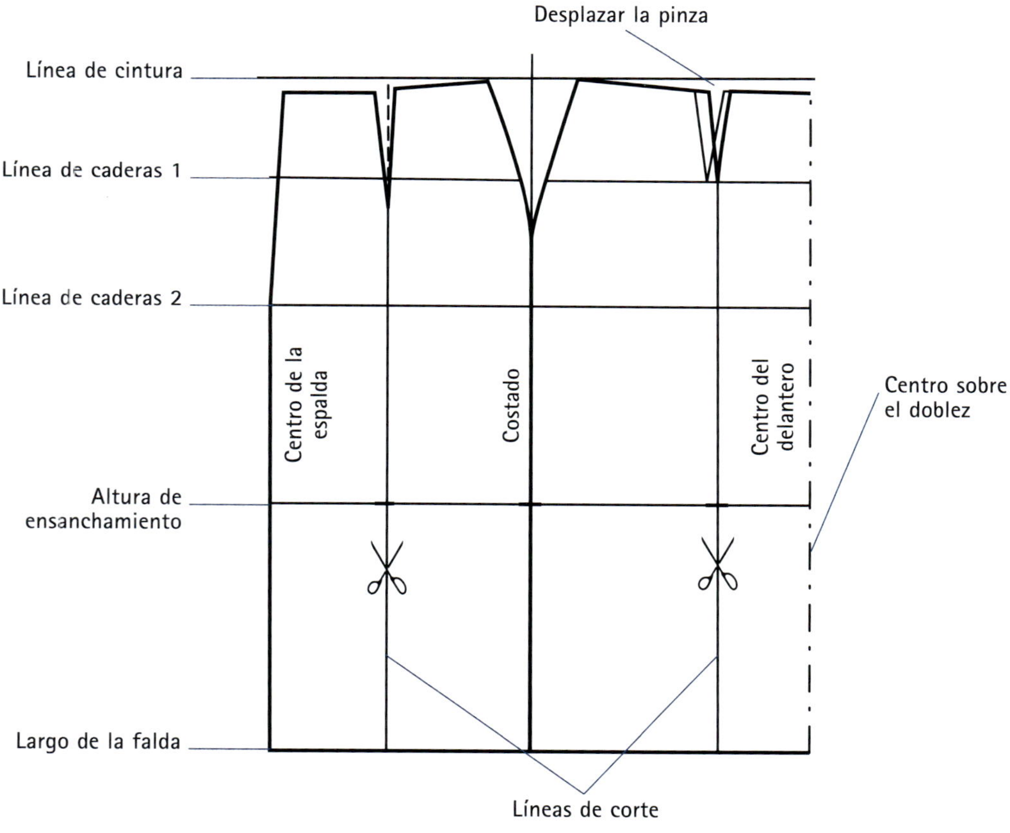

FIG. 1

Volver a dibujar el patrón de cada paño por separado y, a partir de las muescas marcadas antes en el patrón base, dibujar las líneas de ensanchamiento con el ancho deseado (aquí, 10 cm).

En este modelo el patrón de la espalda se construye con la costura en el centro; para evitarlo, situar el centro de la espalda sobre el doblez y poner la cremallera en la costura del costado izquierdo de la falda. Para ajustar el ancho de los paños, proceder como para el delantero, desplazando la pinza si fuera necesario.

Añadir una costura de 1 cm y un dobladillo de 2 cm en el bajo de la falda.

Numerar los paños; marcar muchas muescas de referencia y de montaje en el patrón terminado porque los paños se parecen mucho.

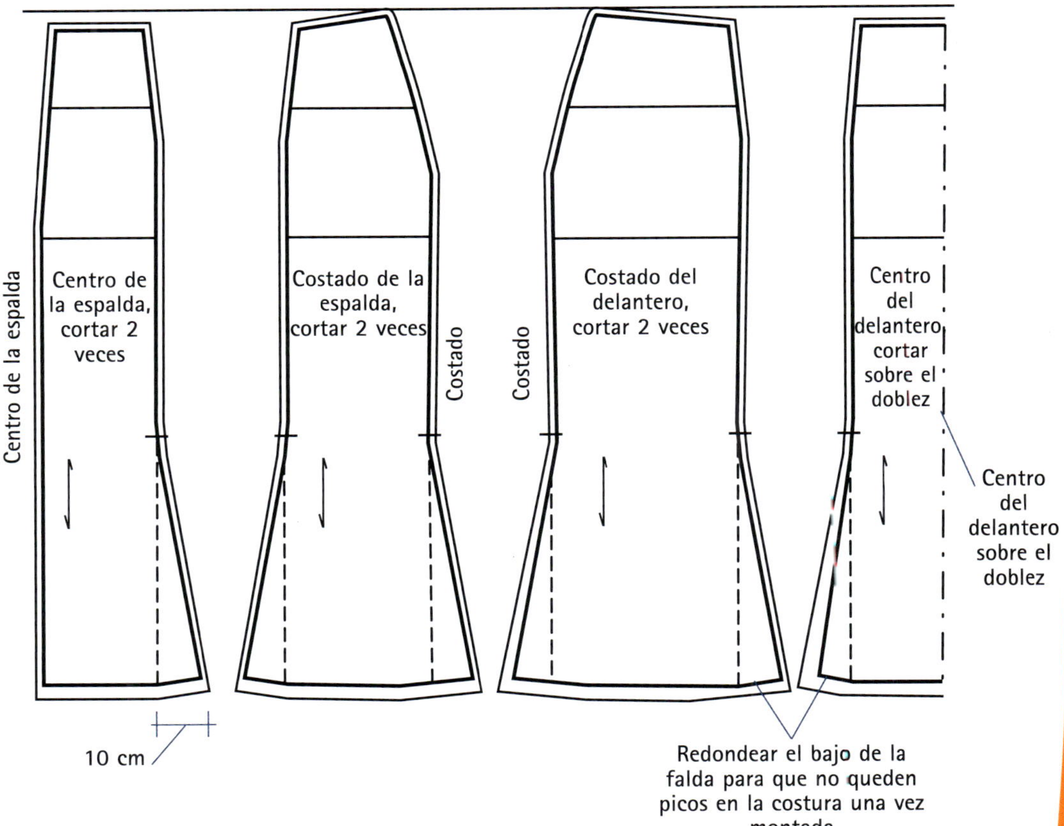

Patrón de la falda terminado

FIG. 2

Falda con volante redondo

Modelo 7

Construir el patrón de este modelo en dos partes, falda recta y volante.

Dibujar el patrón base de la falda recta según las medidas dadas; determinar el largo de la falda recta (sin volante); el largo ideal es por encima o justo por la rodilla, para no entorpecer los movimientos (aquí, largo de falda = 40 cm y largo del volante = 43 cm).

El ancho del volante por arriba y el ancho del bajo de la falda deben ser iguales porque luego se montan estas dos partes de arriba y de abajo y deben casar perfectamente.

Para obtener el patrón del volante, dibujar primero en A un cuarto de círculo (fig. 2) con un radio igual al ancho del bajo de la falda dividido por 3.

Situar luego una muesca de costado de la falda, trasladando con cinta métrica sobre la curva obtenida las medidas de ½ de ancho de espalda y ½ de ancho de delantero del bajo de la falda.

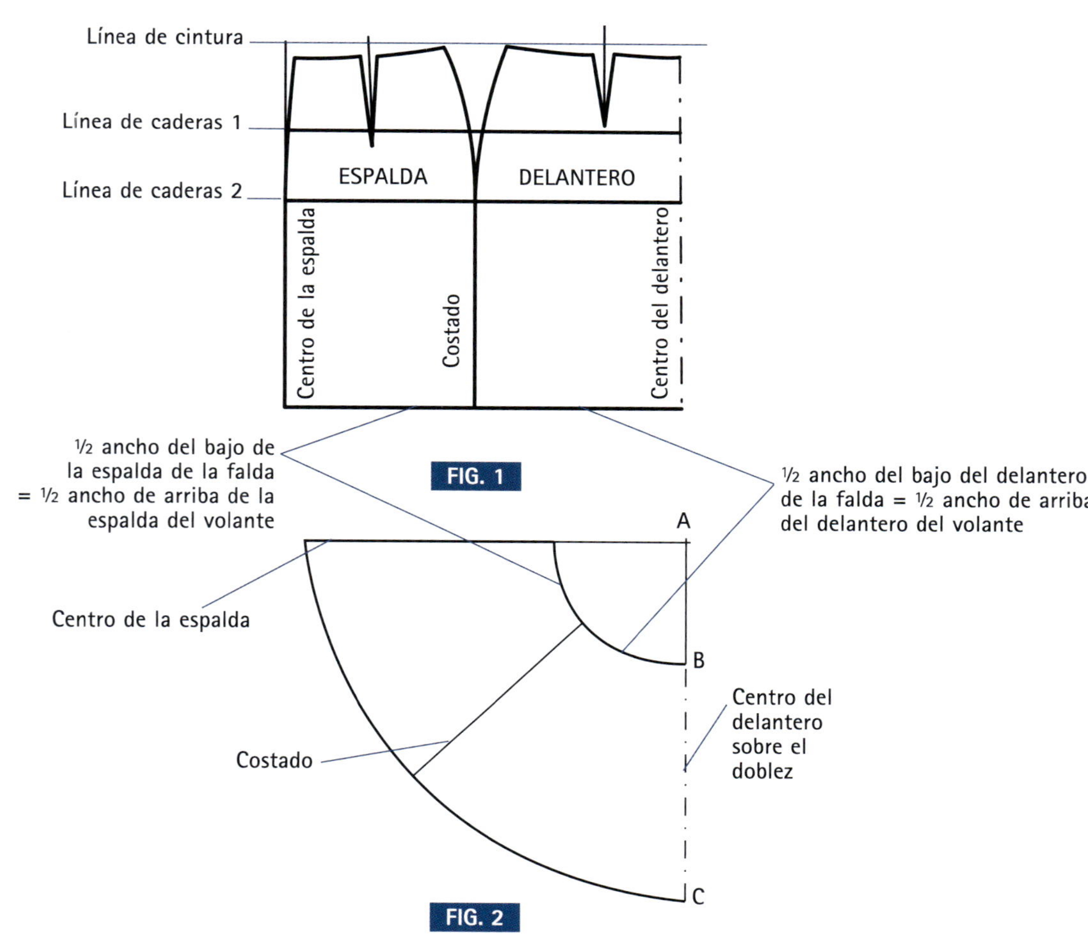

FIG. 1

FIG. 2

Para terminar el patrón del volante, trasladar sobre la vertical el largo del volante BC (aquí, 43 cm) y dibujar el bajo del volante con un cuarto de círculo centrado en A y pasando por C.

El volante de este patrón se construye sobre ½ círculo, con una sola costura en la espalda. Para obtener más volumen, realizar el volante sobre un círculo completo.

Para ahorrar tela, construir el patrón del volante con costuras en los costados y en el centro de la espalda.

Añadir una costura de 1 cm alrededor del patrón terminado de la falda y del volante.

Marcar las muescas de referencia y las muescas de montaje.

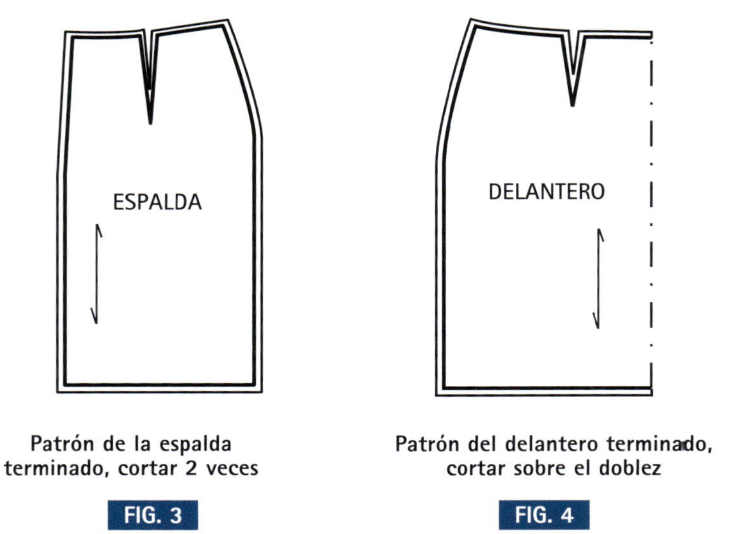

Patrón de la espalda terminado, cortar 2 veces

FIG. 3

Patrón del delantero terminado, cortar sobre el doblez

FIG. 4

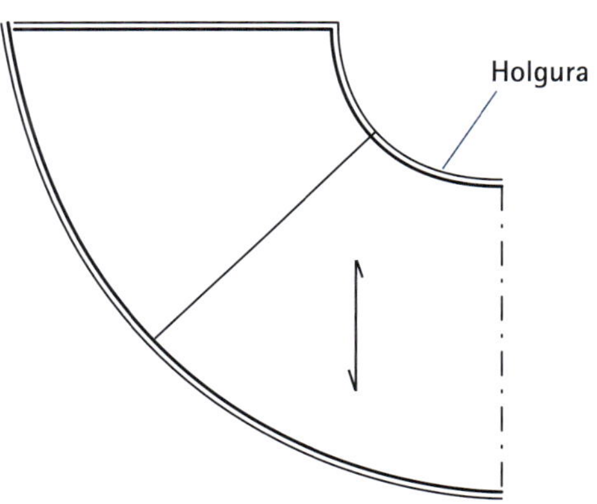

Patrón del volante terminado, cortar sobre el doblez

FIG. 5

¡Cuidado!
Añadir al ancho de arriba del volante una holgura de 2 a 3 cm para lograr un efecto más bonito.

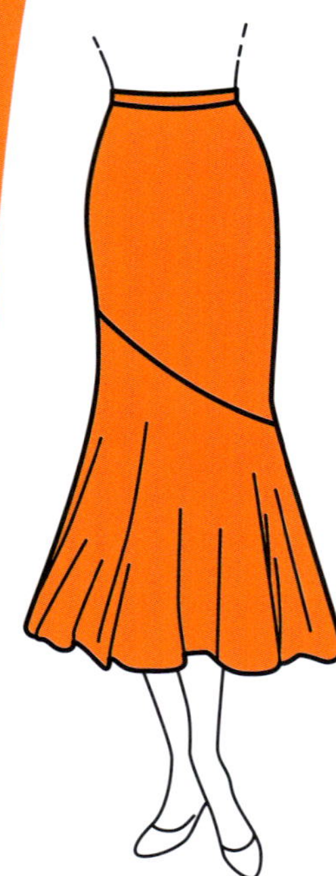

Falda con volante al bies

Modelo 8

Para lograr el ensanchamiento deseado en el bajo de la falda, este método de construcción se basa en la técnica de cortes.

Dibujar el patrón base de la falda recta según las medidas dadas; determinar el largo de la falda recta (línea al bies en la figura 1). Aquí, la diferencia de altura entre el costado izquierdo y el derecho = 10 cm.

Separar las dos partes de arriba y de abajo de la falda.

En los extremos de la línea de corte al bies, dejar una zona plana de 2 cm para que no queden picos en los costados al montar la falda.

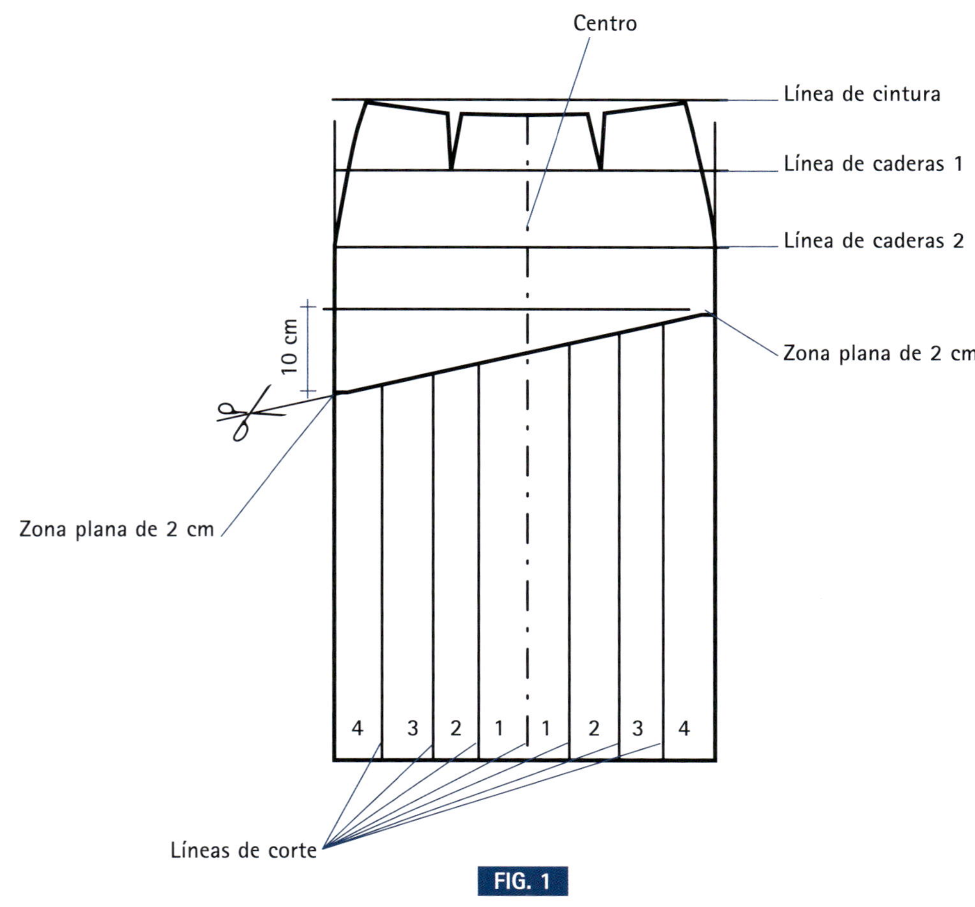

FIG. 1

Dividir el bajo de la falda en varias partes iguales, dibujando unas líneas de corte verticales (fig. 1).

Cortar sin llegar arriba para conservar el ancho de la línea al bies.

Abrir los trozos manteniendo vertical la línea de centro. Empezar por el centro (trozo 1, luego trozo 2, fig. 2); la línea del bajo del volante se irá formando en redondo si los intervalos de separación son iguales.

Añadir una costura de 1 cm, marcar las muescas, sobre todo en el centro del bajo de la falda y en el medio de arriba del volante.

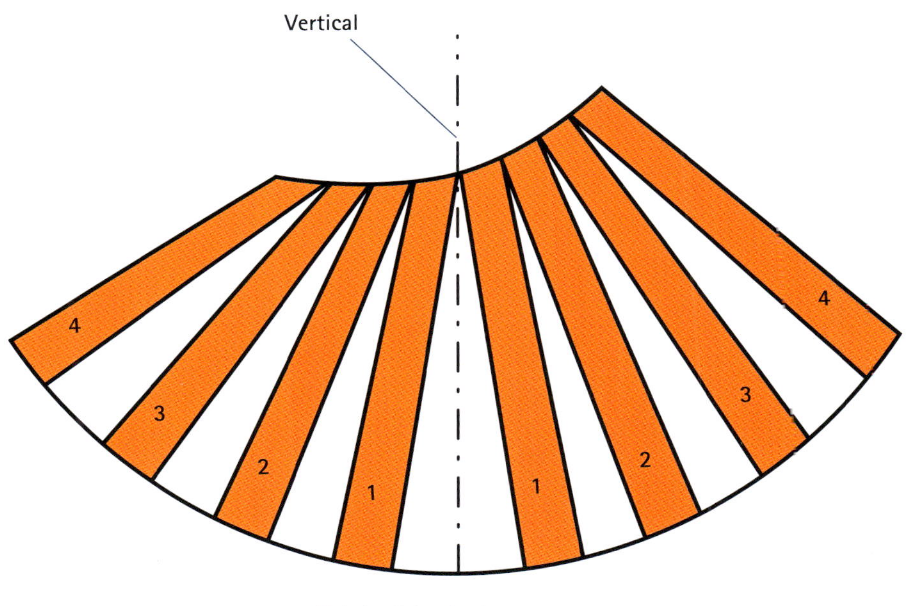

Patrón del volante

FIG. 2

Falda acampanada con picos de pañuelo

Modelo 9

Construir el patrón de este modelo sobre la base de un cuadrado. Dibujar las dos diagonales del largo que se desee: largo de la diagonal = 2 x largo de la falda en el costado + ½ contorno de cintura. Las dos diagonales indican: las 2 líneas de costado, la línea de centro de la espalda y la línea de centro del delantero (fig. 1).

Luego, en el centro de las diagonales, situar la medida correspondiente al contorno de cintura en forma de círculo (fig. 1). Radio del círculo = ½ contorno de cintura dividido por 3.

Para equilibrar la falda, rebajar el círculo de 1 a 2 cm en las líneas de centro de la espalda y del delantero (fig. 1, en naranja).

Como el modelo se hace sin costuras, situar en la línea de centro de la espalda (o en el costado izquierdo) una abertura de 20 cm para incrustar una cremallera (que se coserá en disminución).

Añadir una costura de 1 cm en el bajo de la falda y alrededor de la cintura.

Marcar las muescas de referencia y de montaje.

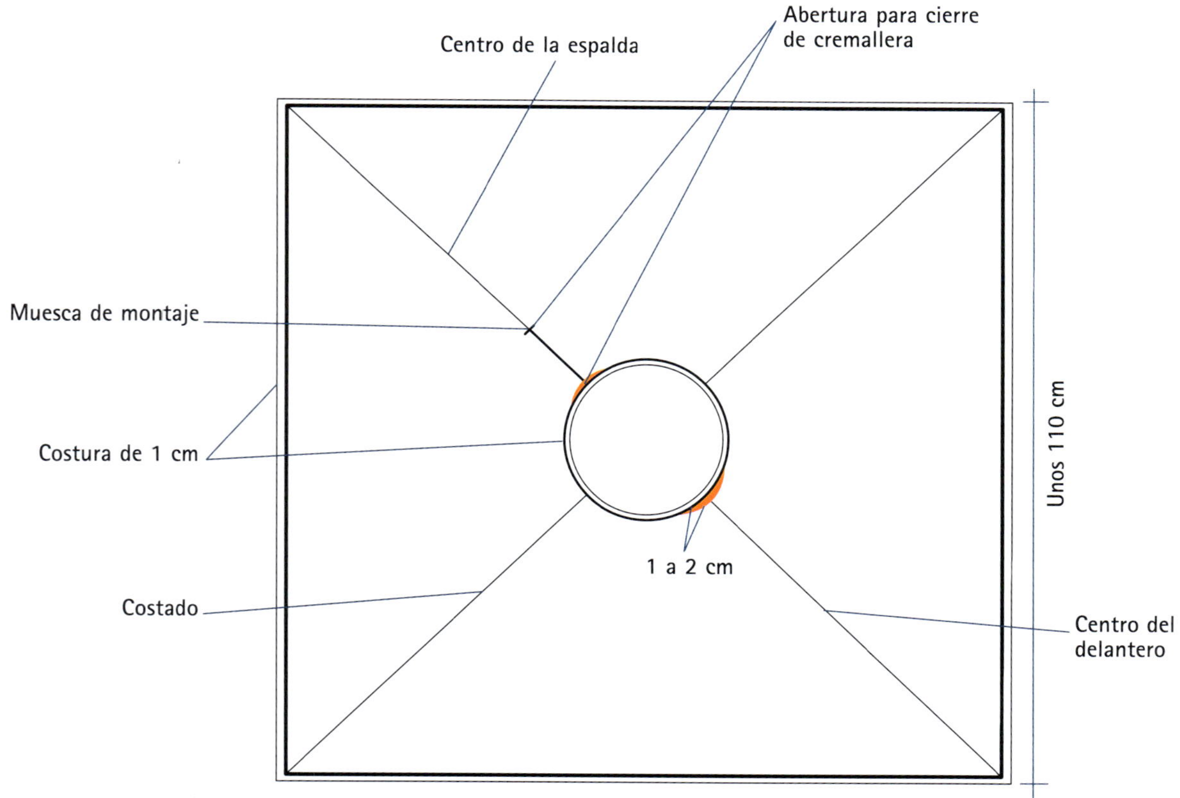

Patrón de la falda

FIG. 1

Falda pantalón

Modelo 10

Construir el patrón de la falda pantalón sobre la base del patrón de falda recta, según las medidas dadas (añadiendo la de alto de tiro) y siguiendo las explicaciones de la figura 1.

Añadir una costura de 1 cm al patrón terminado.

Marcar las muescas de referencia y las muescas de montaje.

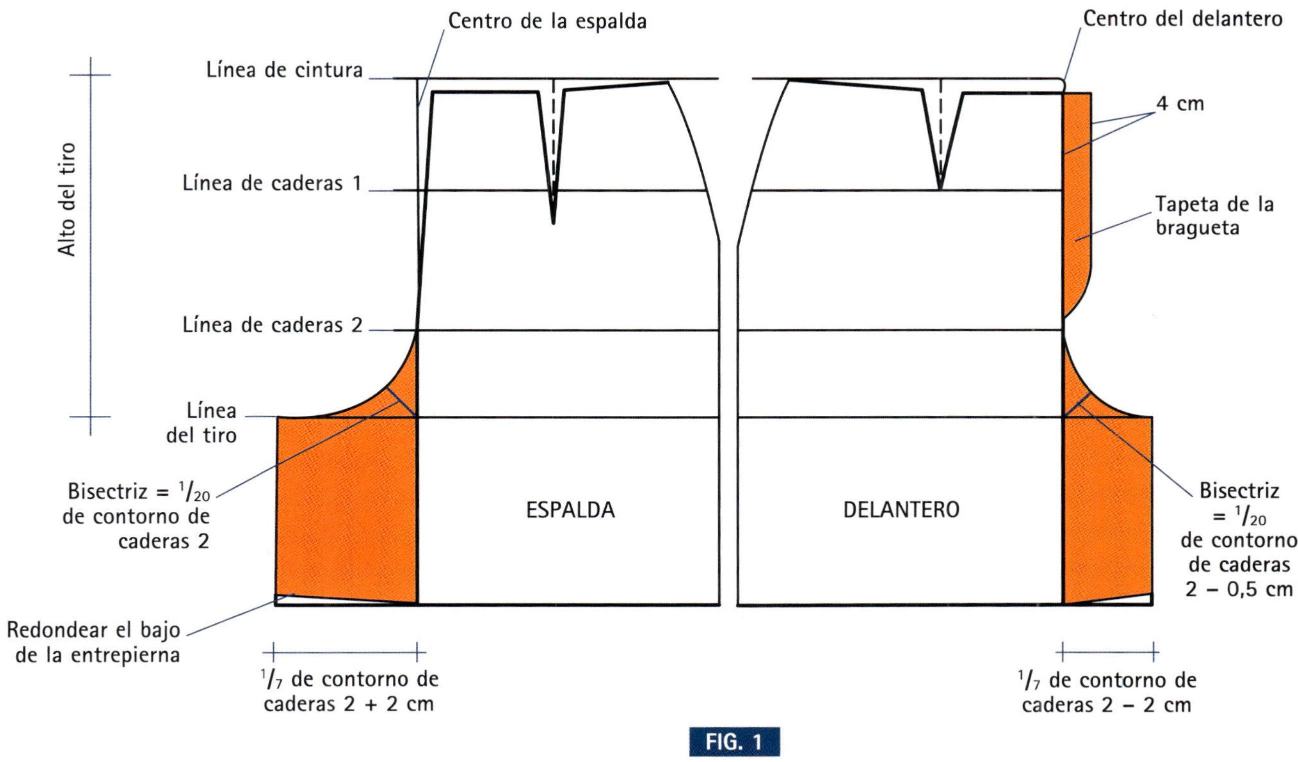

FIG. 1

Variación del alto del tiro en función de la talla del pantalón								
Talla	34	36	38	40	42	44	46	48
Alto del tiro	24,5	25	25,5	26	26,5	27	27,5	28

Para la falda pantalón, añadir 3 cm de ensanchamiento a la altura del tiro.

Cuellos

El cuello es un elemento que se puede añadir a cualquier cuerpo, tanto si tiene escote a caja como si es escotado, y cualquiera que sea la talla.

Por su efecto en el acabado del delantero, aporta al modelo una originalidad que marca el estilo de la prenda.

Existe una variedad infinita de cuellos y cada uno requiere un método distinto de construcción del patrón. Por eso, aquí los modelos se han agrupado por categorías según la técnica de dibujo utilizada (ver página 150). Sin embargo, la base de la construcción de todos los cuellos, sin excepción, es el escote de la espalda y del delantero.

Tipos de cuellos

Aunque la variedad de cuellos es grande (cambiando las proporciones, las formas, etc.), se pueden agrupar en dos categorías según la técnica utilizada para terminar el patrón:

1. Cuellos enteramente "añadidos" al escote, llamados postizos (fig. 1 y fig. 2).

2. Cuellos "integrados" en la blusa, que se forman con la prolongación del cuerpo en el cuello (fig. 3 y fig. 4).

La primera categoría (cuellos postizos) se puede subdividir a su vez en dos, según la técnica de construcción:
– Cuellos cuya construcción se basa en las medidas del cuello de la blusa (fig. 1).
– Cuellos cuya construcción se hace directamente sobre el cuello del cuerpo después de montar el hombro. Los cuellos que presentan esta forma se suelen llamar "cuellos bajos" (fig. 2).

La segunda categoría también se puede subdividir a su vez en dos, según la forma del cuello:
– Cuellos subidos, más o menos altos, rectos o menos cerrados sobre el cuello (fig. 3).
– Cuellos que se vuelven sobre sí mismos con más o menos amplitud sobre los hombros, formando siempre un escote de pico (fig. 4).

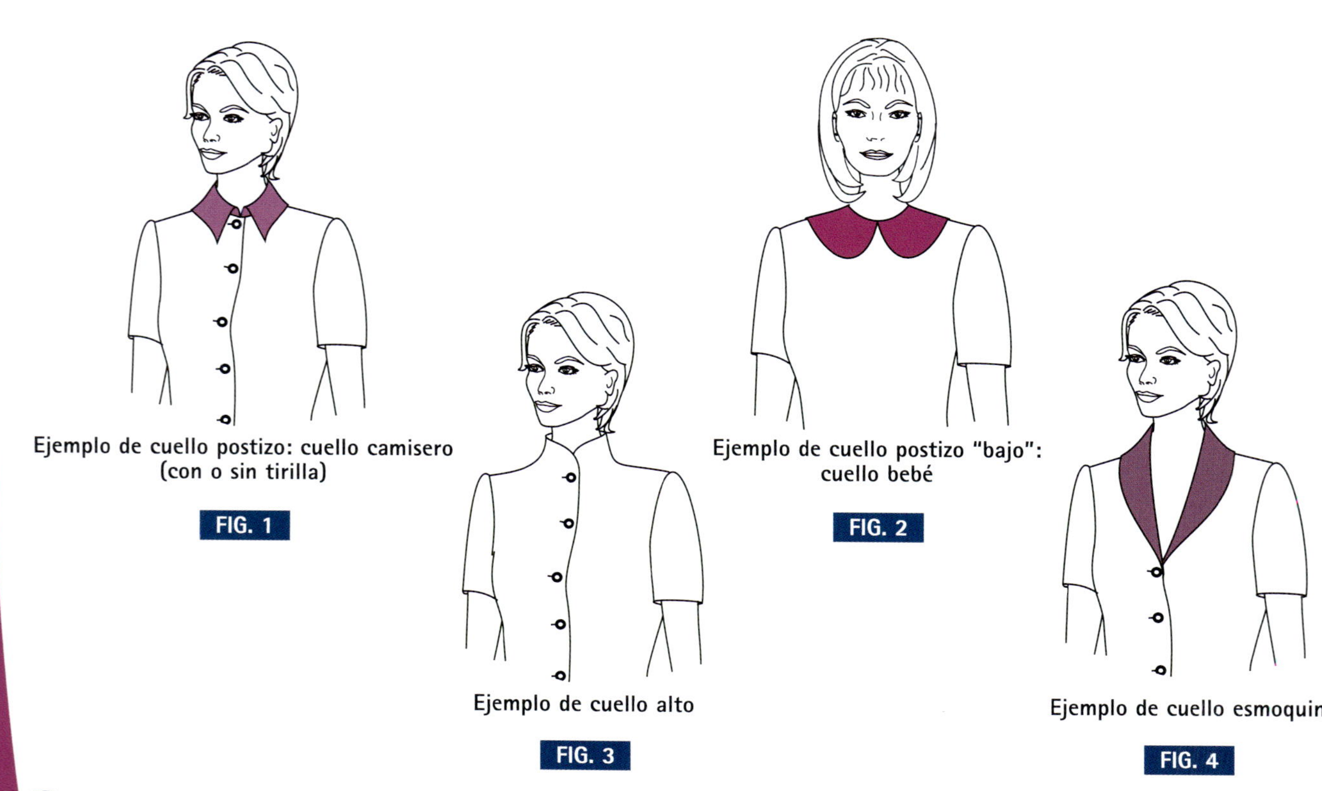

Ejemplo de cuello postizo: cuello camisero (con o sin tirilla)

FIG. 1

Ejemplo de cuello postizo "bajo": cuello bebé

FIG. 2

Ejemplo de cuello alto

FIG. 3

Ejemplo de cuello esmoquin

FIG. 4

Construcción de cuellos postizos cerrados y postizos abiertos

Los cuellos postizos pueden ser cerrados (fig. 1) o abiertos (fig. 2), pero las bases para su construcción son las mismas.

Dibujar una línea horizontal de un largo igual a ½ del contorno del escote (fig. 3).

Dibujar una primera línea vertical, la del centro de la espalda; a partir de esta línea, medir ½ largo del escote de la espalda y dibujar una segunda vertical, la línea del hombro; luego medir ½ largo de escote delantero y dibujar la tercera vertical, la línea de centro del delantero.

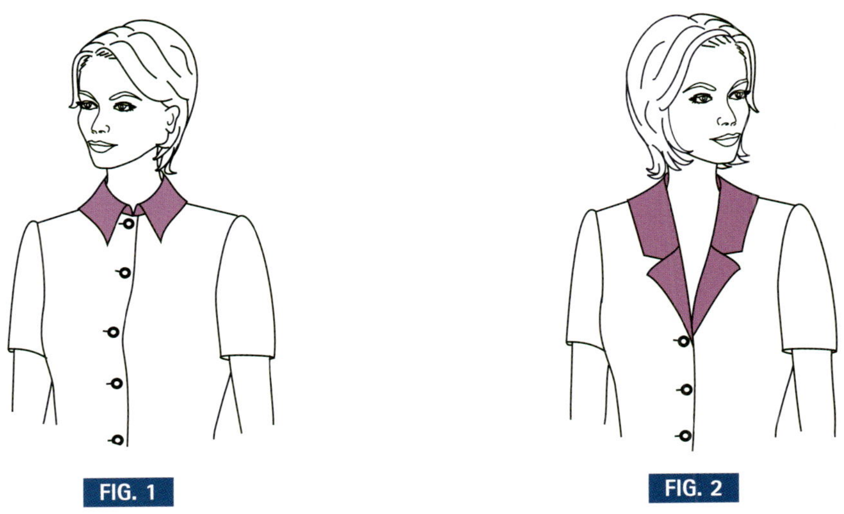

FIG. 1

FIG. 2

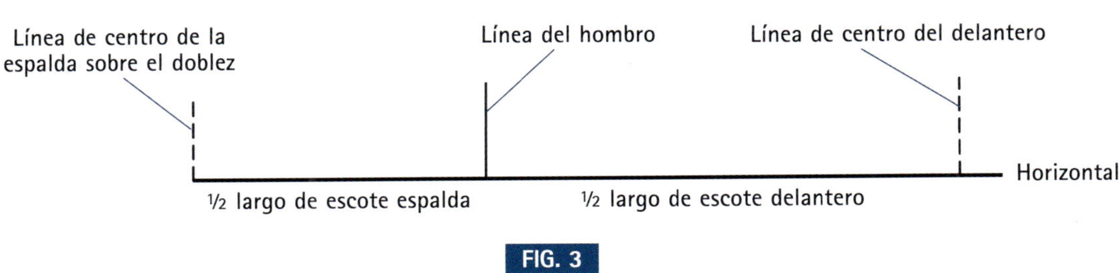

FIG. 3

Para medir la curva del escote, utilizar la cinta métrica o una regla flexible.

Construcción de un cuello cerrado

Bajar 2,5 cm el ½ largo del delantero y dividirlo luego en dos partes, curvando cada una de ellas 2 mm (fig. 4).

Subir 0,5 cm la línea de la espalda y dibujar una pequeña curva. Esta curva aporta holgura porque ya la línea no queda al hilo, lo que permite al cuello adaptarse perfectamente al escote. Si el cuello se hiciera en línea recta, tiraría y aplastaría la curva del escote (sobre todo en un tejido rígido) y molestaría.

La continuación de la construcción del cuello depende del modelo que se desee realizar.

Sobre la base (fig. 4), añadir la altura de la tirilla del cuello (unos 2 a 3 cm) y la altura de la vuelta (unos 5 a 7 cm).

En la espalda del cuello deben quedar paralelas la parte de abajo, la de arriba y la línea de doblez. Dibujar el delantero según el modelo que se desee, por ejemplo el de las líneas de color de la figura 5.

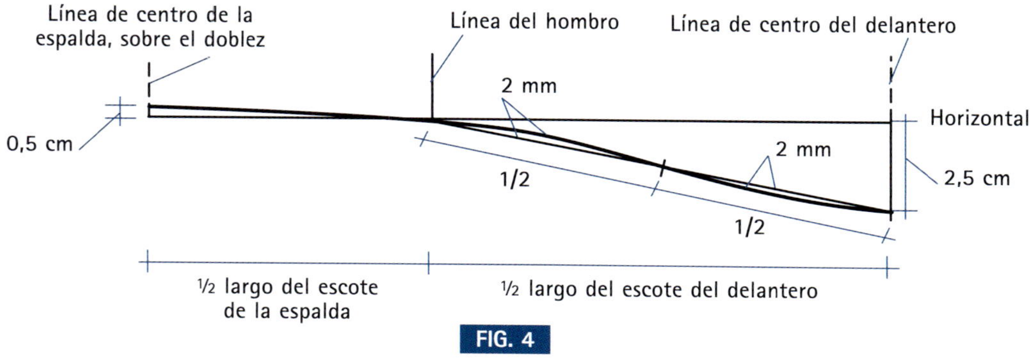

FIG. 4

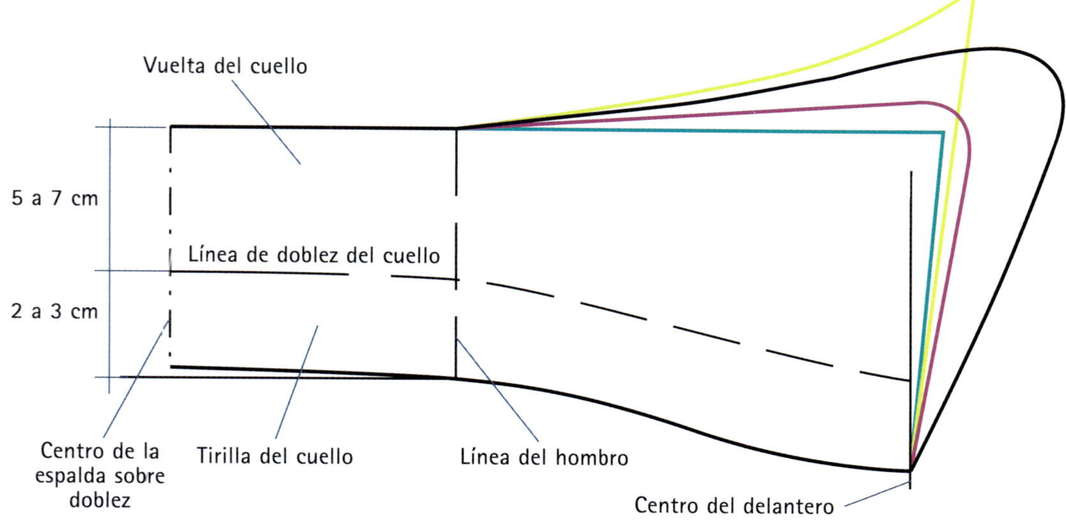

Construcción del patrón base del cuello cerrado

FIG. 5

Construcción de un cuello abierto

Subir 2,5 cm el ½ largo del delantero y dividirlo por dos, curvándolo 2 mm en el centro (fig. 6).

Subir 0,5 cm la línea de la espalda y dibujar una pequeña curva.

Añadir el alto de la tirilla del cuello (2 a 3 cm) y el alto de la vuelta (5 a 7 cm), y dibujar luego la forma del cuello, horizontal en la espalda y según el modelo deseado en el delantero (por ejemplo, líneas de color de la figura 7).

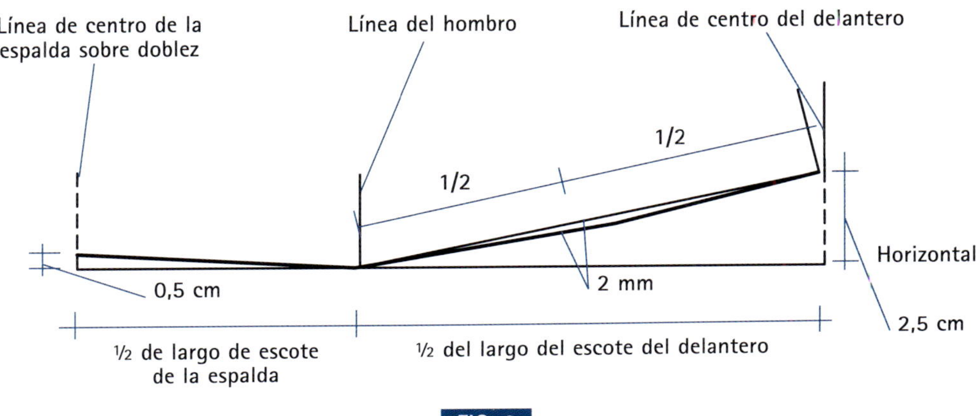

FIG. 6

Vuelta del cuello

5 a 7 cm

Línea de doblez del cuello

2 a 3 cm

Centro de la espalda sobre doblez

Tirilla

Línea del hombro

Centro del delantero

Construcción del patrón base del cuello abierto

FIG. 7

Construcción de un cuello postizo cerrado con tirilla separada

La diferencia entre el cuello sencillo y el cuello con tirilla separada reside en el aspecto estético y en la técnica de montaje. El cuello sencillo se suele utilizar en modelos de punto o en los realizados con tejidos de buena caída. El cuello con tirilla separada permite subir la vuelta. En la camisería masculina se utiliza solamente este tipo de cuello a fin de dejar sitio para que pase la corbata.

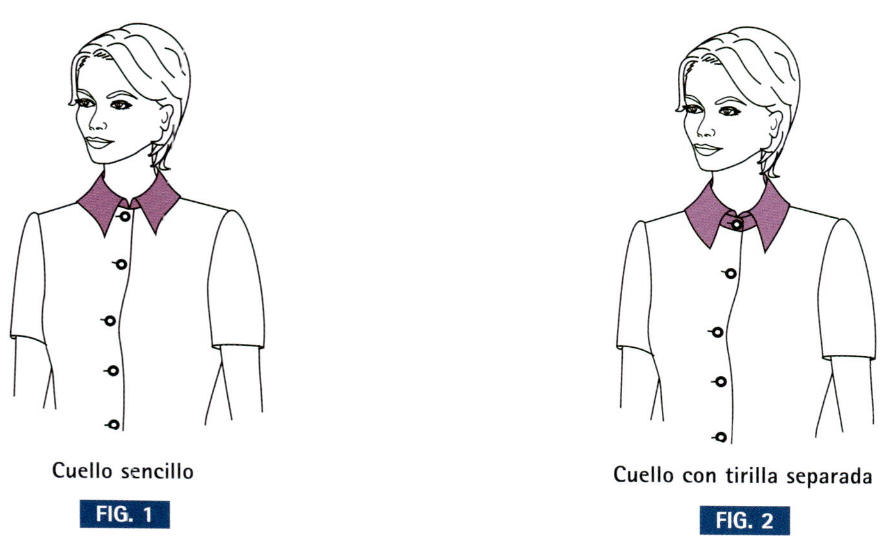

Cuello sencillo

FIG. 1

Cuello con tirilla separada

FIG. 2

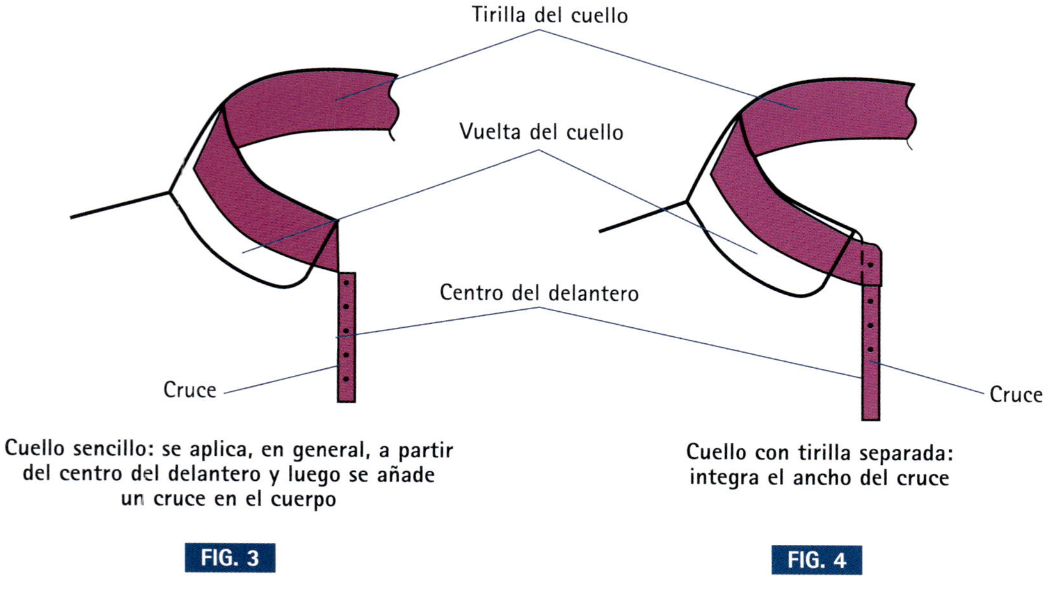

Cuello sencillo: se aplica, en general, a partir del centro del delantero y luego se añade un cruce en el cuerpo

FIG. 3

Cuello con tirilla separada: integra el ancho del cruce

FIG. 4

Empezar por la construcción básica de un cuello cerrado con una vuelta de 5 a 7 cm sin incluir la tirilla, con la forma de punta que se desee.

Prolongar luego las verticales del centro de la espalda, de la línea del hombro y de la línea de centro del delantero.

Añadir el ancho del cruce a ½ del largo del escote delantero (en general, 2 mm mínimo, pero depende del diámetro de los botones).

Para la espalda de la tirilla del cuello, rebajar 0,5 cm el bajo y dibujar la parte de arriba horizontal, a una distancia de 3 cm.

Para el delantero de la tirilla, dibujar dos líneas paralelas a una distancia de 3 cm, como se indica en la figura 5. Redondear eventualmente la parte de arriba del cruce.

Terminar la construcción marcando las muescas de montaje arriba y abajo de la tirilla: centro de la espalda, hombro y centro del delantero.

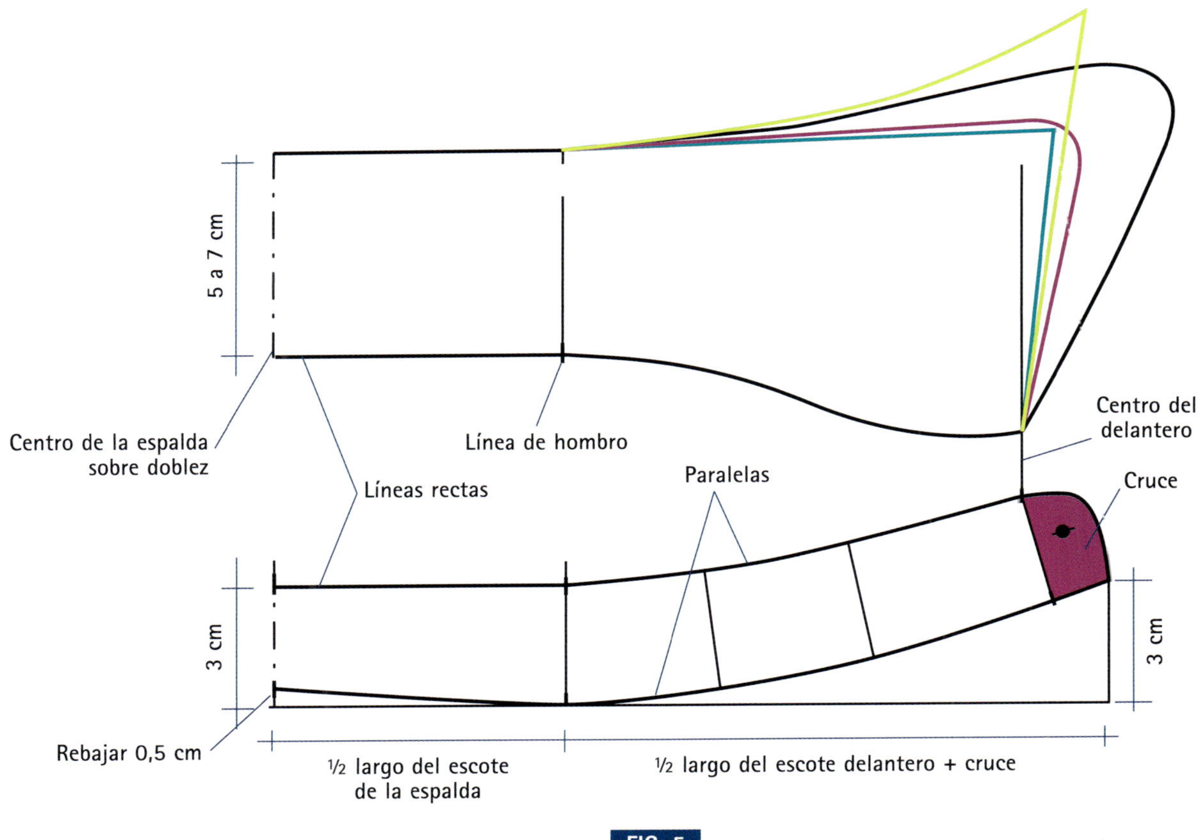

FIG. 5

Un caso aparte: la chorrera

La chorrera es un cuello de fantasía que se añade en el delantero. Se puede realizar a base de pliegues o de frunces sujetos en el escote, o bien sobre la base de un círculo.

Aquí se representan los tres modelos de chorrera más utilizados en el delantero de una blusa.

Primer modelo

Dibujar un primer círculo con un perímetro igual al largo deseado de la chorrera en el centro del delantero (ejemplo: largo = unos 30 cm; R = unos 4 cm).

Determinar el largo de la chorrera (ejemplo: unos 7 cm) y dibujar un segundo círculo (que corresponde a la línea exterior de la chorrera).

Dibujar la forma del escote y redondear el bajo de la chorrera para que quede bonita.

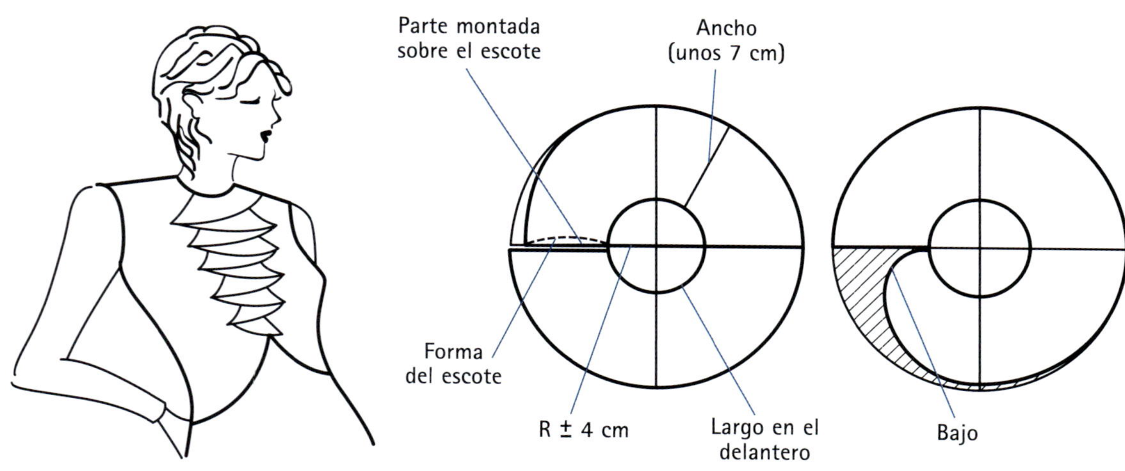

Chorrera de una sola pieza centrada en el medio del delantero

FIG. 1

Segundo modelo

Dibujar primero los dos círculos para hacer la gorguera o parte del cuello (fig. 2A), el primer círculo con un perímetro igual al contorno del escote y el segundo, a una distancia de unos 7 cm del anterior.

Dibujar luego los dos círculos de la chorrera (fig. 2B), el primer círculo con un perímetro igual al largo de la chorrera en el centro del delantero y el segundo, después de determinado el ancho de la chorrera (unos 7 cm).

Redondear los extremos de la chorrera.

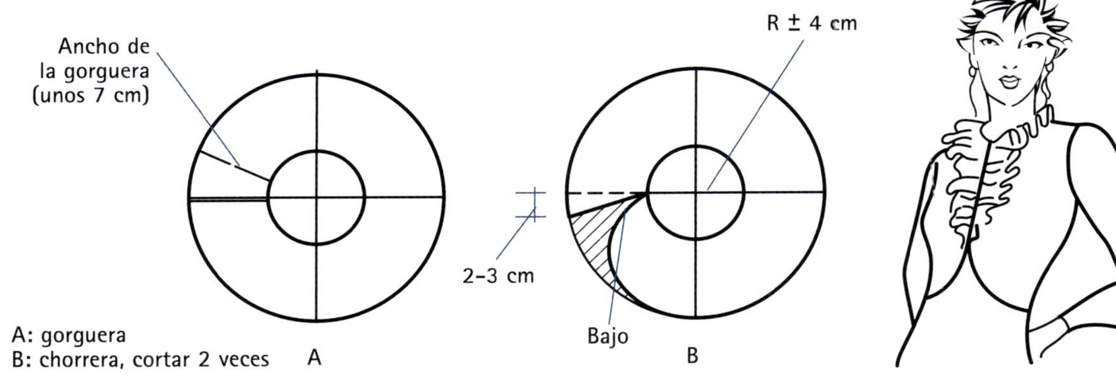

Chorrera en dos partes y cuello bajo

FIG. 2

Tercer modelo

Dibujar un primer círculo con un perímetro igual al largo que se desee para la chorrera en el centro del delantero (ejemplo: largo = unos 30 cm; R = unos 4 cm).

Determinar el ancho de la chorrera (ejemplo: unos 7 cm) y dibujar un segundo círculo (que corresponderá a la línea exterior de la chorrera).

Prolongar luego la línea horizontal y determinar el alto y el largo del cuello (el largo del cuello es igual al largo del escote una vez cerrados los pliegues).

Situar las muescas de referencia (pliegues) y las muescas de montaje (delantero).

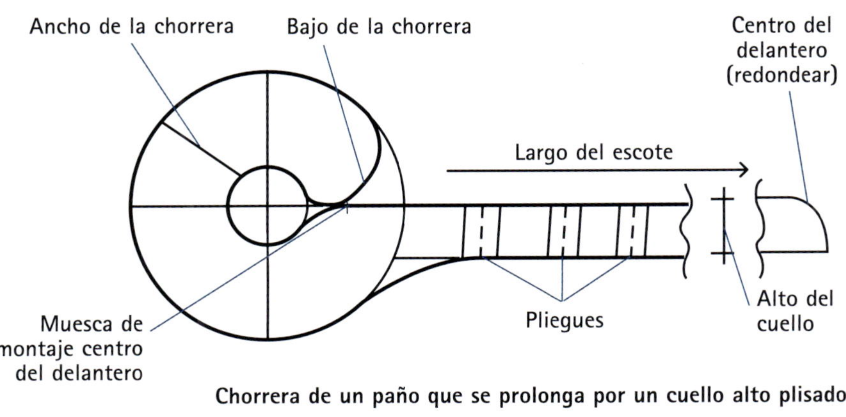

Chorrera de un paño que se prolonga por un cuello alto plisado

FIG. 3

Cuellos postizos

Todos los cuellos cuyo patrón se dibuja aparte del resto del cuerpo de la prenda se llaman postizos, porque se añaden al escote y se montan en la prenda con una costura.

En el caso de los cuellos postizos en sentido estricto (modelos 1 a 5), la construcción se basa siempre en la medida del escote tomada del patrón terminado del delantero y de la espalda del cuerpo, ya se trate de un cuello postizo a un escote a caja, a un escote ampliado o a un escote pronunciado.

Los cuellos de oficial (o Mao, modelos 6 a 8) son tirillas a las que se da forma ajustando la altura de inclinación del cuello. Este acabado es elegante y se puede añadir a todo tipo de prendas.

Los cuellos bajos (modelos 9 a 12) deben su nombre a que se cosen planos sobre los hombros. Este tipo de cuello es una copia exacta de una parte del cuello y del delantero en torno al escote. La forma clásica en dos piezas con los bordes redondeados en el centro del delantero y en el centro de la espalda, se suele llamar cuello bebé.

Cuello cerrado sobre escote en rombo

Modelo 1

Hacer primero el patrón base del cuerpo de la prenda según las medidas dadas y aplicar luego la transformación.

Dibujar la forma del escote que se desee y determinar el emplazamiento del cuello (fig. 1, en verde).

Trazar las vistas de la espalda y del delantero con un ancho de 5 a 7 cm.

Construir un cuello cerrado del ancho que se desee según las medidas del escote tomadas sobre el patrón terminado del cuerpo (fig. 2): ½ largo de escote espalda + ½ largo de escote delantero hasta la muesca de montaje del cuello.

Seguir luego las indicaciones de la figura 2.

Añadir una costura de 1 cm.

Situar las muescas de referencia y de montaje en el patrón terminado.

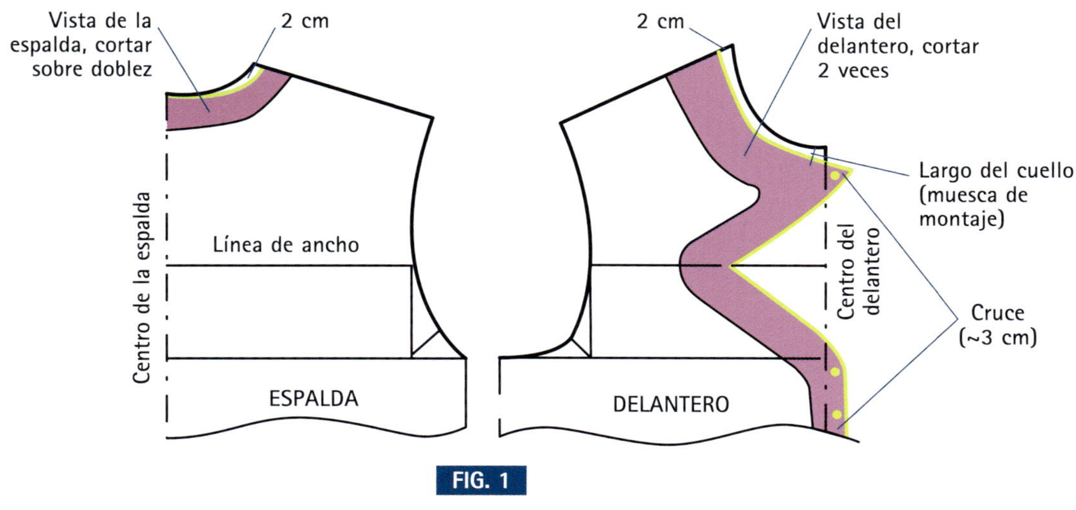

FIG. 1

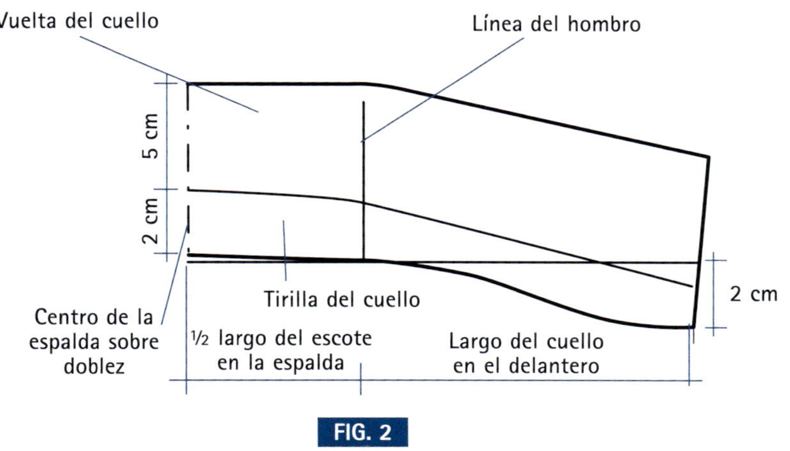

FIG. 2

Cuello abierto sobre escote en V
Modelo 2

Dibujar el patrón base del cuerpo según las medidas dadas y aplicar luego la transformación.

Determinar la profundidad del escote (fig. 1, en verde) y situar una muesca de montaje del cuello que delimita su largo.

Para construir un cuello abierto del largo deseado, según las medidas tomadas en el patrón terminado del cuerpo: largo del escote de la espalda + largo del escote hasta la muesca que delimita el cuello.

Seguir luego las indicaciones de la figura 2.

Terminar el patrón marcando las muescas de referencia y de montaje y añadir una costura de 1 cm.

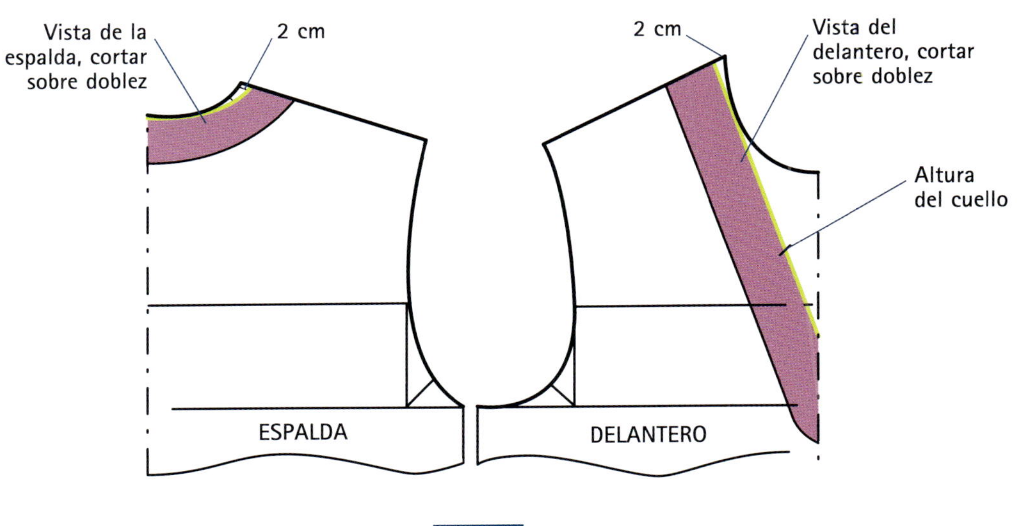

FIG. 1

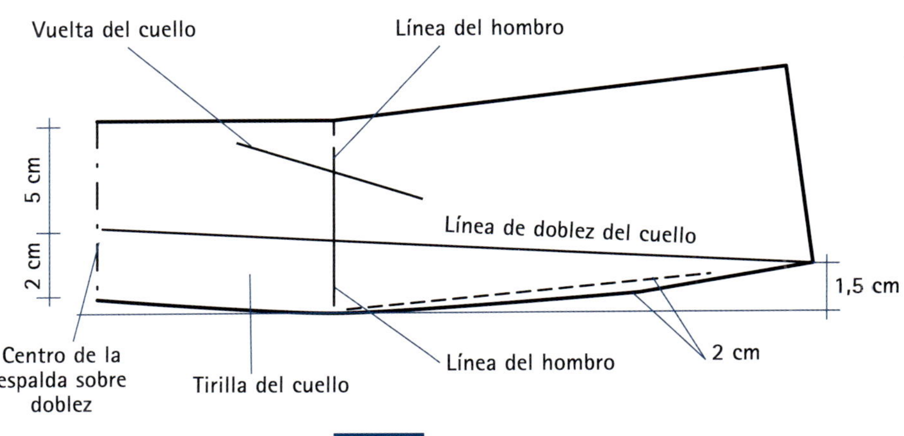

FIG. 2

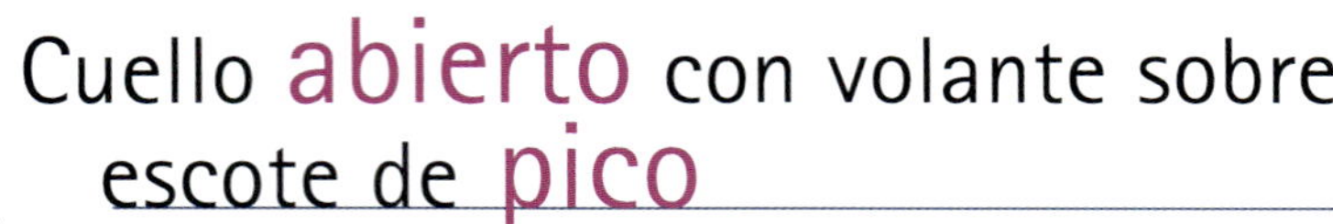

Cuello abierto con volante sobre escote de pico

Modelo 3

En este modelo, el centro del delantero se cierra con cremallera. El cuello de volantes se prolonga unos centímetros (aquí, de 5 a 10 cm) por debajo del pico del escote.

Dibujar el patrón base del cuerpo según las medidas dadas y aplicar luego la transformación.

En la línea de centro del delantero, determinar la altura de la cremallera y dibujar la línea del escote hasta la línea del hombro (fig. 1, en verde); luego, sobre esa misma línea, situar la muesca de largo del cuello (muesca de montaje del cuello).

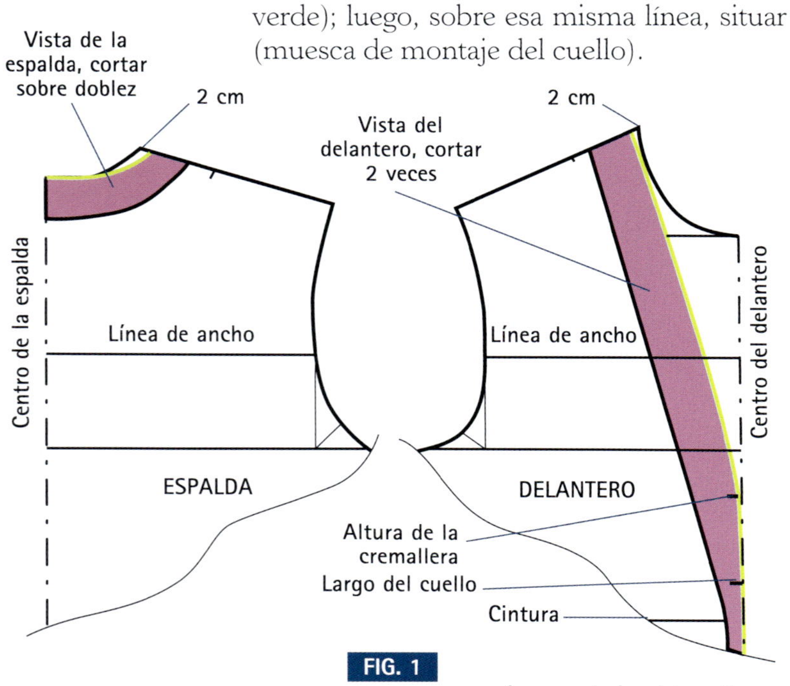

Empezar a construir el cuello dibujando una línea horizontal y trasladar a ella las medidas de ½ largo de escote en la espalda y largo del escote, tomadas sobre el patrón terminado del cuerpo.

Seguir luego las indicaciones de la figura 2.

Marcar las muescas de referencia y de montaje en el patrón terminado y añadir una costura de 1 cm.

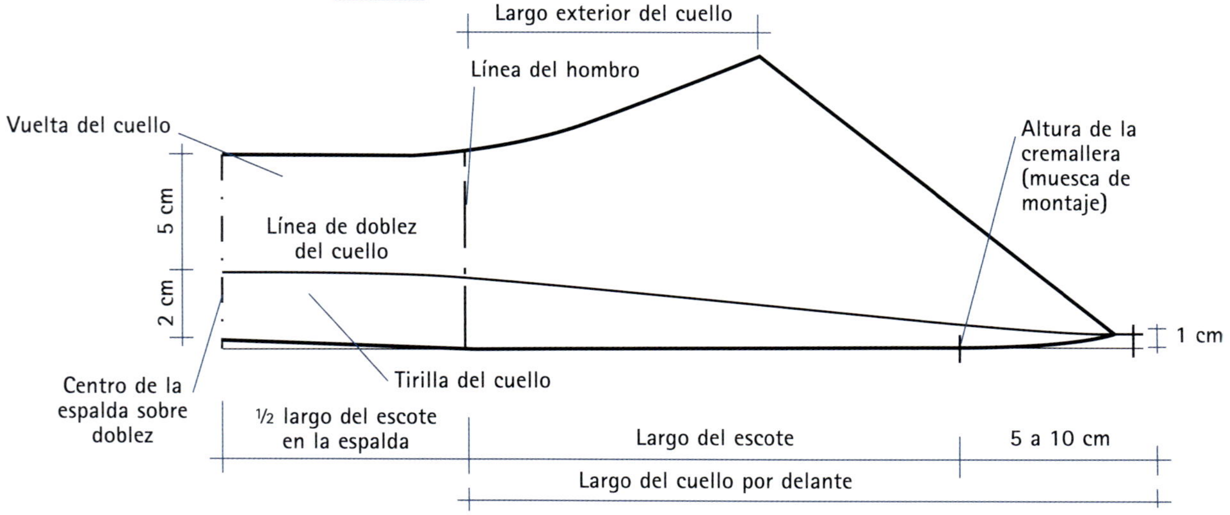

Vista de la espalda, cortar sobre doblez
2 cm
2 cm
Vista del delantero, cortar 2 veces
Centro de la espalda
Línea de ancho
Línea de ancho
Centro del delantero
ESPALDA
DELANTERO
Altura de la cremallera
Largo del cuello
Cintura

FIG. 1

Largo exterior del cuello
Línea del hombro
Vuelta del cuello
5 cm
2 cm
Línea de doblez del cuello
Altura de la cremallera (muesca de montaje)
1 cm
Centro de la espalda sobre doblez
Tirilla del cuello
½ largo del escote en la espalda
Largo del escote
5 a 10 cm
Largo del cuello por delante

FIG. 2

Cuello abierto sobre escote de pico abrochado en el delantero

Modelo 4

Hacer el patrón base del cuerpo según las medidas dadas y aplicar luego la transformación.

Dibujar el cruce con un ancho de 2 a 3 cm (esta medida depende del diámetro de los botones utilizados). Determinar la profundidad del escote y dibujar la línea del escote hasta la línea del hombro (fig. 1, en verde).

Construir el cuello abierto del largo que se desee, según las medidas del escote de la espalda y del delantero tomadas en el patrón terminado de la espalda y del delantero. Seguir luego las indicaciones de la figura 2.

Añadir una costura de 1 cm al patrón terminado del cuello y marcar las muescas de referencia y las muescas de montaje.

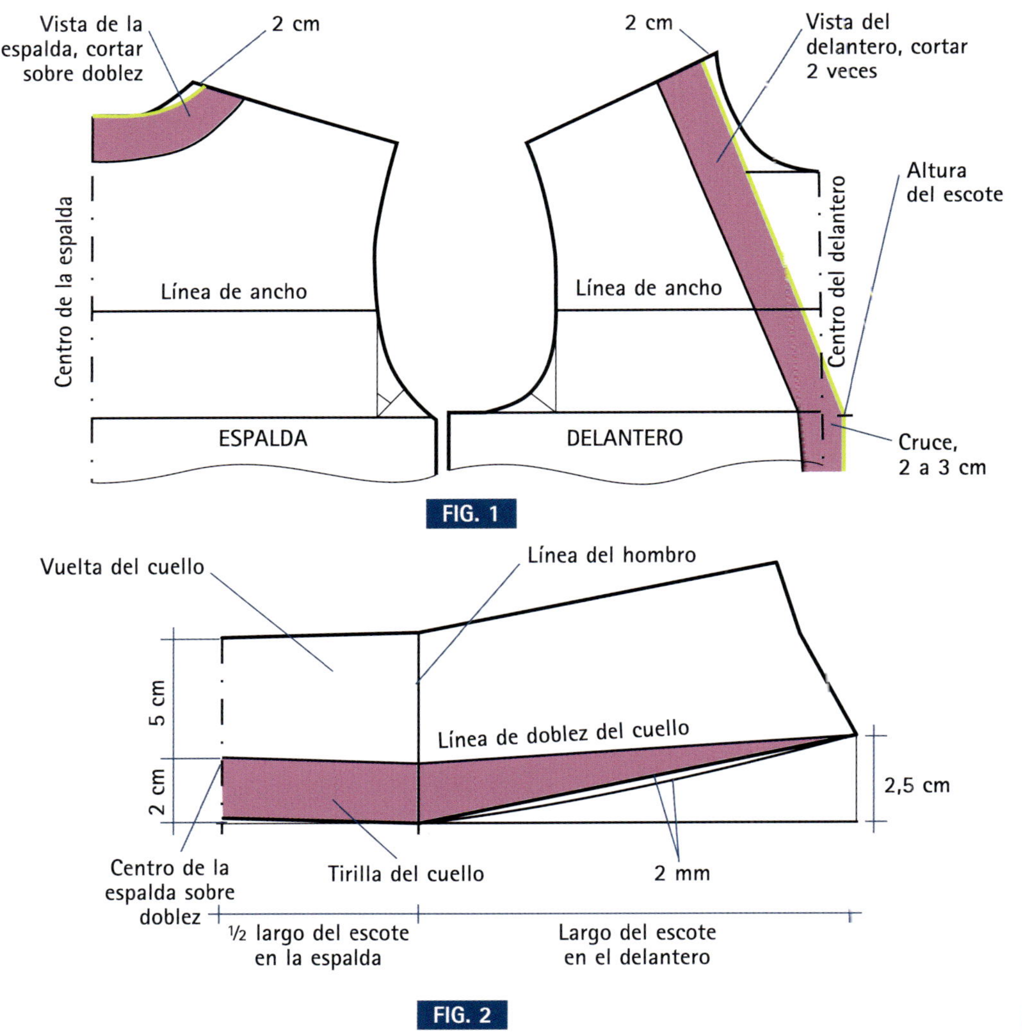

FIG. 1

FIG. 2

Cuello abierto con volante sobre escote de pico abrochado en el delantero

Modelo 5

Dibujar el patrón base del cuerpo según las medidas dadas y luego aplicar la transformación.

Añadir un cruce de 3 cm en el centro del delantero, rebajar el escote 2 cm en la espalda y en el delantero y determinar la profundidad del escote delantero.

Dibujar la nueva línea del delantero (fig. 1, en verde).

Dibujar las vistas (espalda y delantero) con un ancho de 7 a 10 cm (fig. 1, en violeta).

El cuello de este modelo se ajusta en el escote, pero lleva un volante en el borde exterior. Para obtener más fácilmente ese volante, practicar el método de cortes. Dibujar primero el cuello en plano sobre el patrón del delantero (fig. 1, en azul) y calcar este cuello, que servirá de base para hacer los cortes.

164

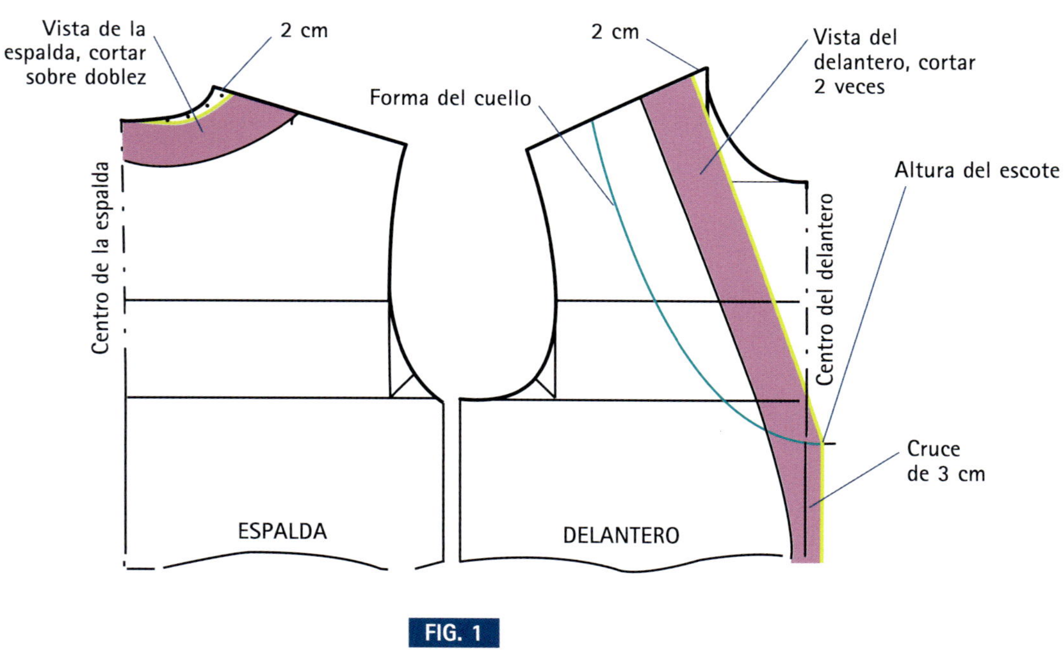

FIG. 1

Colocar el patrón del cuello calcado sobre otra hoja, añadir la parte de la espalda (fig. 1, en azul), respetando el ½ largo de escote de la espalda.

Dibujar ahora las líneas de corte (fig. 2).

Abrir las partes cortadas a intervalos regulares (sin desprenderlas de la línea interior del cuello), como se indica en la figura 3. Dejar el trozo del centro vertical sobre la línea de centro de la espalda.

Volver a dibujar el patrón del cuello (fig. 4).

Redondear los picos que hayan quedado al abrir las piezas.

Marcar las muescas de montaje y añadir una costura de 1 cm alrededor del patrón terminado.

Para que no se abra el escote, aplicar una cinta al hilo durante el montaje, porque las dos partes montadas (escote y cuello) están cortadas al bies.

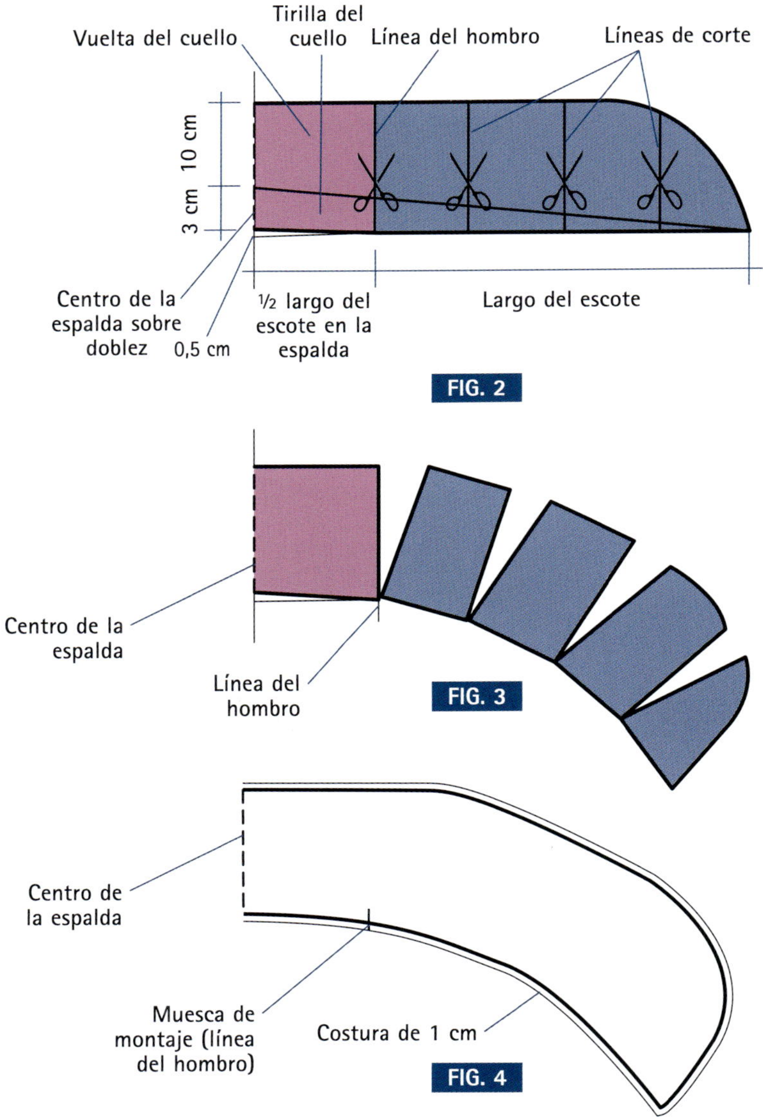

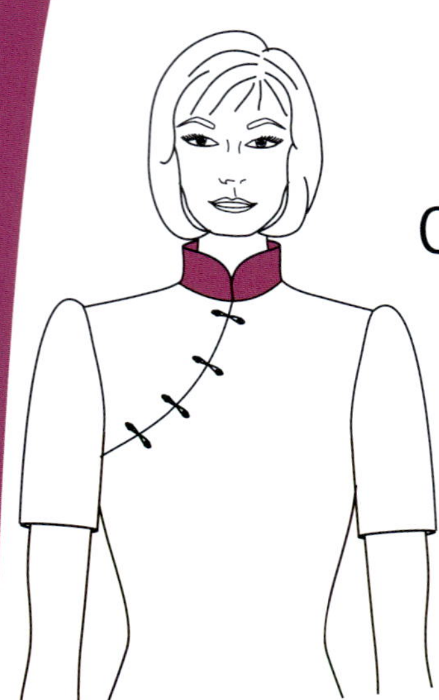

Cuello de oficial o Mao clásico

Modelo 6

El cuello de oficial, también llamado Mao, es tan solo una tirilla ampliada y ajustada al cuello; su construcción es idéntica a la de la tirilla del cuello camisero.

Dibujar una línea horizontal y trasladar a ella el ½ largo del escote de la espalda y el ½ largo del escote del delantero, medidos en el patrón terminado del cuerpo.

Seguir luego las indicaciones de la figura 1.

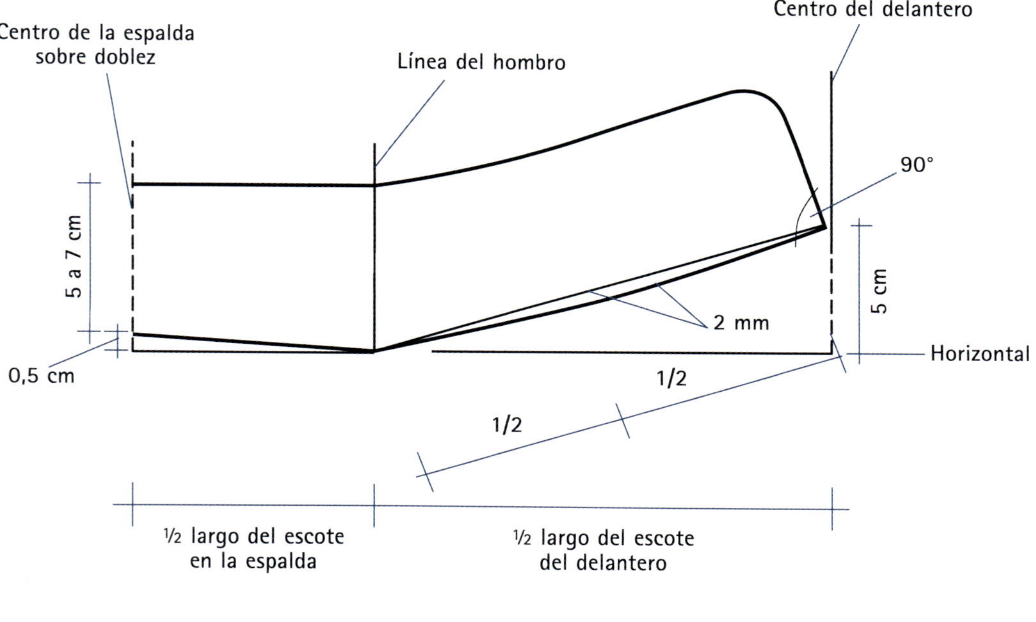

FIG. 1

El cuello Mao se puede utilizar tanto en una camisa como en un vestido, una chaqueta o un abrigo. Según su destino, será más o menos alto y estará más o menos separado del cuello.

En las figuras 2 y 3 se representan distintas inclinaciones de las líneas de cuello (correspondientes a distintos estilos).

La base de construcción del patrón de las diferentes formas de cuello es idéntica, solamente cambia la elevación del punto que coincide con el centro del delantero. Los colores de la figura 3 corresponden a los colores de la figura 2.

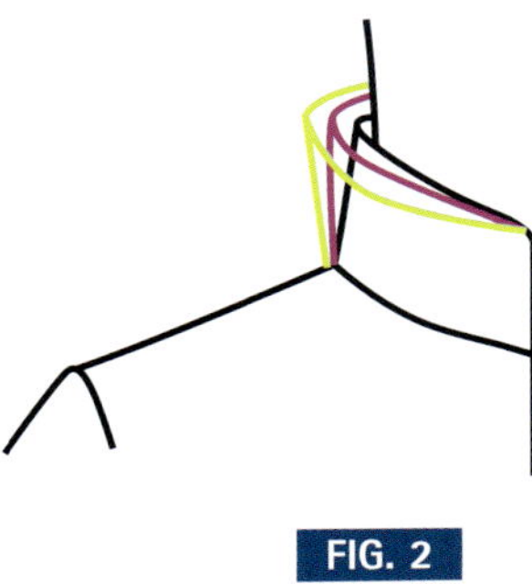

FIG. 2

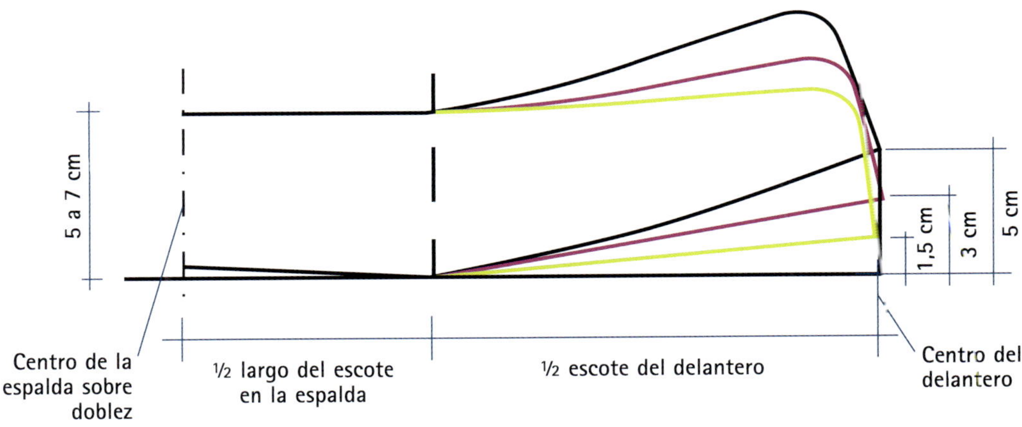

FIG. 3

Cuello de oficial truncado

Modelo 7

Dibujar el patrón base del cuerpo según las medidas dadas y aplicar luego la transformación.

Añadir un cruce de 2,5 cm mínimo.

Determinar la altura y la forma del escote (fig. 1, en verde).

Bajar unos 2 cm el escote del cuerpo y estrecharlo unos 2,5 cm a partir del centro del delantero.

Dibujar la nueva línea del delantero (fig. 1, en verde).

Añadir luego en la espalda y en el delantero una vista de 5 a 7 cm de ancho (fig. 1, en violeta).

Dibujar las líneas de construcción del cuello siguiendo las indicaciones de la figura 2.

Añadir una costura de 1 cm al patrón terminado.

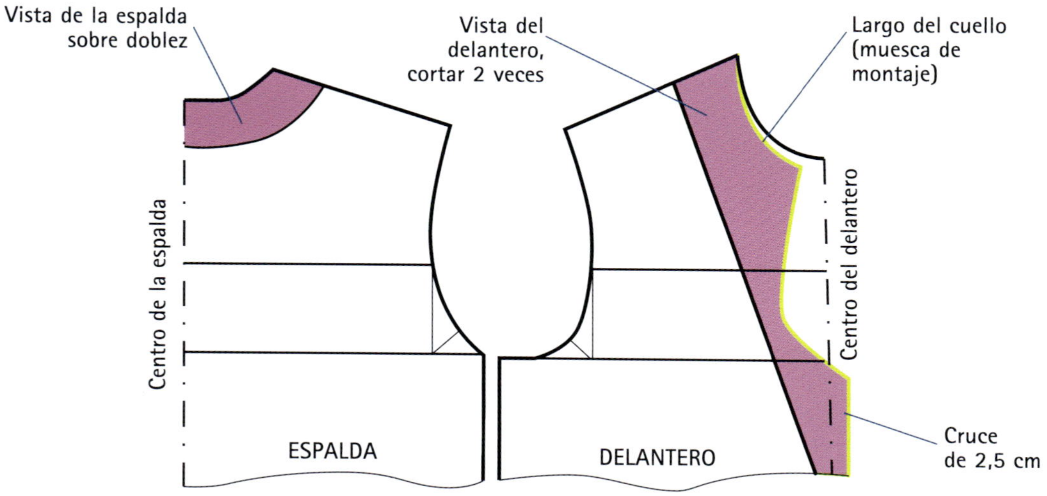

FIG. 1

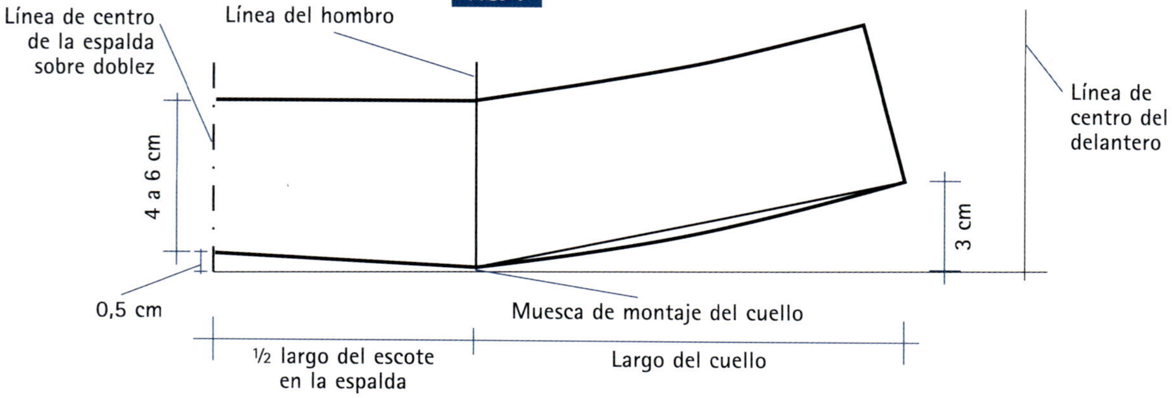

FIG. 2

Cuello de oficial con cruce

Modelo 8

Hacer primero el patrón base del cuerpo según las medidas dadas.

Dibujar la forma del escote (fig. 1, en verde) y luego las vistas (fig. 1, en violeta) de 5 a 7 cm de ancho.

La construcción del cuello es igual que la del cuello Mao de la página 166 (fig. 1), solamente se añade un cruce (de 2,5 cm de ancho) en el centro del delantero.

Añadir una costura de 1 cm al patrón terminado del cuello.

Marcar la muesca de montaje (muesca del hombro).

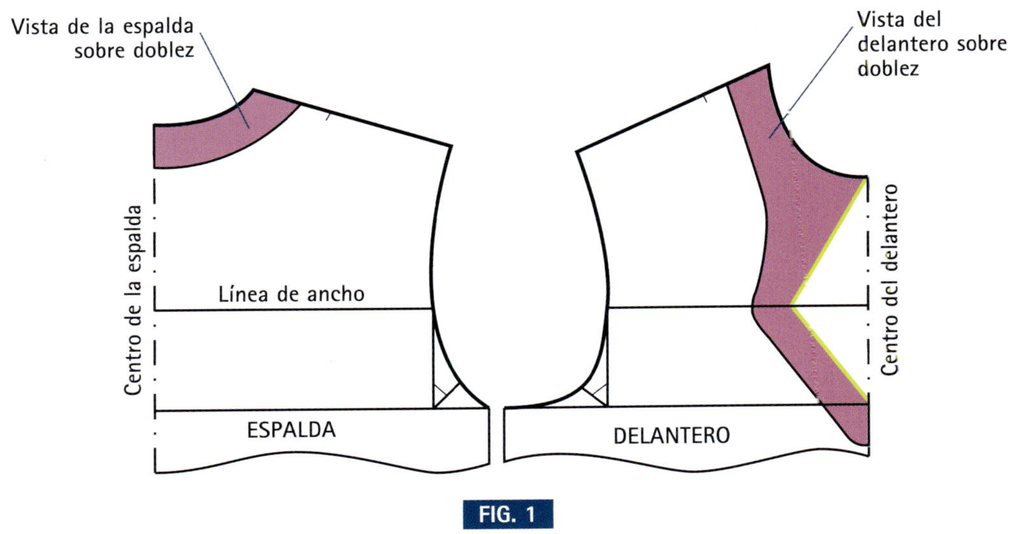

FIG. 1

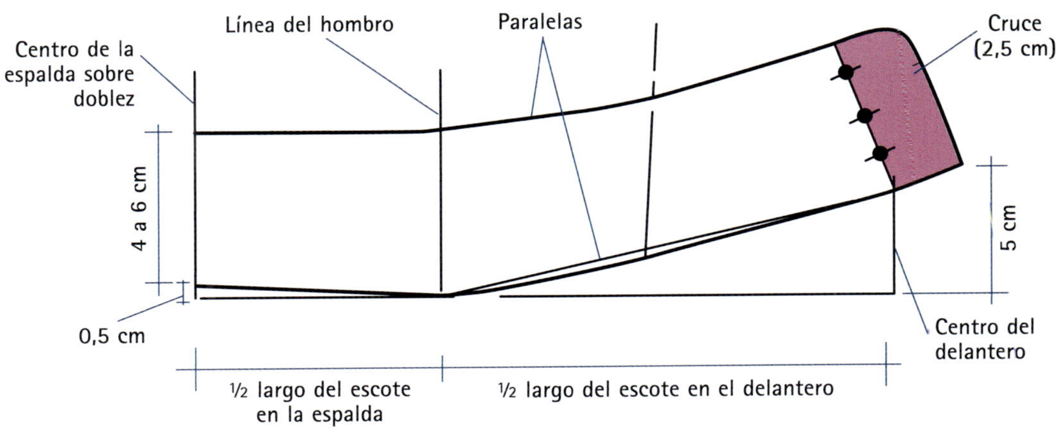

FIG. 2

Cuello bebé

Modelo 9

Este cuello es un cuello postizo en torno al escote cerrado y se dibuja directamente sobre el patrón de la espalda y el delantero del cuerpo. Todos los cuellos bajos se construyen de la misma manera, la diferencia está solamente en el dibujo de los bordes (fig. 1).

Para realizar el patrón elegido (ver las formas de cuello que se proponen aquí, de distintos colores en la figura 1), colocar el patrón base del cuerpo, espalda con delantero, casándolos por las líneas de hombros (fig. 1).

La separación entre las dos líneas de hombros (0 en el escote y 1 cm en el hombro) impide que el cuello tire y se doble una vez montado.

Dibujar luego la forma de cuello que se desee.

En las líneas de centro de la espalda y del delantero, rebajar el cuello 1 cm respecto del escote. Esa bajada impide que, una vez montado, el borde del cuello se suba y se "enrolle" ligeramente sobre el escote (fig. 1).

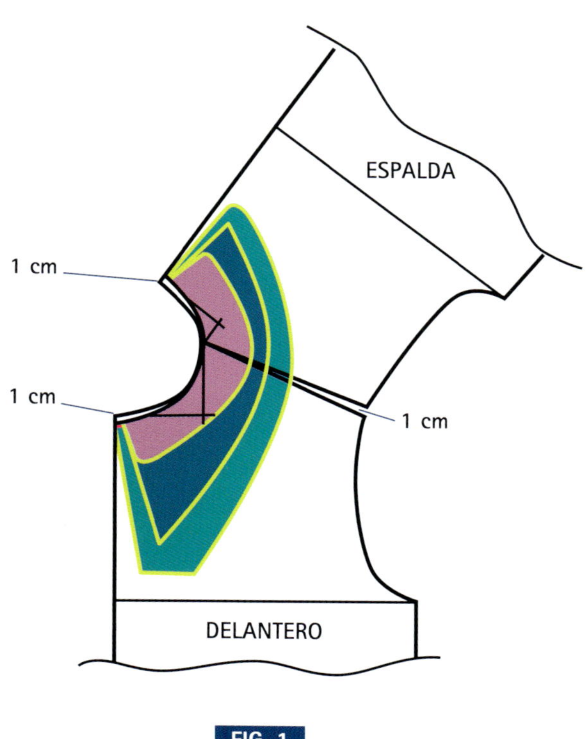

FIG. 1

Cuello bajo asimétrico

Modelo 10

Dibujar el patrón de este cuello bajo sobre el patrón base del cuerpo realizado según las medidas dadas.
Este modelo es asimétrico y, por tanto, hay que hacer el patrón del delantero izquierdo y del derecho. Seguir las indicaciones de las figuras 1 y 2.

Delantero derecho

Agrandar 1 cm el contorno de cuello y alargar la punta del escote según la asimetría que se desee (aquí, 5 cm). Dibujar luego el cruce que parte de esa punta y se va estrechando hasta quedar con unos 2 cm de ancho a la altura del pecho (fig. 1, en violeta).
Dibujar la forma del cuello (en violeta) y la vista (línea verde). Calcar luego el cuello y la vista.

Delantero izquierdo

Agrandar 1 cm el contorno de cuello, añadir un cruce de 2 cm, dibujar la vista y calcarla.
Añadir una costura de 1 cm al patrón terminado.
Marcar las muescas de referencia y de montaje.

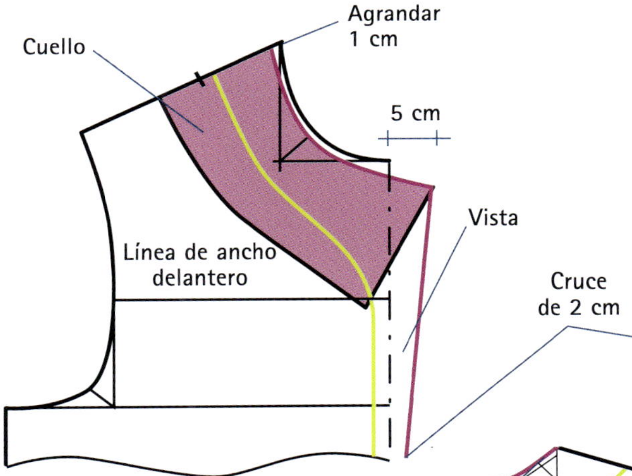

Cuello

Agrandar 1 cm

5 cm

Línea de ancho delantero

Vista

Cruce de 2 cm

Lado derecho del delantero

FIG. 1

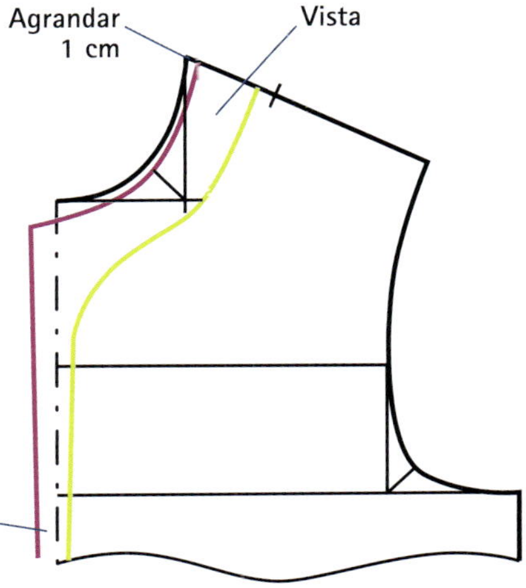

Agrandar 1 cm

Vista

Lado izquierdo del delantero

FIG. 2

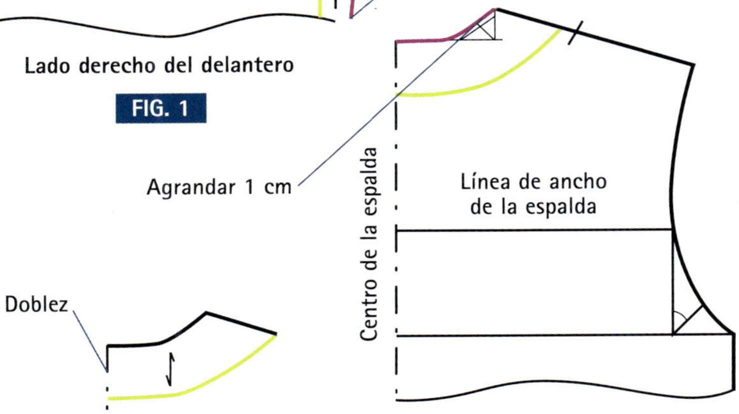

Agrandar 1 cm

Centro de la espalda

Línea de ancho de la espalda

Doblez

Vista del escote en la espalda

Patrón de la espalda

FIG. 3

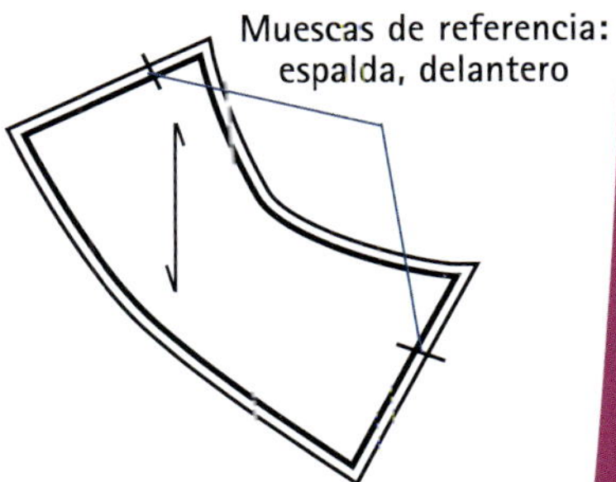

Muescas de referencia: espalda, delantero

Patrón del cuello terminado

FIG. 4

Cuello bajo ancho

Modelo 11

Dibujar el patrón de este cuello sobre el patrón base del cuerpo realizado según las medidas dadas.

Añadir un cruce de 2 cm de ancho mínimo y determinar la profundidad del escote.

Colocar la espalda con el delantero del cuerpo como se indica en la figura 1 y dibujar la forma de cuello que se desee (fig. 1, en violeta).

Dibujar la vista (fig. 1, en verde).

Calcar luego el cuello y la vista.

Marcar varias muescas de referencia y de montaje.

Añadir una costura de 1 cm al patrón terminado.

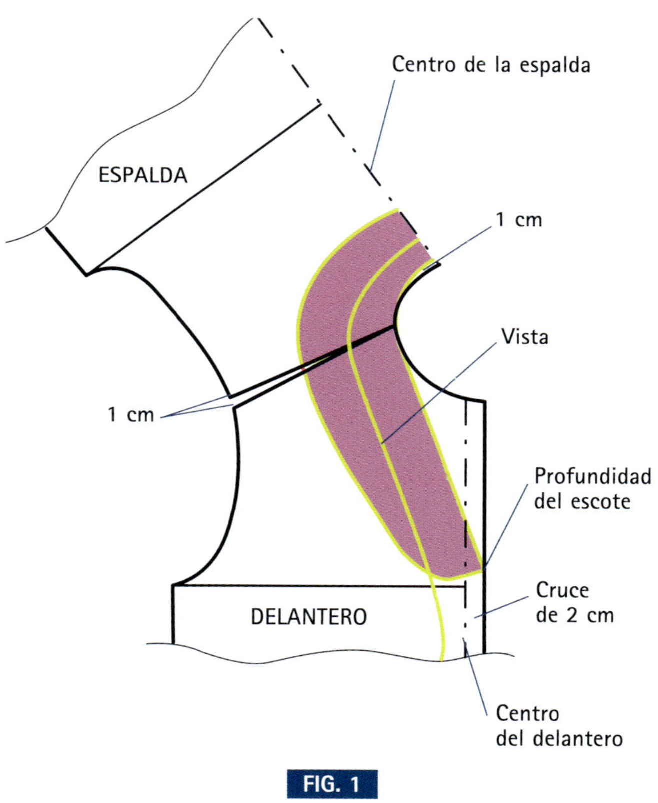

FIG. 1

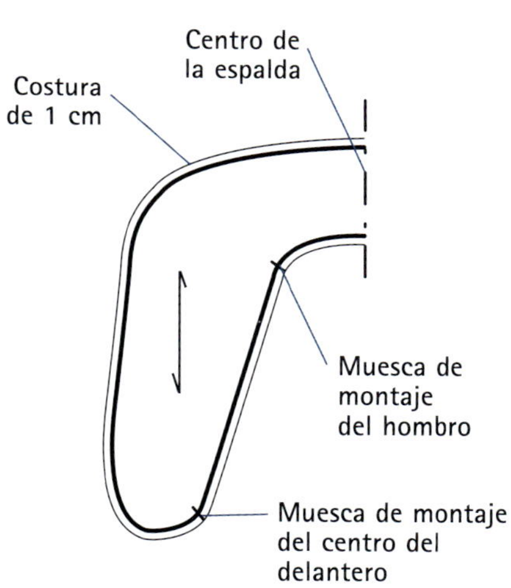

Patrón del cuello terminado, cortar sobre doblez

FIG. 2

Cuello bajo con pliegues

Modelo 12

Construir el patrón de este modelo igual que se ha hecho el de la página anterior.

Para obtener un pliegue en el borde del cuello, ensanchar la parte baja del cuello y separar 2 cm las líneas de hombro (fig. 1).

Dibujar el cuello (fig. 1, en verde) y la vista (línea azul) y luego calcar ambas piezas.

Para que la vuelta del cuello quede al bies, situar el centro de la espalda del cuello al hilo en el momento de cortar la tela.

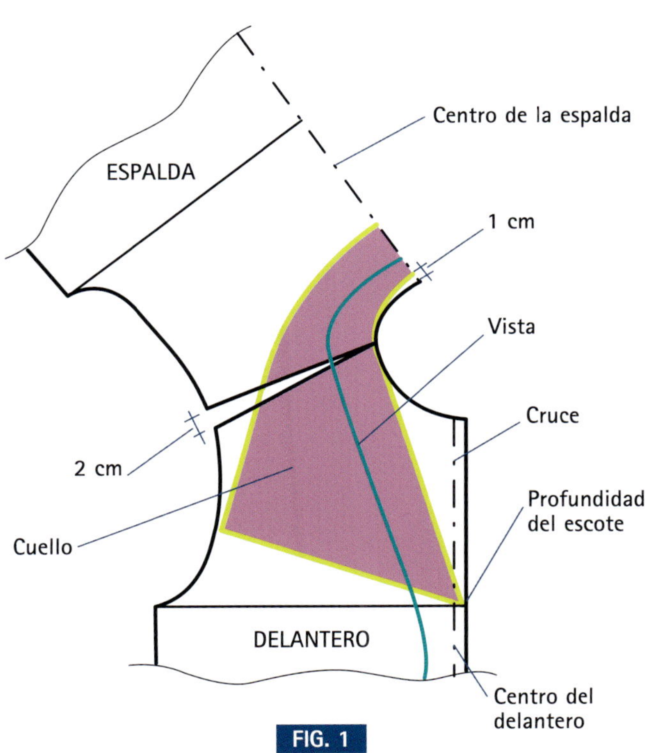

FIG. 1

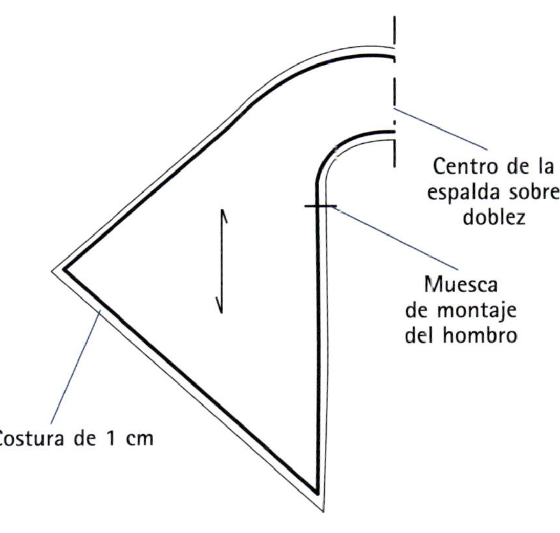

Patrón del cuello terminado, cortar sobre doblez

FIG. 2

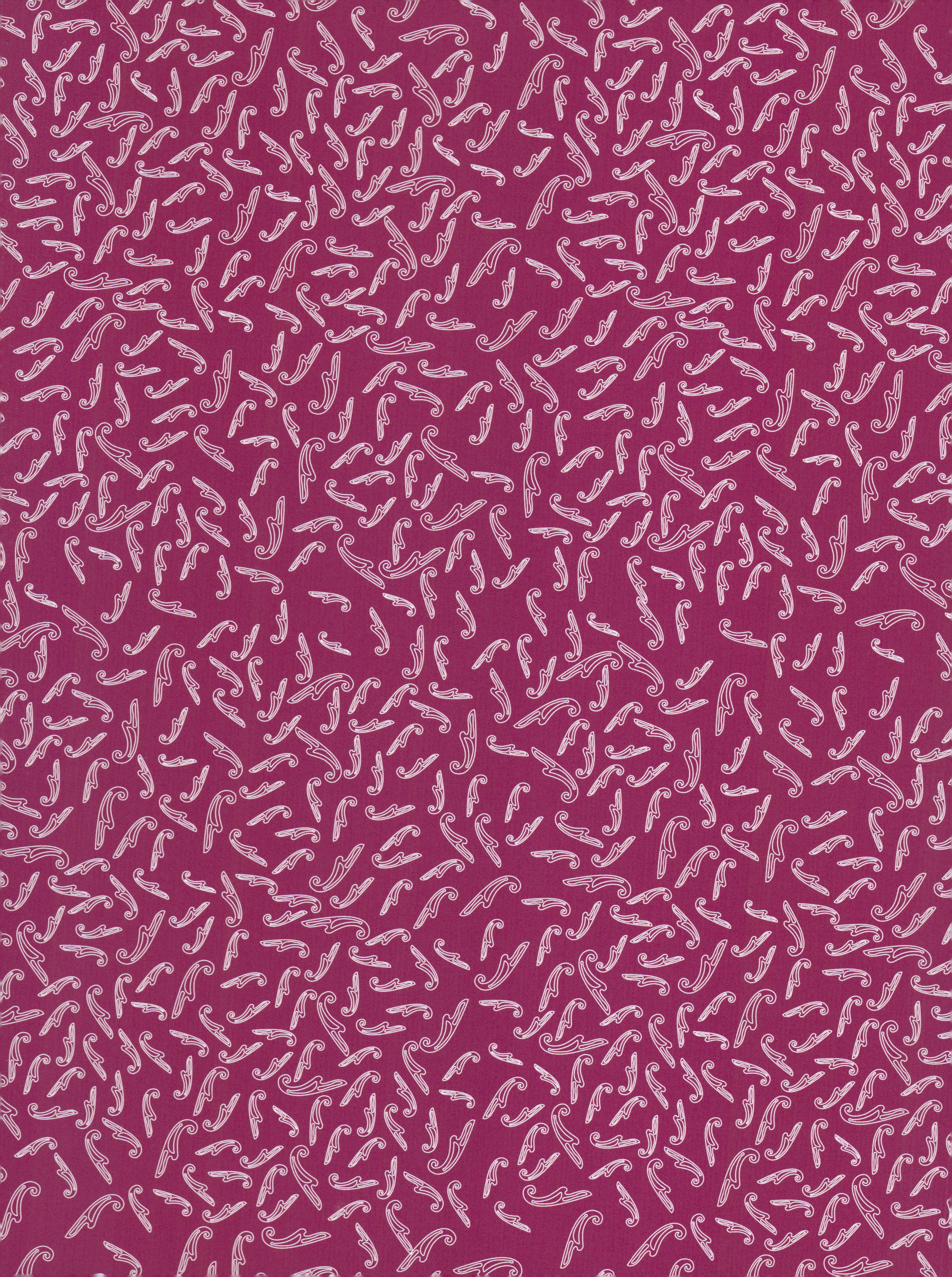

Cuellos integrados

La construcción de este tipo de cuellos se hace prolongando el cuello del patrón del cuerpo terminado.

Los cuellos altos son una prolongación, más o menos elevada, de la parte superior del cuerpo, sin cortes ni costuras, que se obtiene mediante pequeñas modificaciones en el escote.

Los cuellos esmoquin se caracterizan por un escote más o menos pronunciado en V. Son también los únicos cuellos en los que el centro de la espalda no va al hilo: la inclinación de esta línea siempre depende del ancho que tenga el cuello, que se vuelve en el hombro.

Cuello alto clásico

Modelo 1

El cuello alto se forma simplemente prolongando el delantero y la espalda en el escote.

Si se construye en el escote de base sin modificar, se obtiene un cuello alto ajustado; para darle una forma menos ceñida, y por tanto más cómoda, agrandar el escote de 0,5 a 1 cm en la línea del hombro.

Para obtener una forma bonita del cuello alto, ajustar las líneas del hombro del delantero y de la espalda (seguir las indicaciones de la figura 1).

Personalizar la forma del borde exterior del cuello como se desee (ver líneas de color en la figura 1).

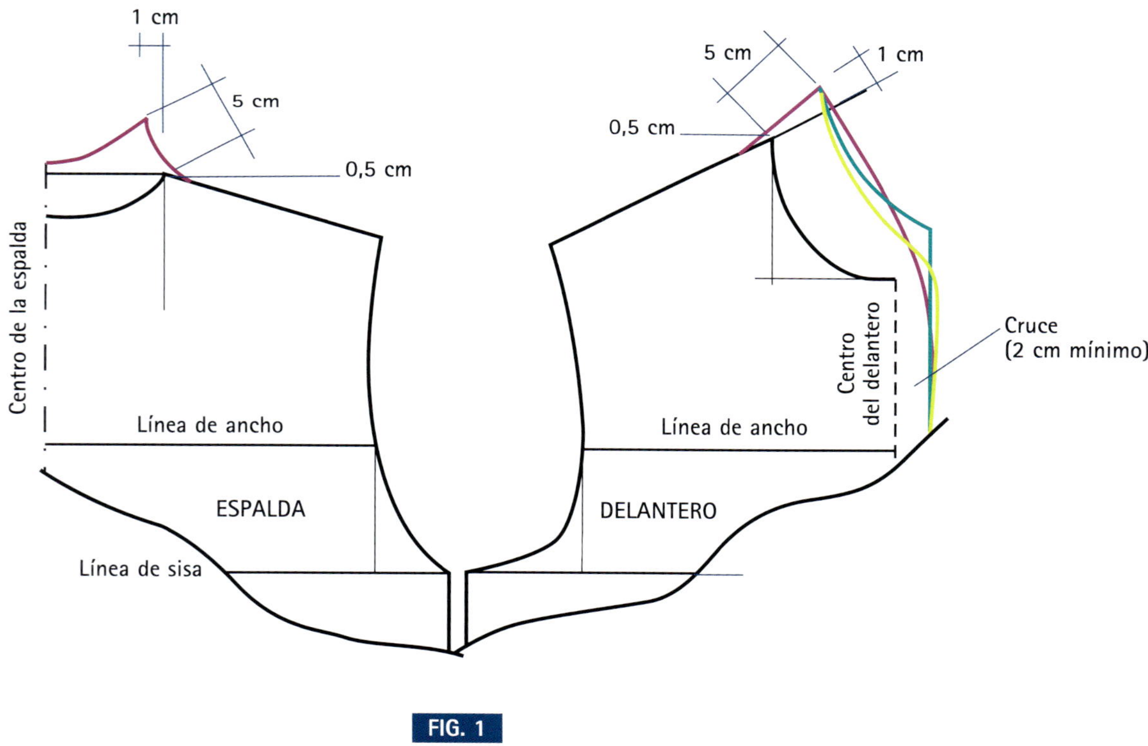

FIG. 1

Cuello alto sobre escote de fantasía

Modelo 2

Para el cuerpo de este modelo, utilizar un tejido bastante rígido o aplicar entretela termoadhesiva por dentro de las vistas, ya que las partes con forma no llevan sujeción y podrían deformarse.

Dibujar primero el patrón base del cuerpo según las medidas dadas y aplicar luego la transformación.

Seguir las indicaciones de la figura 1.

Añadir un cruce de 2 a 3 cm de ancho y dibujar la forma del escote como se desee (fig. 1, en verde).

Dibujar las vistas de 7 a 10 cm de ancho (fig. 1, en violeta) y calcarlas.

Añadir una costura de 1 cm al patrón terminado.

Marcar varias muescas de referencia y de montaje.

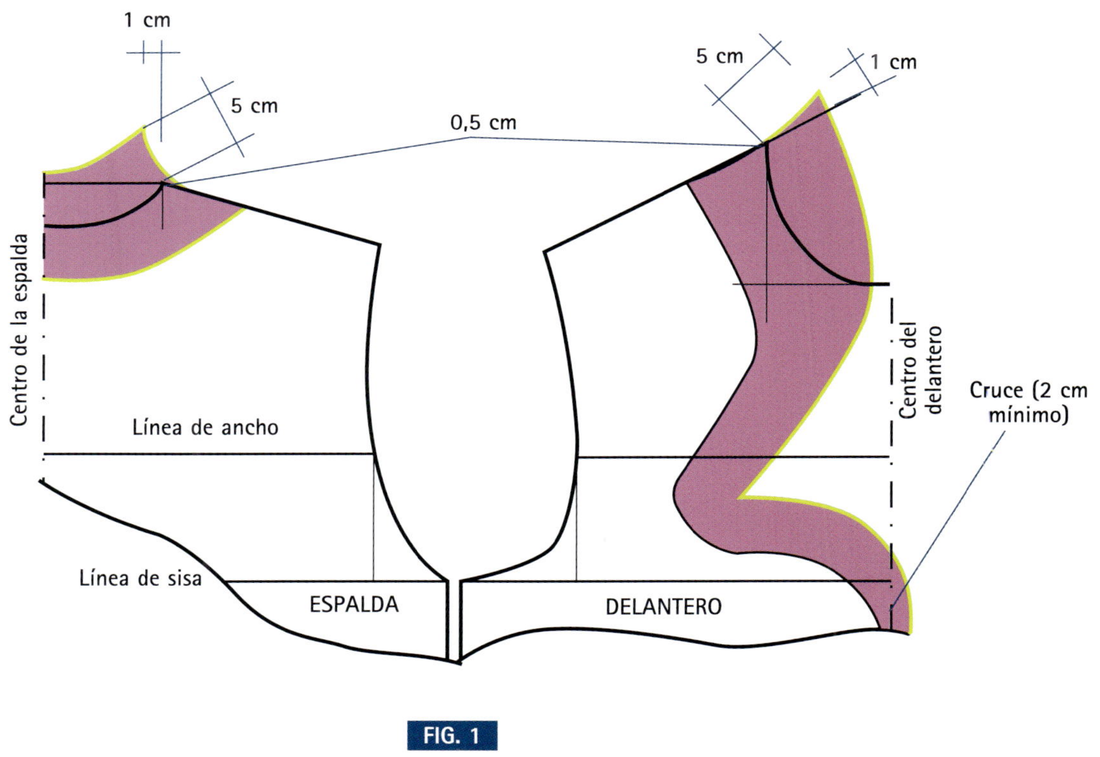

FIG. 1

Cuello alto asimétrico

Modelo 3

Como el delantero de este modelo es asimétrico, hay que hacer el patrón del delantero izquierdo y del derecho.

Este modelo de cuello está destinado, sobre todo, a prendas realizadas con tejidos gruesos (chaqueta, abrigo, blusón…), por lo que se debe rebajar el escote de la espalda y del delantero de 1 a 2 cm en la línea de los hombros. Si se realiza este modelo en un tejido más ligero, se rebaja menos el escote (de 0,5 a 1 cm).

Espalda

Dibujar el patrón base de la espalda del cuerpo sobre doblez, según las medidas dadas, y luego construir el cuello siguiendo las indicaciones de la figura 1 (en verde).

Dibujar una vista de 7 a 10 cm de ancho (fig. 1, en violeta) y calcarla.

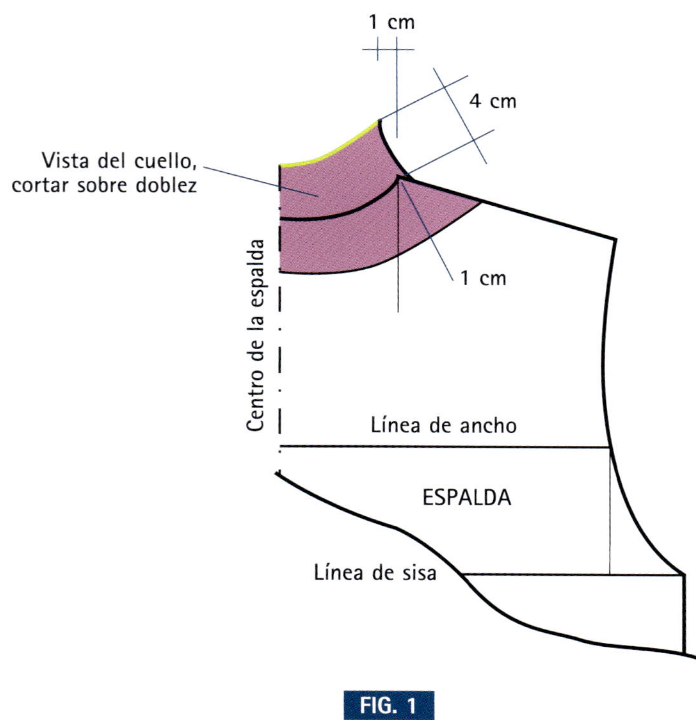

FIG. 1

Delantero

Dibujar el patrón base del delantero del cuerpo, lado izquierdo y lado derecho, por separado.

Aplicar luego las modificaciones siguiendo lo que aparece indicado en la figura 2 (en verde).

Hacer las vistas bastante anchas porque el delantero se puede llevar abrochado o abierto (fig. 2, en violeta) y calcarlas.

Marcar varias muescas de referencia y de montaje.

Añadir una costura de 1 cm al patrón terminado.

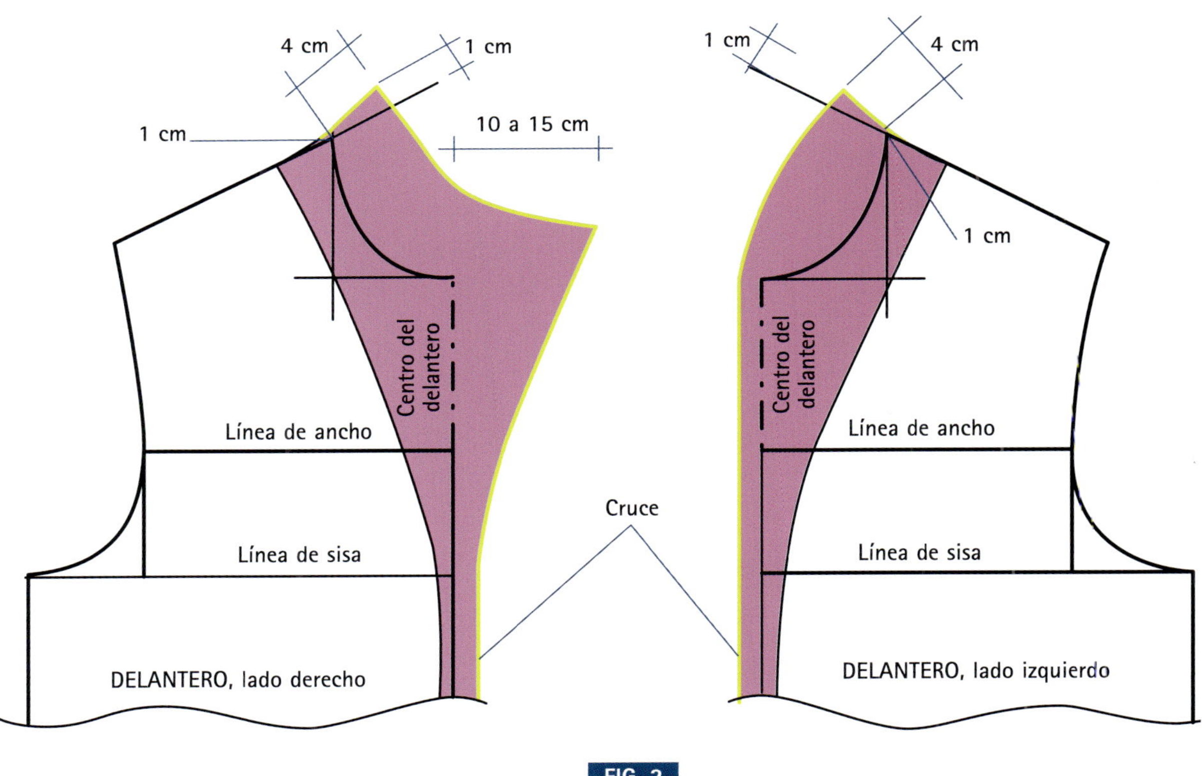

FIG. 2

Cuello alto con pinzas

Modelo 4

Utilizar un tejido bastante rígido o pegar entretela termoadhesiva por dentro de las vistas (fig. 1, en violeta).

Dibujar el patrón base del cuerpo según las medidas dadas y aplicar luego la transformación: determinar la profundidad del escote y construir el cuello (en verde) siguiendo las indicaciones de la figura 1.

El cuello sube 6 cm y se añade una pinza de 0,5 cm a la altura del escote del delantero para darle una forma más bonita.

Para que el cuello de la prenda quede más ceñido al cuello, aplicar una pinza a partir del centro de la espalda siguiendo la curva del escote (valor de la pinza: hasta 1 cm; largo: unos 5 cm).

Marcar varias muescas de referencia y de montaje.

Añadir una costura de 1 cm al patrón terminado.

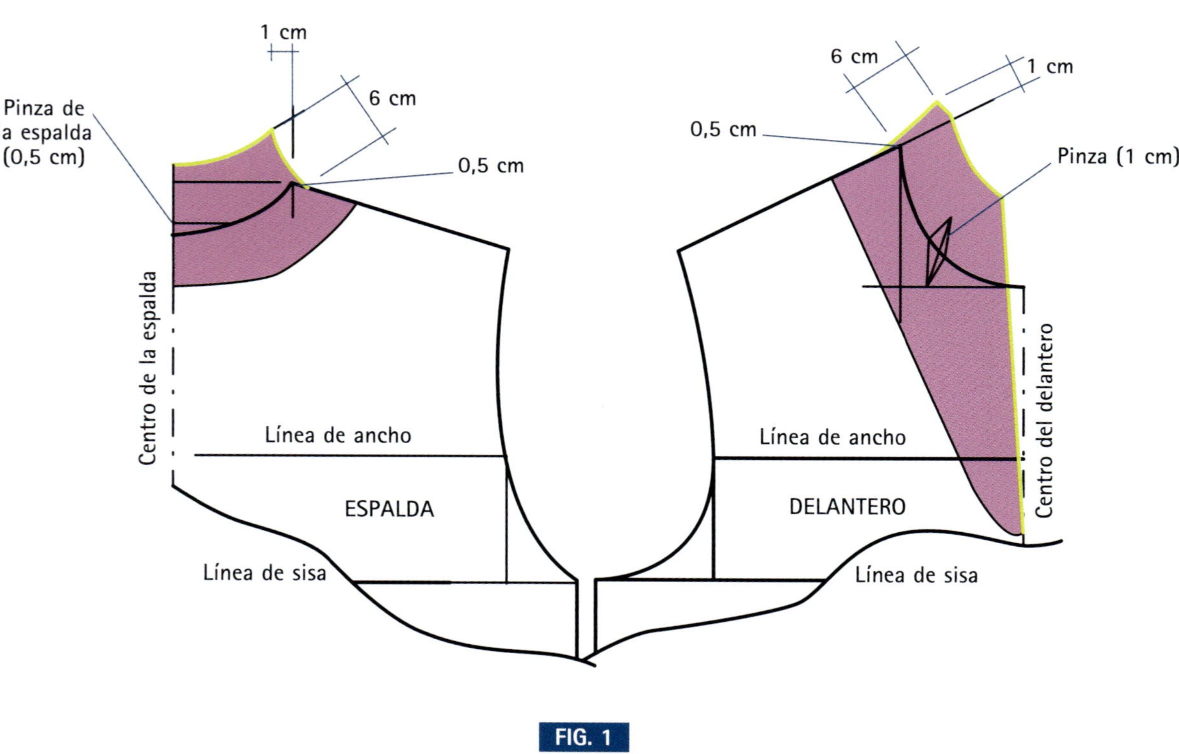

FIG. 1

Cuello alto con vuelta

Modelo 5

Dibujar el patrón base del cuerpo según las medidas dadas y aplicar luego la transformación.

En el centro del delantero añadir un cruce de 2 a 3 cm de ancho, luego dibujar las líneas de construcción (en verde), siguiendo las indicaciones de la figura 1.

Dibujar las vistas (fig. 1, en violeta) y calcarlas.

Añadir una costura de 1 cm al patrón terminado.

Marcar las muescas de referencia y las muescas de montaje.

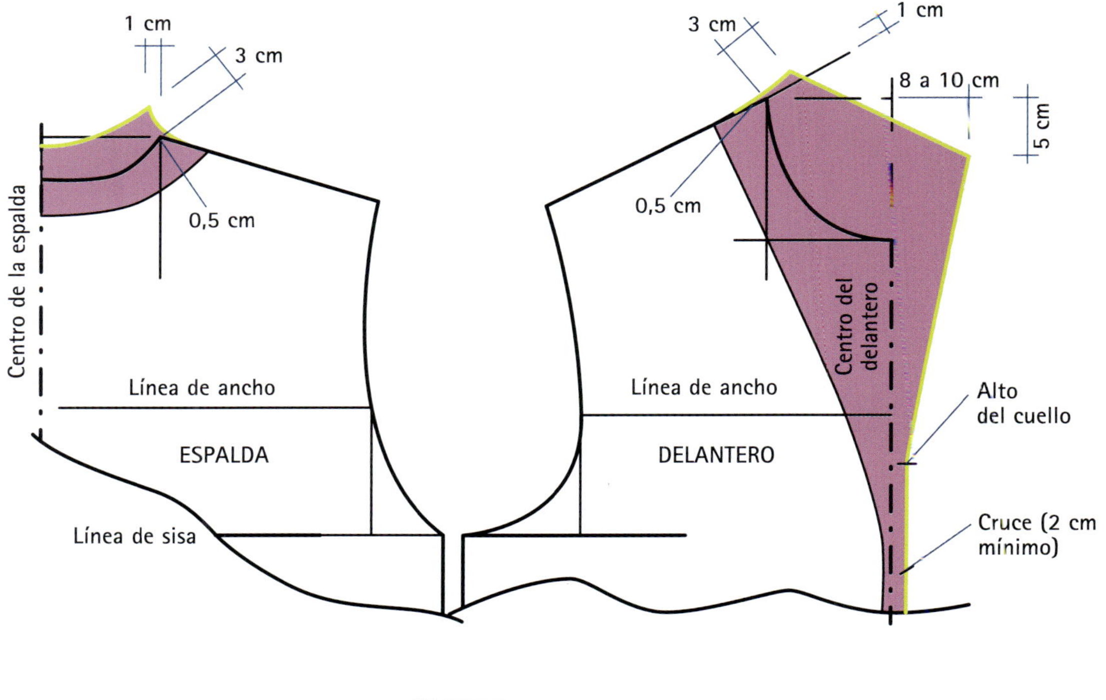

FIG. 1

Cuello alto con vuelta sobre escote de fantasía

Modelo 6

Dibujar primero el patrón base del cuerpo según las medidas dadas y aplicar luego las modificaciones.

Determinar la altura del escote y la línea de centro del delantero, así como su forma (fig. 1, en verde).

Construir el cuello siguiendo las indicaciones de la figura 1.

Determinar las vistas (fig. 1, en violeta) y calcarlas (fig. 2 y fig. 4).

Separar la parte de arriba y la de abajo del delantero (fig. 3) por la línea de corte.

Añadir una costura de 1 cm al patrón terminado.

Marcar las muescas de referencia y las muescas de montaje.

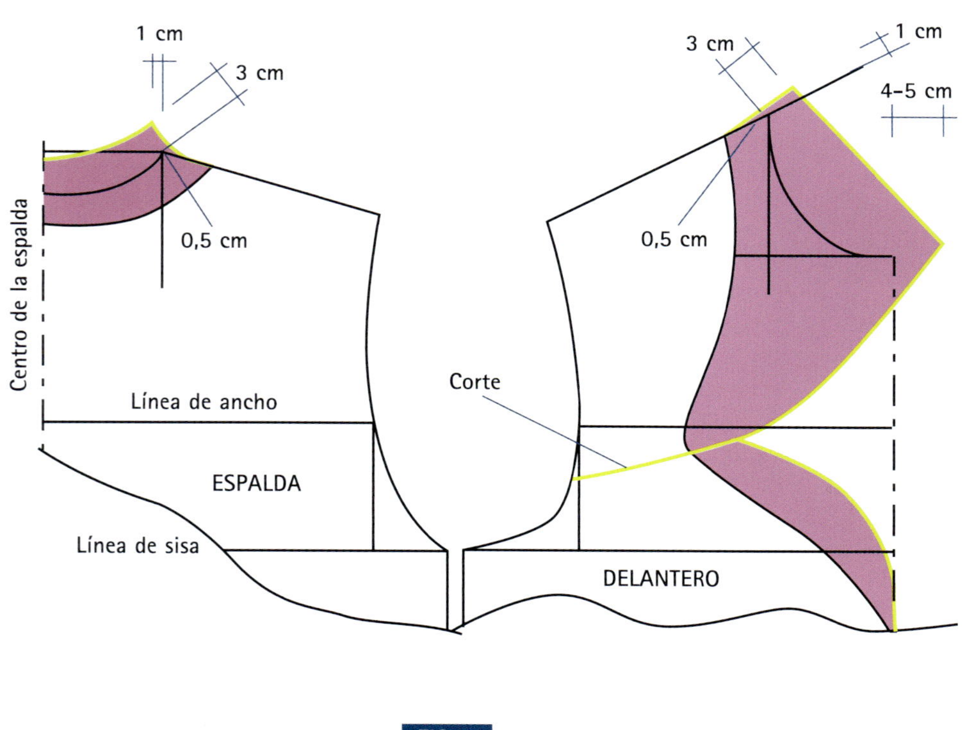

FIG. 1

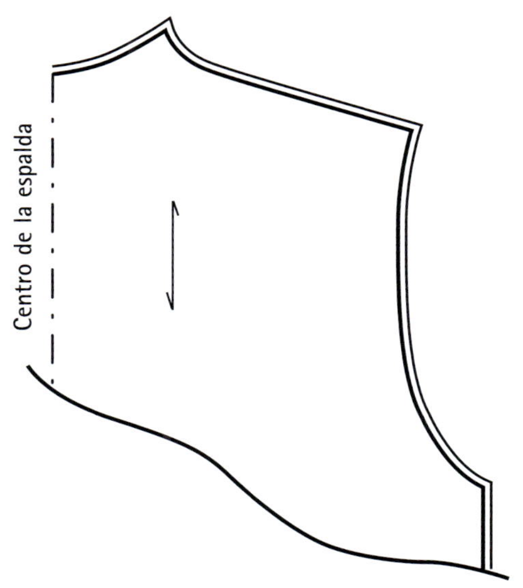

Patrón de la espalda terminado, cortar sobre doblez

Patrón de la vista de la espalda, cortar sobre doblez

FIG. 2

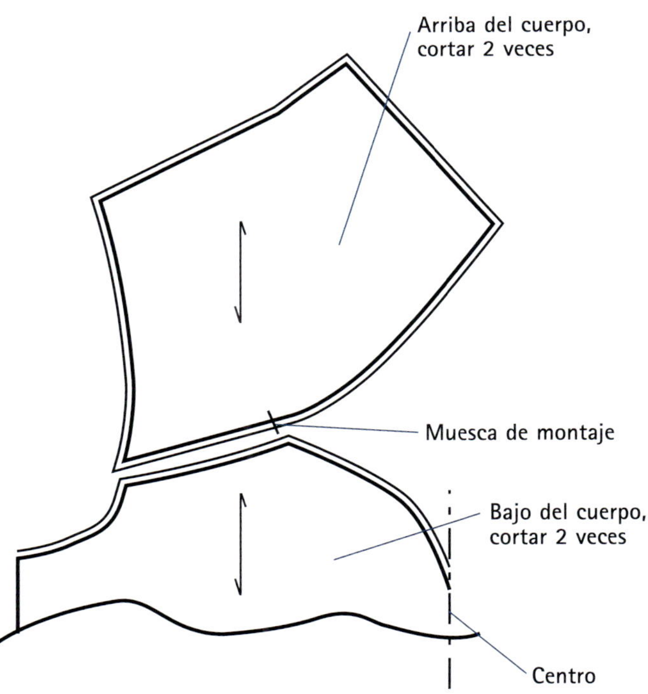

Patrón del delantero terminado

FIG. 3

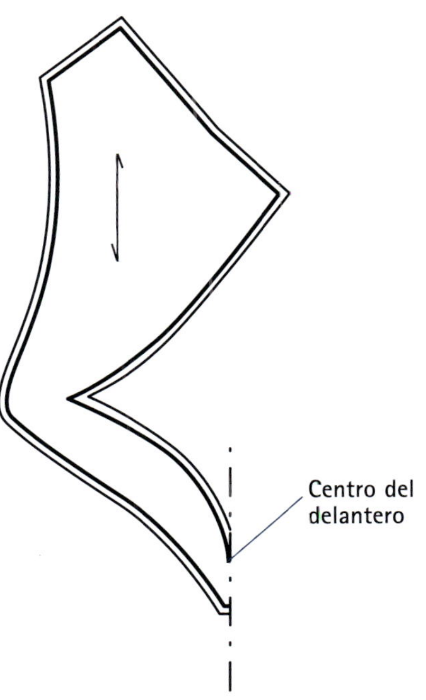

Patrón de la vista del delantero terminado, cortar sobre doblez

FIG. 4

Cuello esmoquin clásico

Modelo 7

La espalda de este modelo se forma como una prolongación del delantero.

Construir este patrón de cuello sobre el patrón base del cuerpo realizado según las medidas dadas.

Seguir luego las indicaciones de las figuras 1 y 2.

Ensanchar de 1,5 a 2 cm el escote del delantero y de la espalda sobre la línea de los hombros.

Dibujar luego un cruce de 2 a 4 cm de ancho en el centro del delantero.

Determinar la profundidad del escote y dibujar la línea de construcción del cuello partiendo de la punta del escote y pasando por el escote ampliado en la línea del hombro.

Prolongar esta línea de construcción trasladando el medio largo del escote de la espalda.

En paralelo a la línea del hombro, marcar 3 cm (el ancho de la tirilla del cuello). Unir ese punto con la línea del hombro. Siempre a partir de ese punto, dibujar en perpendicular la línea de centro del cuello con un ancho de 6 cm (ancho de la vuelta del cuello).

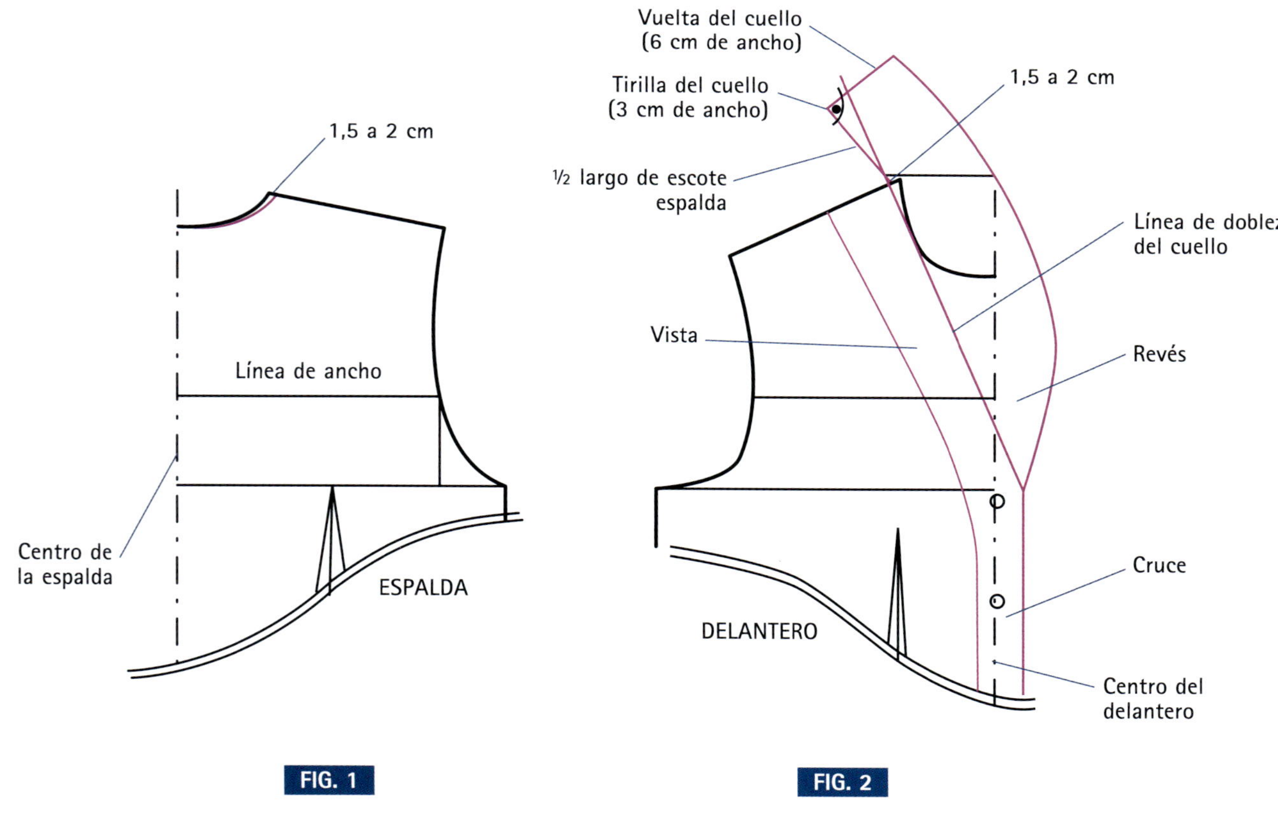

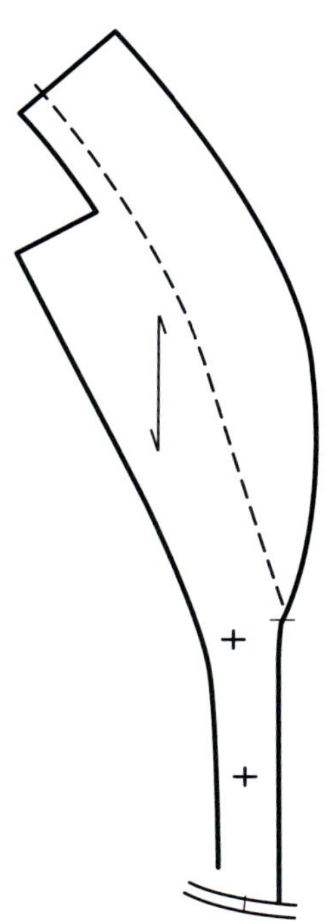

Redondear los picos que se formen en la construcción. Calcar la vista. Marcar las muescas de referencia y de montaje. Añadir una costura de 1 cm al patrón terminado.

Patrón de la vista con la vuelta del cuello

FIG. 3

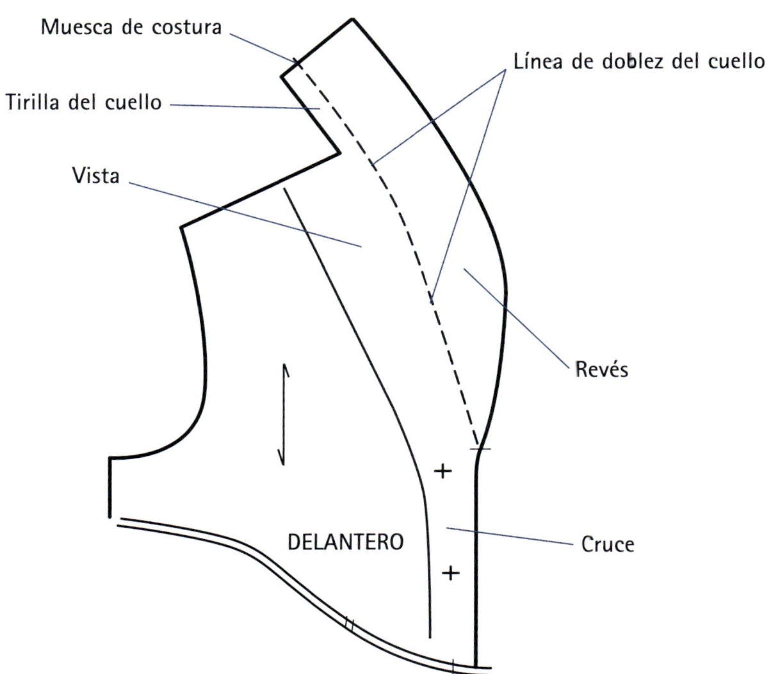

Patrón del delantero terminado

FIG. 4

Cuello esmoquin con puntas

Modelo 8

Construir el patrón de este modelo de cuello sobre el patrón base del cuerpo ya ajustado y modificado.

El método que aquí se presenta es distinto del utilizado en las dos páginas anteriores (modelo 7, páginas 184-185).

Dibujar un cruce de 3 a 4 cm de ancho y determinar luego la profundidad del escote (fig. 2).

Trazar la línea de construcción del cuello partiendo de la punta del escote y pasando por el escote en la línea del hombro.

Ensanchar el escote de la espalda y del delantero, rebajando 2 cm en la línea del hombro.

En el patrón del delantero, dibujar la forma del cuello (fig. 2, en violeta); luego, con un calco, volver a dibujar el cuello simétrico respecto a la línea de construcción (fig. 2, en verde).

Sobre la línea de construcción prolongada, trasladar el medio largo del escote de la espalda (fig. 3).

En paralelo a la línea del hombro, marcar 3 cm. Unir ese punto con la línea del hombro y dibujar una paralela a esa línea a una distancia de 2 cm (tirilla del cuello). Cerrar la espalda en ángulo recto (ancho de la vuelta del cuello = unos 6 cm).

Redondear los picos que se hayan formado durante la construcción.

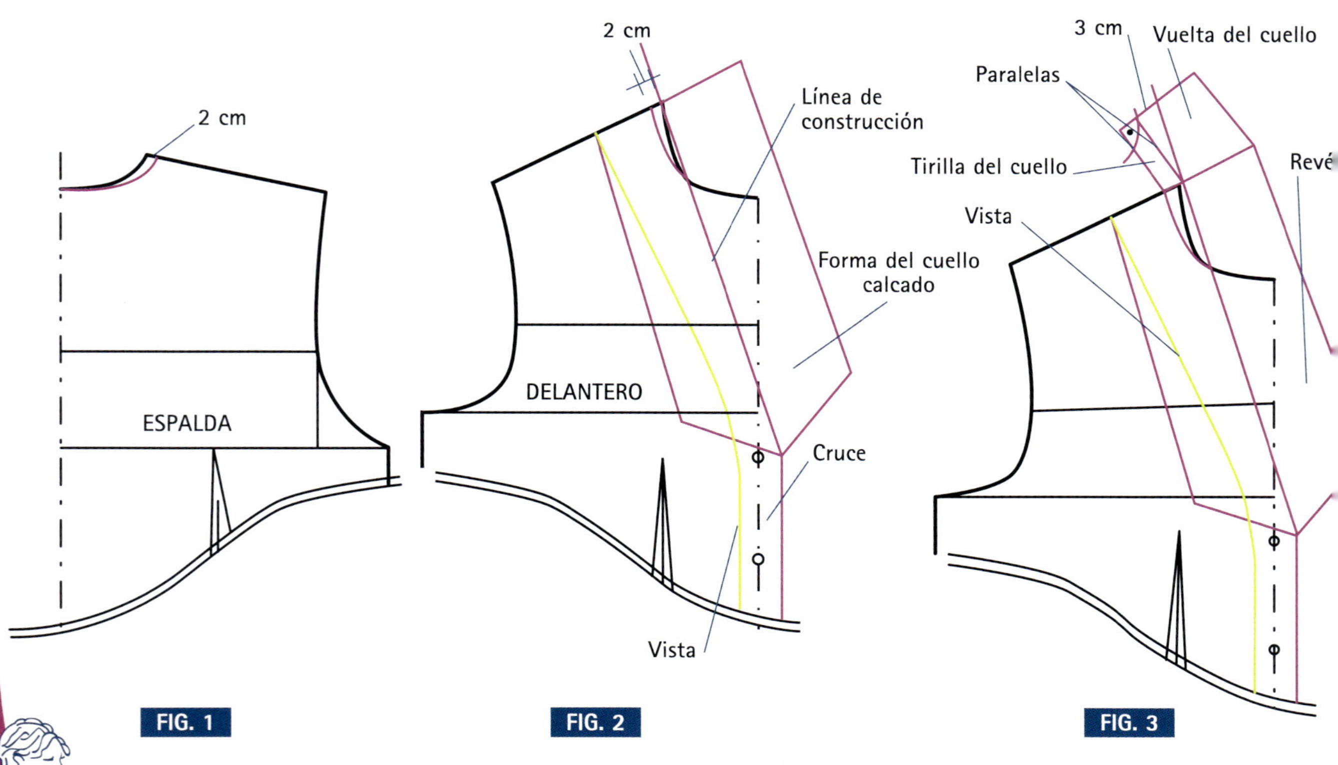

FIG. 1

FIG. 2

FIG. 3

Dibujar la vista (fig. 4, en violeta) y calcarla.

Marcar las muescas de montaje.

Añadir una costura de 1 cm al patrón terminado.

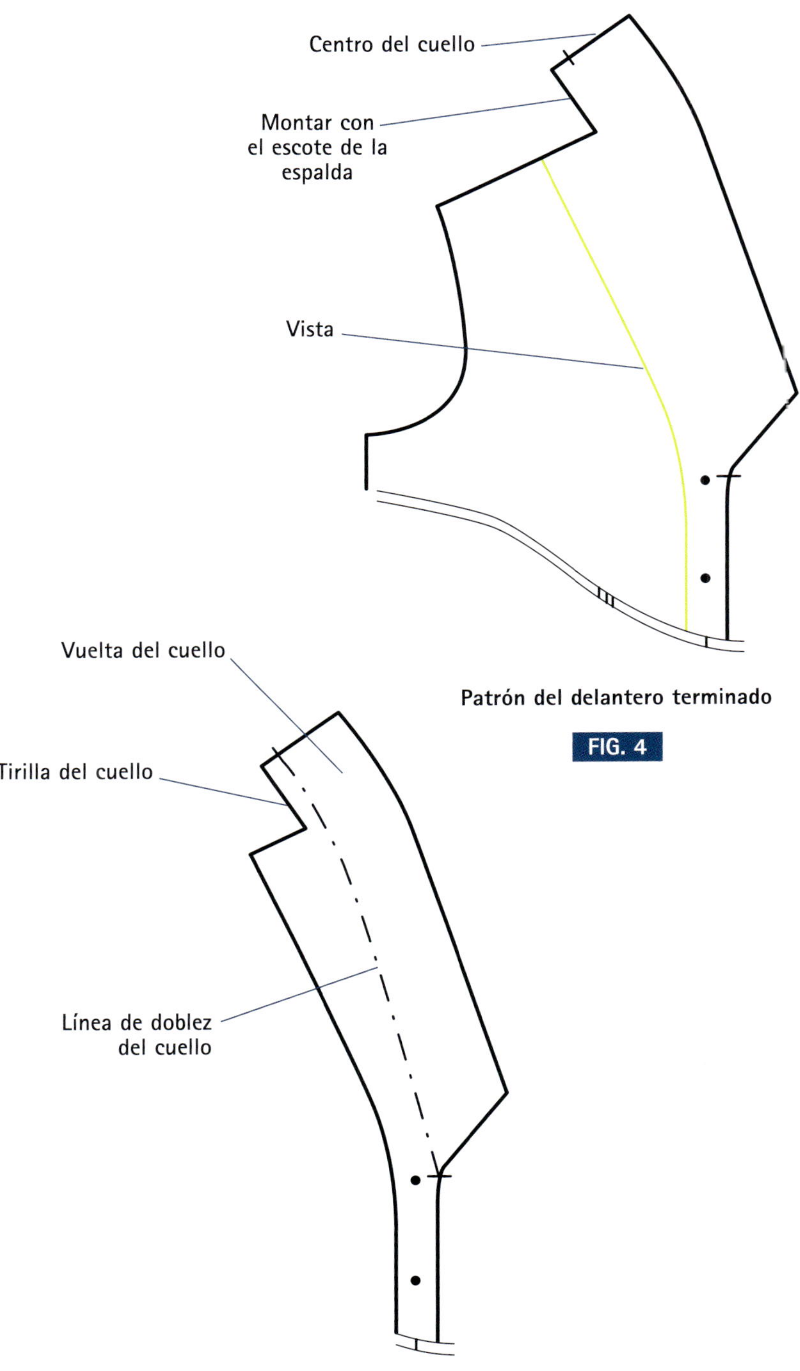

Patrón del delantero terminado

FIG. 4

Patrón de la vista terminado

FIG. 5

Cuello esmoquin corto

Modelo 9

Construir el patrón de este modelo de cuello sobre el patrón base del cuerpo ya ajustado y modificado (fig. 2, en violeta).

Determinar el ancho del cruce y la profundidad del escote.

Rebajar 2 cm el escote de la espalda y del delantero en la línea del hombro y, a partir de ese punto, en el patrón del delantero, trasladar 3 cm arriba de la línea del hombro; a partir de ahí, dibujar la línea de construcción hasta la punta del escote (fig. 2).

Hacer la forma del cuello y luego, con un calco, volver a dibujar el cuello simétrico respecto a la línea de construcción (fig. 3).

Prolongar la línea de construcción en ½ largo del escote de la espalda.

En paralelo a la línea del hombro, marcar 3 cm. Unir ese punto con la línea del hombro y dibujar una paralela a esa recta a una distancia de 2 cm (tirilla del cuello). Cerrar la espalda en ángulo recto (ancho de la vuelta del cuello = unos 6 cm).

Redondear los picos que se hayan formado durante la construcción.

Dibujar la vista y calcarla.

Marcar las muescas de referencia y las muescas de montaje.

Añadir una costura de 1 cm al patrón terminado.

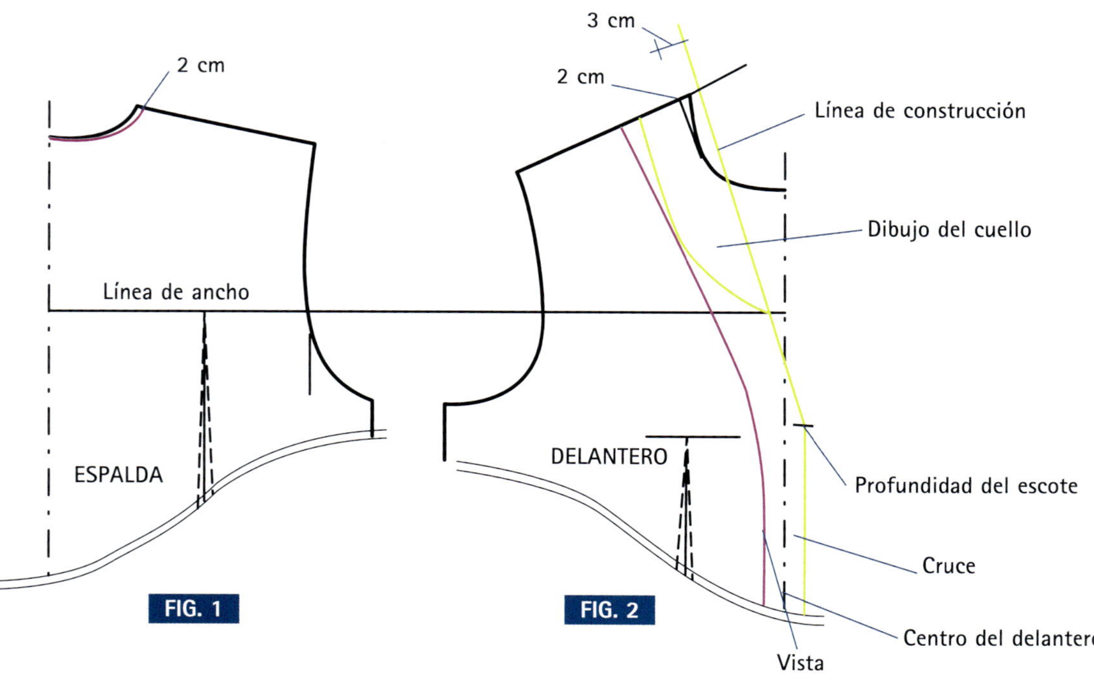

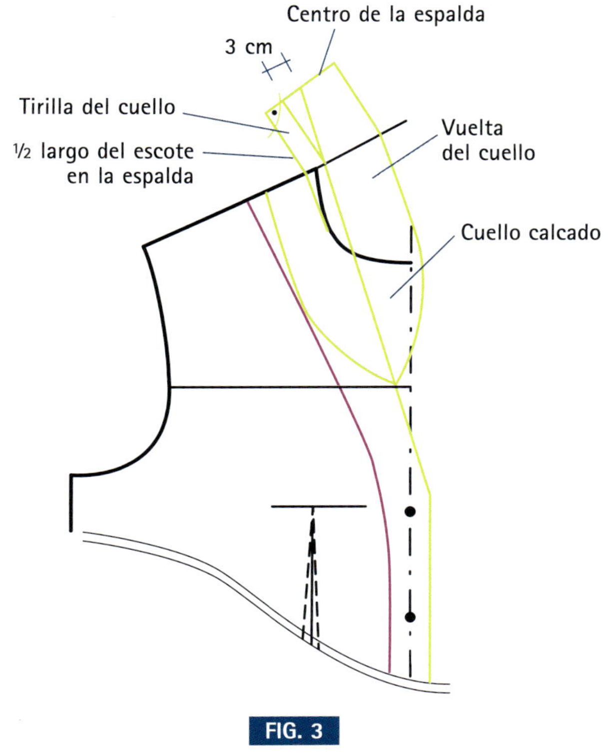

FIG. 3

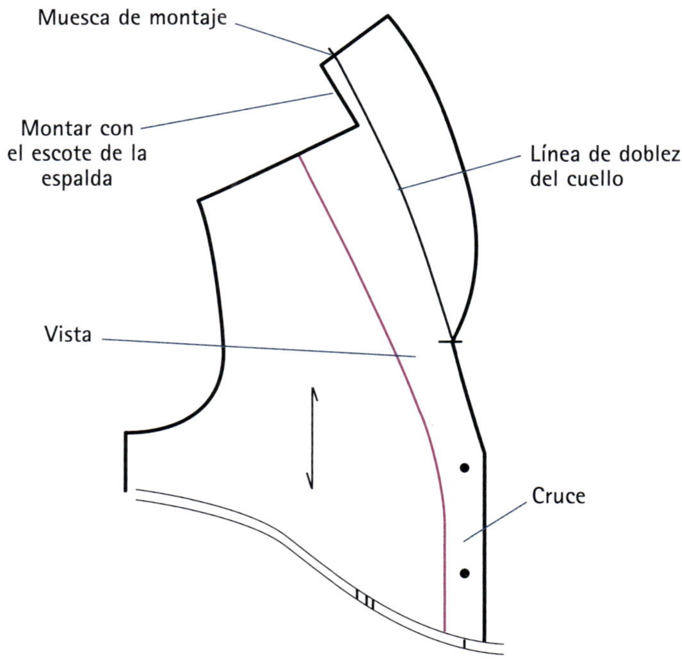

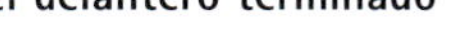

Patrón del delantero terminado

FIG. 4

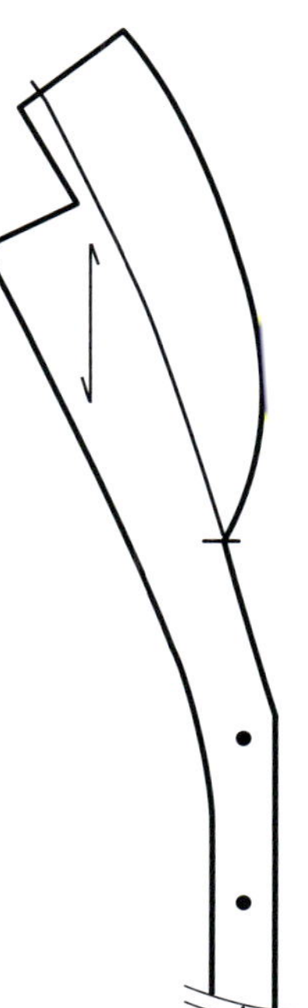

Patrón de la vista terminado

FIG. 5

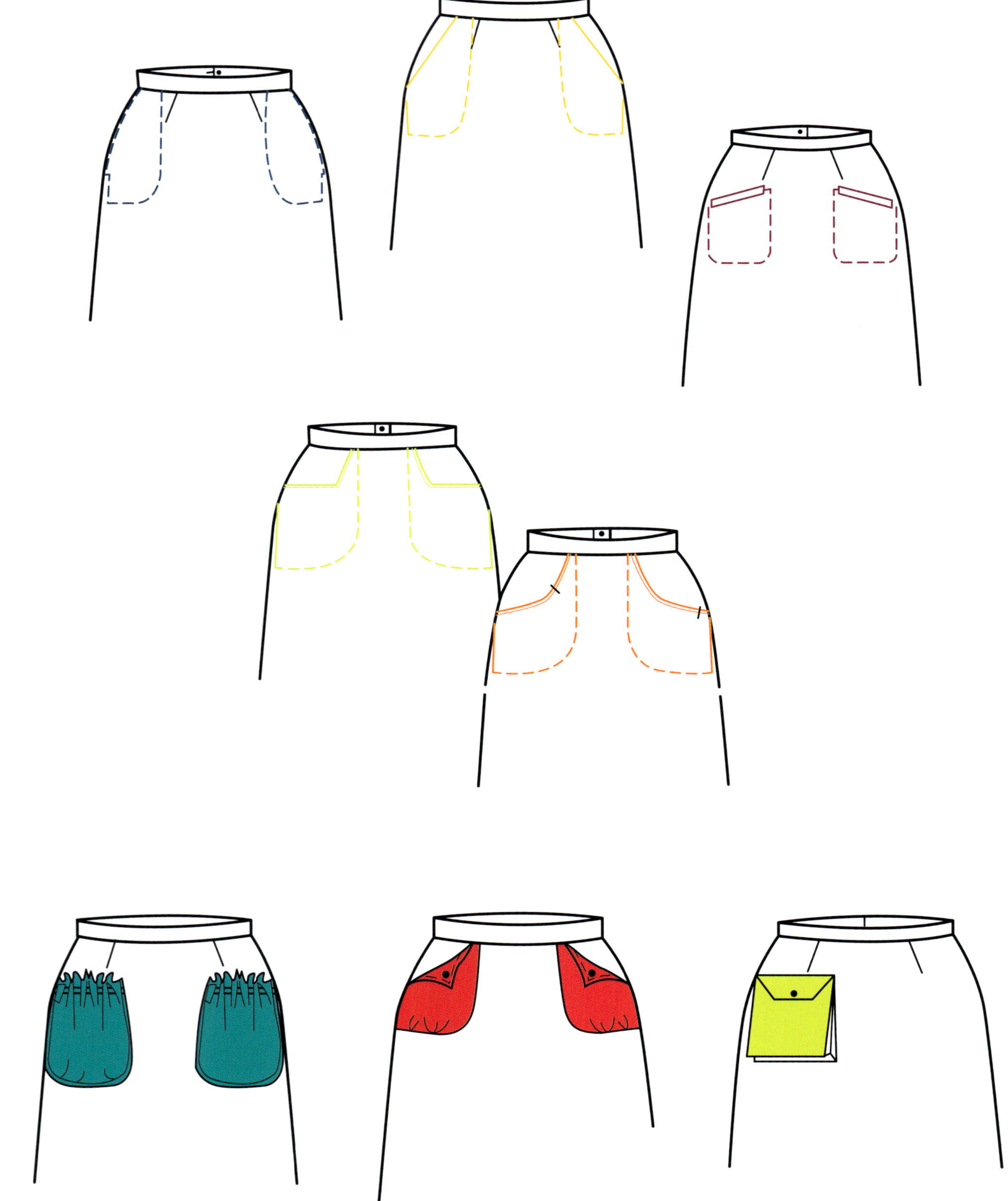

Bolsillos

La gran variedad de bolsillos que existe se subdivide en dos categorías muy distintas: bolsillos interiores (página 195) y bolsillos aplicados (página 207).

Cualquiera que sea el modelo o la forma, el bolsillo debe situarse en un lugar cómodo y accesible, excepto naturalmente si tiene una mera función decorativa. Sus dimensiones, ancho de abertura y profundidad del saco, están en función del ancho y largo de la mano.

En realidad, no existe un patrón base o un método de construcción en los que apoyarse para establecer un patrón de bolsillo. Solamente se pueden ofrecer indicaciones y consejos en función de la forma del modelo elegido, por lo que nada impide que se utilicen otros métodos diferentes a los aquí descritos.

Etapas para el corte de un bolsillo interior

Determinar en primer lugar el largo de la abertura: la mano debe pasar por ella sin dificultad. Ejemplo: si la abertura debe medir al final 15 cm, dibujar una línea de 13 cm de largo, ya que los 2 cm que faltan corresponden al valor de la costura que se añade a cada lado.

Doblar las partes cortadas sobre las líneas de doblez para dejar libre la abertura del bolsillo (fig. 2).

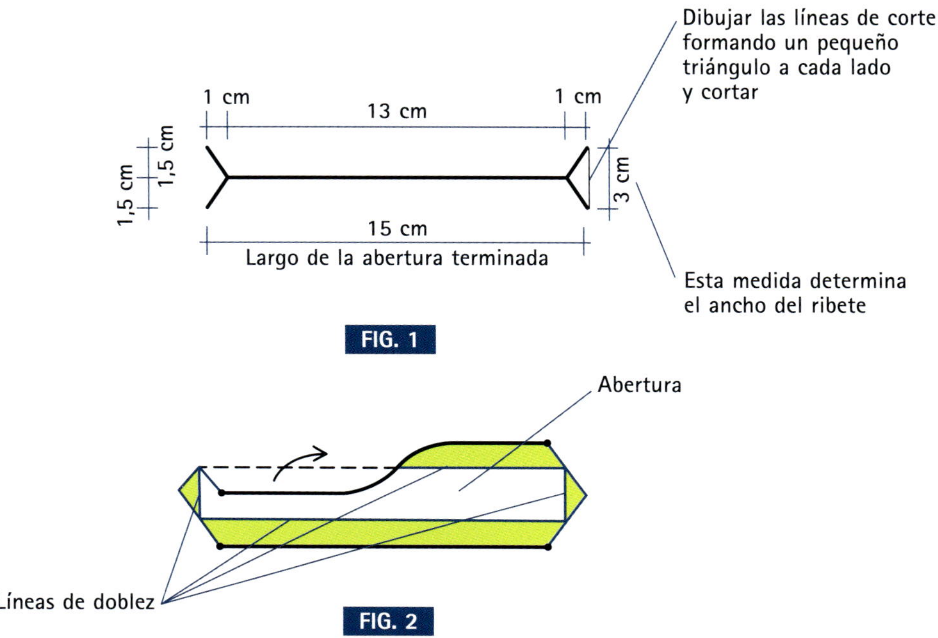

FIG. 1

FIG. 2

192

¡Cuidado!
Antes de cortar la abertura, hay que asegurarse de que las medidas sean las que se desean al terminar.

Aplicar el ribete: si es sencillo, cubre la totalidad de la abertura (fig. 3); si es doble, cada ribete (de arriba y de abajo) cubre media abertura (fig. 4).

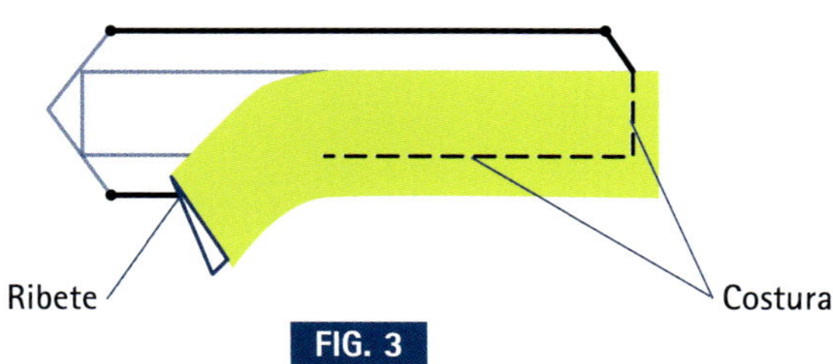

FIG. 3

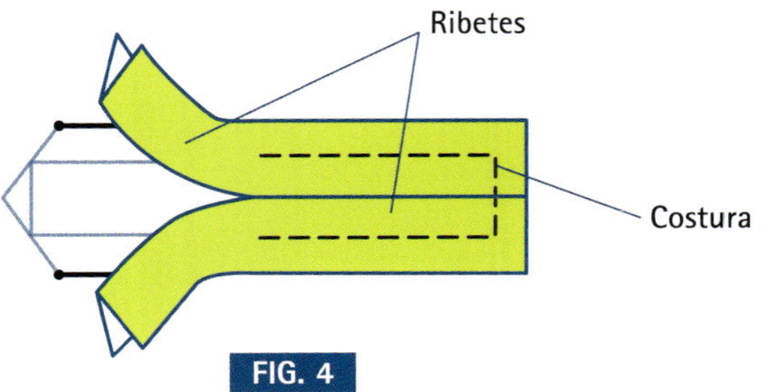

FIG. 4

Acabado

La abertura de un bolsillo practicada sobre un corte debe rematarse con un ribete o una tapeta para ocultar los bordes que quedan después de coser.

El acabado de un bolsillo depende del destino que se dé a la prenda, o del tejido utilizado.

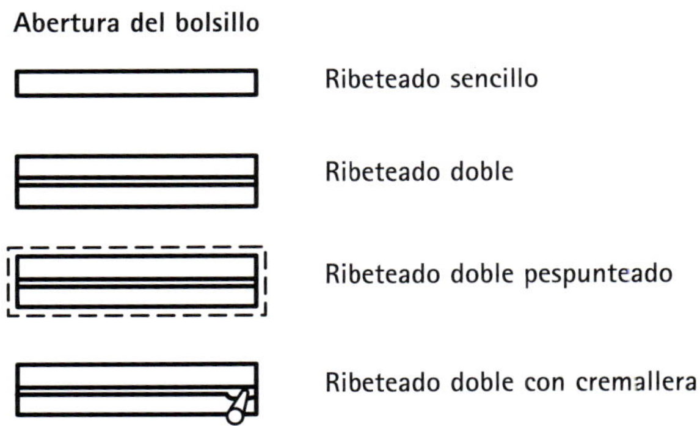

Formas para bordes de los bolsillos al bies

Cualquiera que sea el modelo del bolsillo al bies, o la prenda en la que se aplique el bolsillo, la forma del borde depende de la creatividad personal.

Distintos dibujos de bordes para bolsillos interiores

FIG. 1

El método de construcción de un bolsillo es el mismo siempre, ya se trate de una blusa, una falda, una chaqueta, un vestido o un abrigo.

Bolsillos interiores

Los bolsillos interiores, también llamados incrustados o integrados, se incorporan a una costura o a un corte.

Naturalmente, con este tipo de bolsillo no se puede personalizar una prenda o expresar creatividad, porque la parte visible que atrae la atención se reduce a la abertura. El saco del bolsillo se oculta por dentro de la prenda.

La construcción del patrón de un bolsillo interior es más compleja que la de un bolsillo aplicado y puede variar según qué emplazamiento se realice en la costura o en un corte.

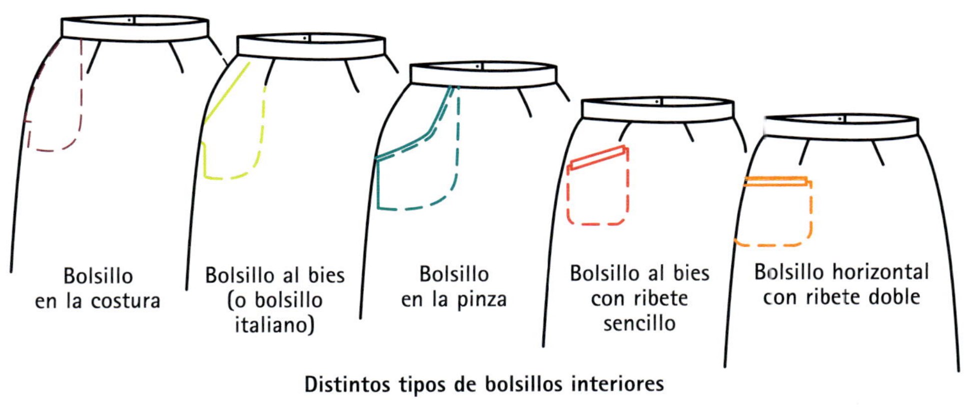

Distintos tipos de bolsillos interiores

FIG. 1

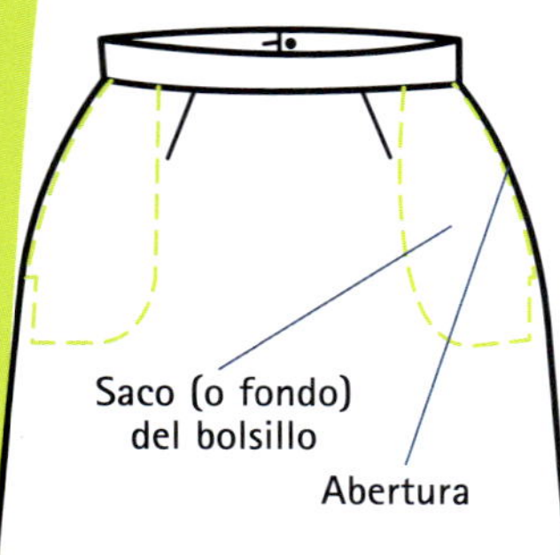

Bolsillo en la costura del costado de una falda

Modelo I

El bolsillo se sitúa en la costura del costado de la falda.

En el patrón terminado de la falda, dibujar la forma del bolsillo (fig. 1, en verde).

Marcar las muescas para indicar el emplazamiento y el ancho de la abertura (aquí, unos 12 cm).

Calcar luego la forma del saco del bolsillo (fig. 2) y dibujar también una vista (en azul). Esta vista se cortará de tela fina para que el forro no asome al abrir el bolsillo.

A continuación, separar la vista del fondo del bolsillo (fig. 3). Cortar el saco del bolsillo de tela de forro para que no abulte.

Añadir una costura de 1 cm al patrón terminado.

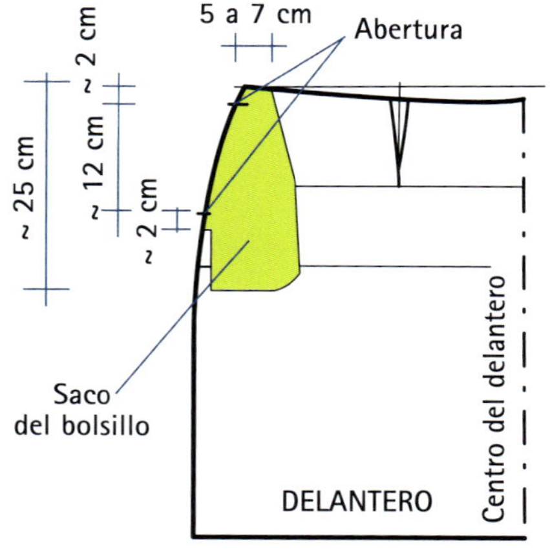

Patrón de la falda: emplazamiento del bolsillo

FIG. 1

Vista

Profundidad del saco del bolsillo (no debe pillarse en la costura porque, cuando esté lleno el bolsillo, la línea del costado de la falda se puede deformar)

Forma del bolsillo

FIG. 2

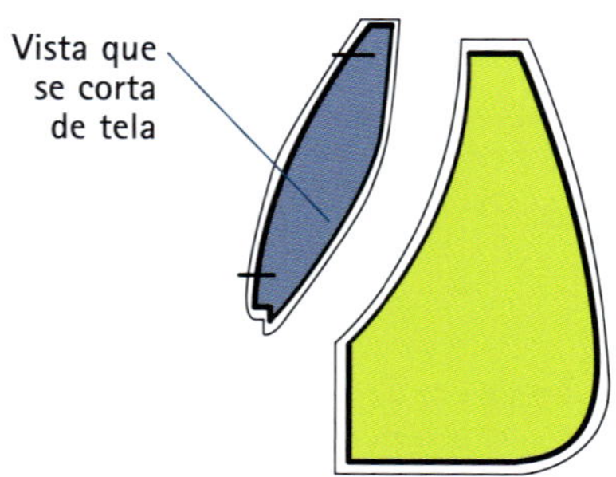

Parte de debajo del fondo del bolsillo con la vista

FIG. 3

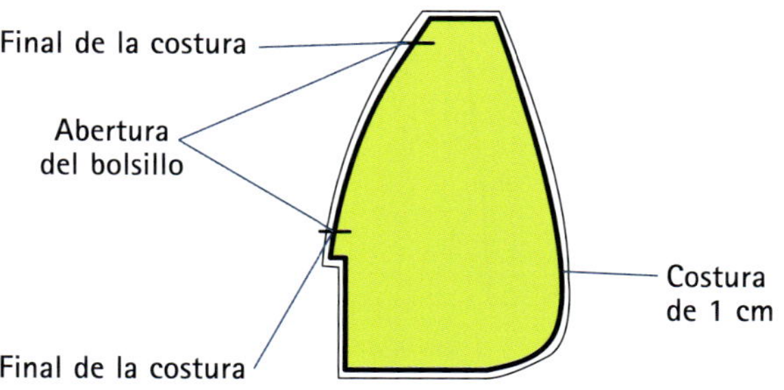

Parte de encima del fondo del bolsillo

FIG. 4

Bolsillo en un corte de la falda

Modelo 2

En general, la abertura de este modelo de bolsillo se remata con un ribete o con una tapeta que cubre las dos costuras (a una distancia de unos 2 cm) que quedan después del montaje.

Tras dibujar y cortar la abertura del bolsillo (ver páginas 192-193), dibujar la forma del saco del bolsillo en el patrón terminado de la falda (fig. 1).

Calcar la forma del saco del bolsillo (fig. 2).

Añadir una costura de 1 cm a cada parte.

Situar las muescas de referencia y las muescas de montaje.

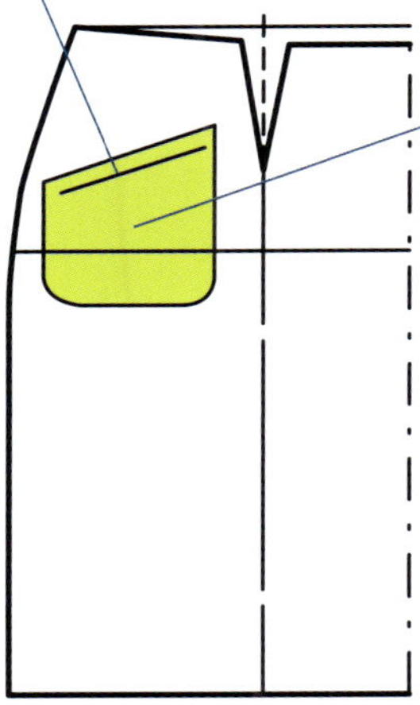

Abertura

Saco del bolsillo

Patrón del delantero de la falda: emplazamiento del bolsillo

FIG. 1

Forma del saco del bolsillo

FIG. 2

Parte de encima del bolsillo (dibujada sobre la línea de abertura)

FIG. 3

Parte de debajo del bolsillo (añadir unos 2 cm arriba de la línea de abertura)

FIG. 4

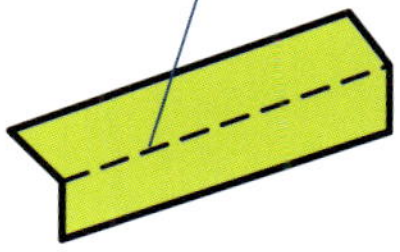

Línea de doblez

Ribete que se monta con la parte de encima del bolsillo

FIG. 5

Bolsillo en una pinza, delantero de la falda

Modelo 3

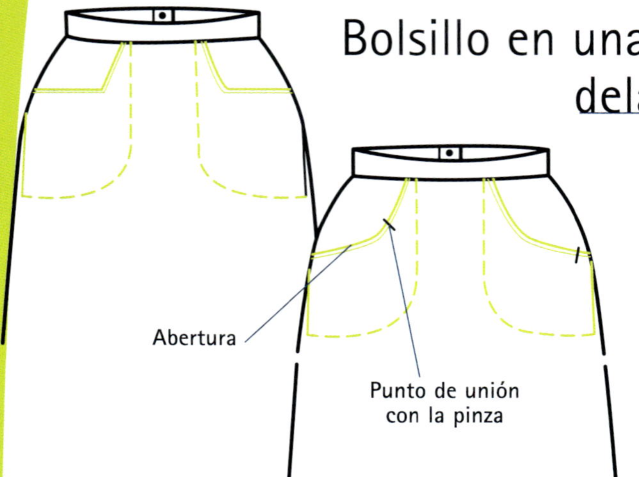

Si el modelo de bolsillo se dibuja junto a la pinza delantera de la falda, se integra entonces la pinza en la parte de debajo del bolsillo. En la figura de arriba a la izquierda se presentan dos modelos de este tipo: con el borde exterior recto y con el borde exterior redondeado.

Las etapas de construcción son iguales para los dos modelos.

En el patrón terminado de la falda, situar las dos muescas de la pinza (aparte del valor de la pinza).

Dibujar la abertura del bolsillo a partir de la 1.ª muesca (fig. 1, en naranja) y dibujar la pinza a partir de la 2.ª muesca, uniéndola con la abertura del bolsillo (línea naranja en la figura 1).

Calcar luego el dibujo del bolsillo con el costado de la falda (fig. 2).

Para mantener el valor de la pinza, que se aplicará en el bolsillo, desplazar la pinza como se indica en la figura 3. Quitar luego esa pinza.

Final de la pinza
Pinza
Valor de la pinza
Abertura
10 cm
2 cm
Línea de caderas 1
Línea de caderas 2
Saco del bolsillo
Centro del delantero
DELANTERO

FIG. 1

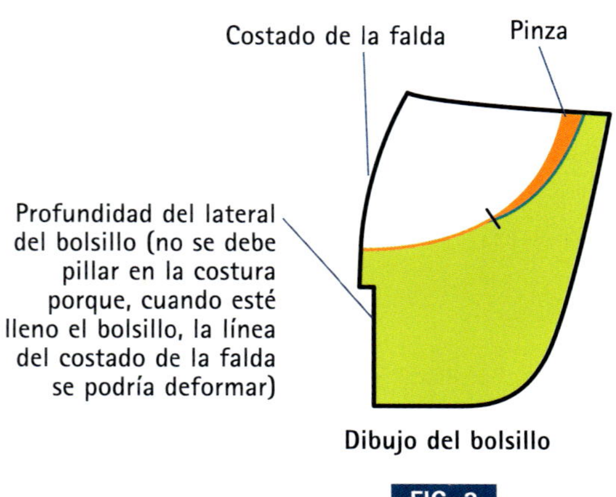

FIG. 2

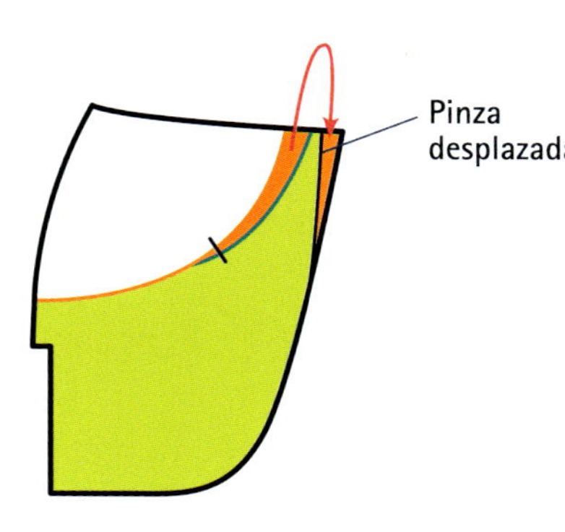

FIG. 3

En el nuevo dibujo del bolsillo, dibujar la línea de la vista. La vista con el lado corto de la falda se cortará de la misma tela de la falda para que no se vea el forro al abrirse el bolsillo (fig. 4).

Separar las dos piezas de la parte de debajo del bolsillo (lado corto con la vista y fondo del bolsillo) y añadir una costura de 1 cm alrededor de todas las partes del bolsillo (fig. 6 y fig. 7).

Situar las muescas de referencia y las muescas de montaje.

Para evitar un volumen excesivo, cortar de tela de forro la parte de encima y la de debajo del saco.

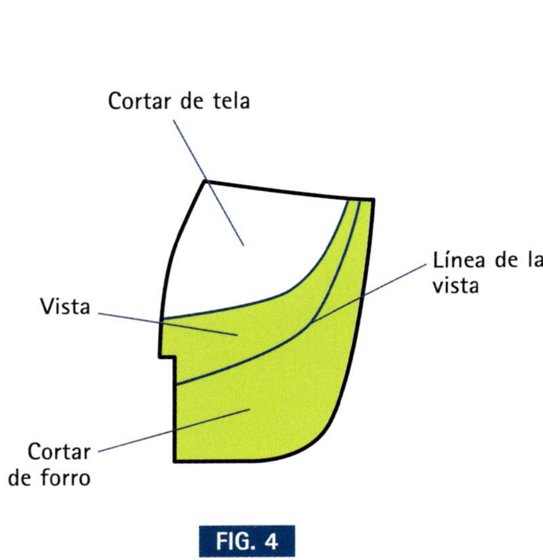

FIG. 4

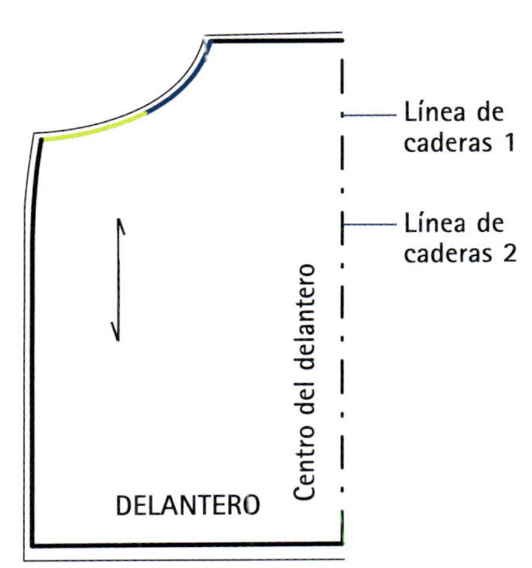

Patrón del delantero de la falda terminado

FIG. 5

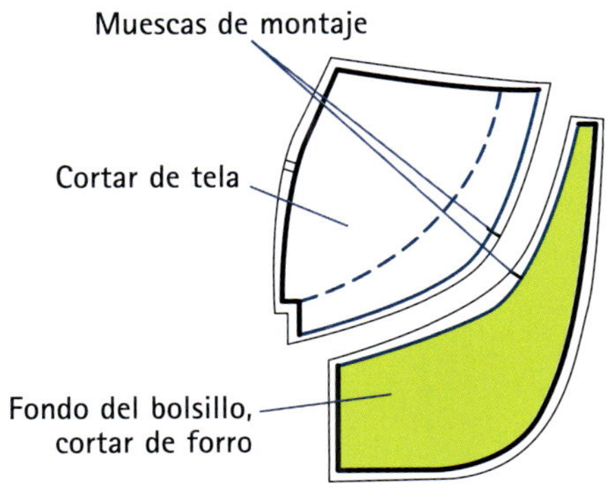

Lado corto con la vista y parte de encima del bolsillo

FIG. 6

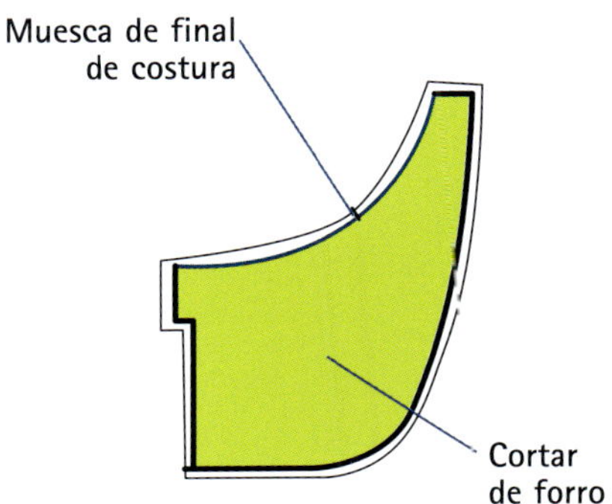

Parte de debajo del bolsillo

FIG. 7

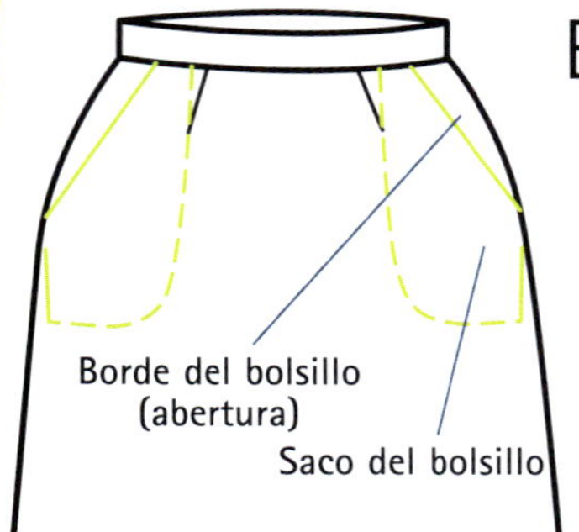

Modelo del bolsillo

Bolsillo en un corte al bies de la falda

Modelo 4

Dibujar el borde del bolsillo sobre el patrón base en el lugar deseado (fig. 1).

Calcar luego el saco del bolsillo (fig. 2).

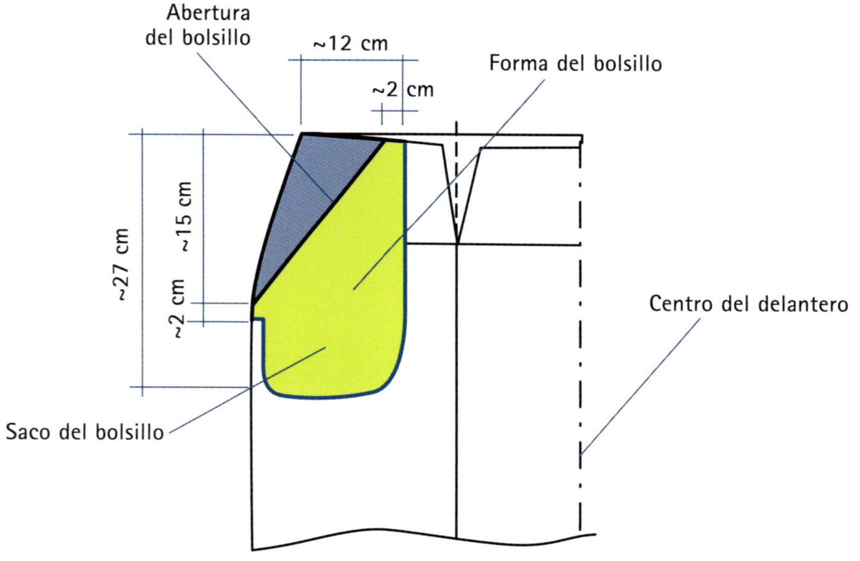

Emplazamiento del bolsillo
en el patrón base

FIG. 1

Dibujar una línea paralela a la línea de abertura, a una distancia de unos 2 a 5 cm (fig. 2), para delimitar la vista.

Calcar luego por separado todas las partes: lado corto con la vista, parte de debajo y de encima del bolsillo (fig. 3 y fig. 4).

Cortar la parte de encima y la de debajo del bolsillo de tela de forro para evitar que engrose el volumen (fig. 3 y fig. 4). Cortar la vista de la tela de la falda para que no se vea el forro cuando se abra el bolsillo. Se podría cortar además la parte de debajo del bolsillo de la tela de la falda: en ese caso, hacer el patrón de la parte de debajo del bolsillo incluyendo también la vista (que ya no es necesaria).

Añadir una costura de 1 cm.

Marcar las muescas de referencia y las muescas de montaje en el patrón terminado del bolsillo.

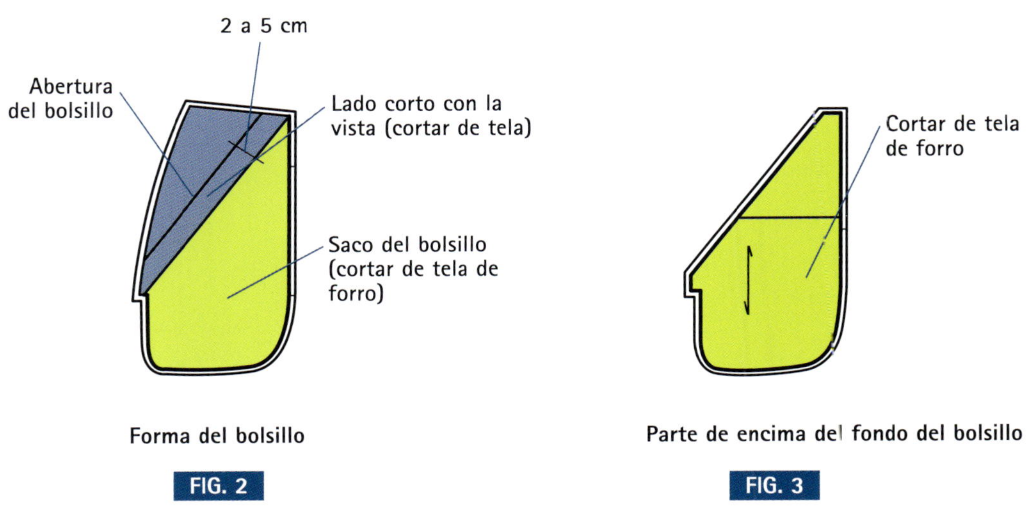

Forma del bolsillo

FIG. 2

Parte de encima del fondo del bolsillo

FIG. 3

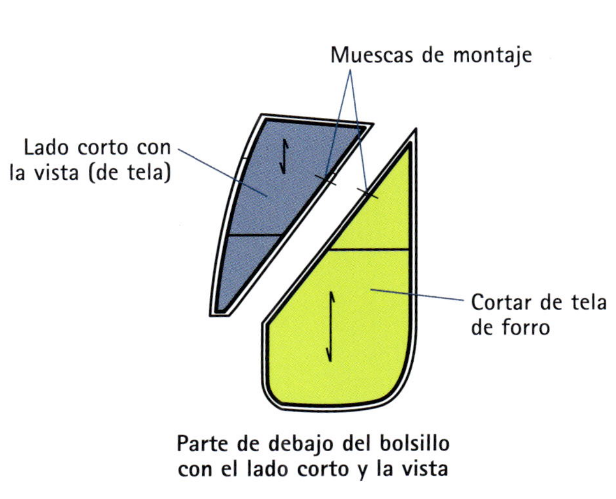

Parte de debajo del bolsillo con el lado corto y la vista

FIG. 4

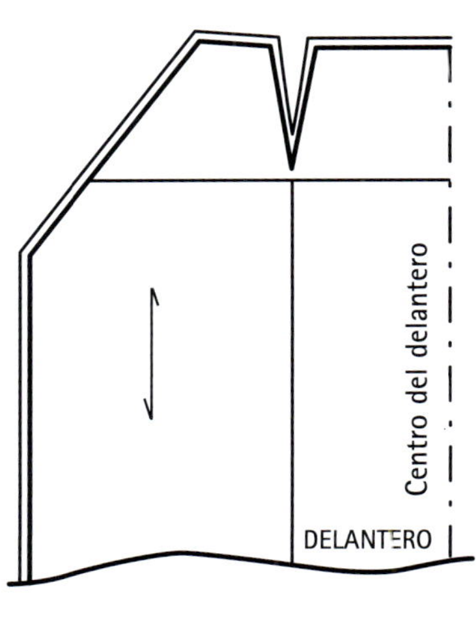

Patrón de la falda terminado

FIG. 5

Bolsillo en el corte vertical de una chaqueta

Modelo 5

En el patrón terminado del cuerpo, determinar la abertura del bolsillo (lo bastante grande para que quepa la mano) como se indica en la figura 1, y dibujar luego la forma del saco del bolsillo (fig. 1, en verde).

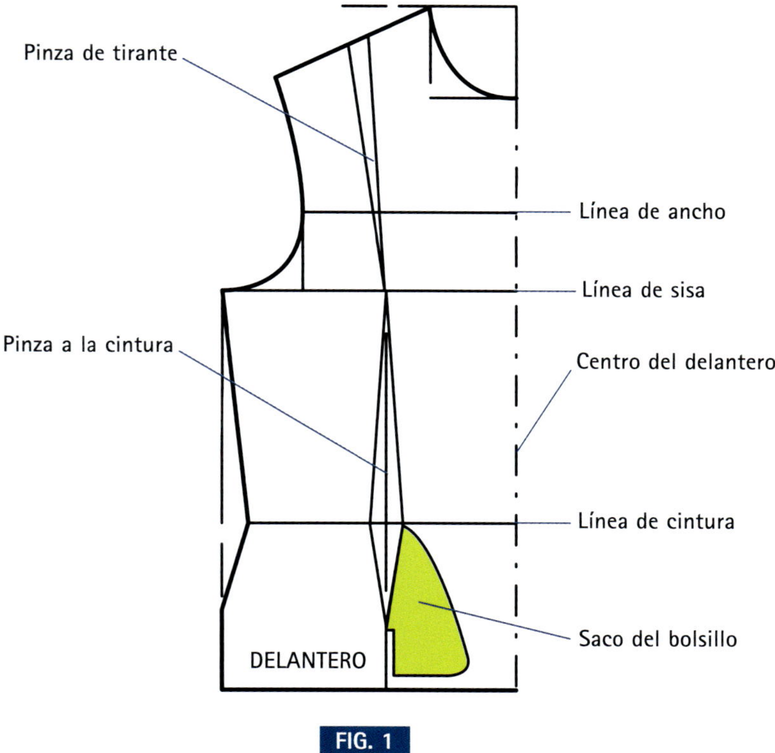

FIG. 1

Calcar la forma del bolsillo (fig. 2).

Dibujar la vista (de 2 a 3 cm de ancho): cortar de tela para que al abrir el bolsillo no se vea el forro (fig. 2, en azul).

Calcar luego todas las piezas por separado: la vista, la parte de encima y de debajo del bolsillo (fig. 3 y fig. 4).

El saco del bolsillo se debe cortar de tela de forro para evitar varias capas de tela (fig. 3 y fig. 4, en verde).

Añadir una costura de 1 cm a cada parte.

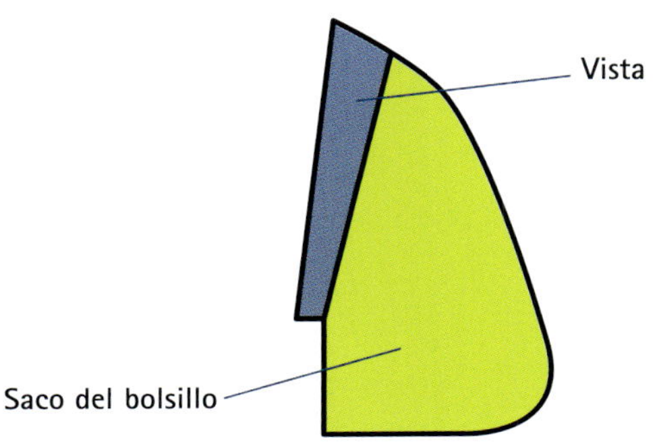

Forma del bolsillo

FIG. 2

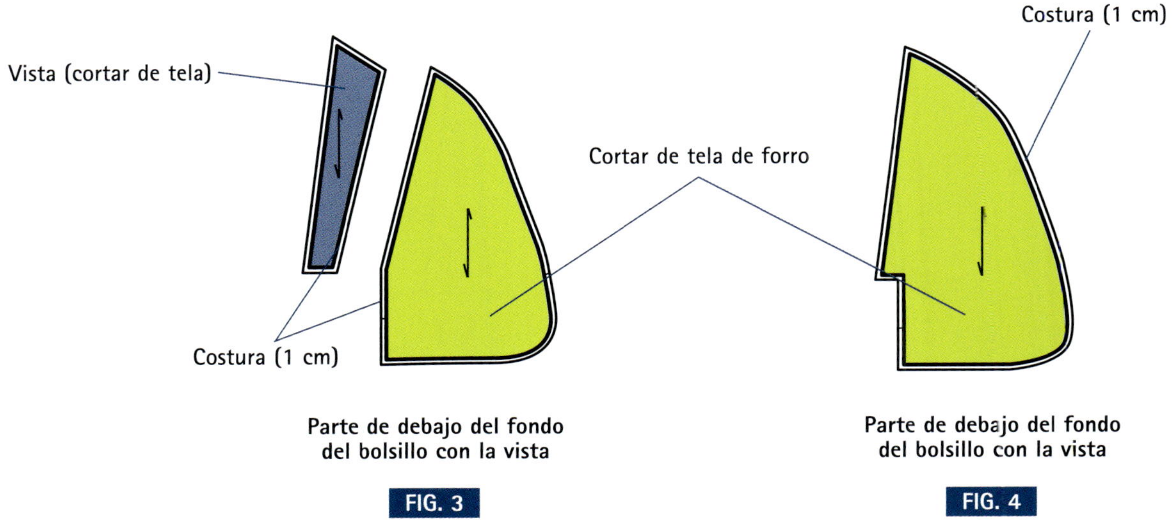

Parte de debajo del fondo del bolsillo con la vista

FIG. 3

Parte de debajo del fondo del bolsillo con la vista

FIG. 4

Bolsillo en el corte horizontal de una chaqueta

Modelo 6

Para construir este modelo de bolsillo, dibujar primero el patrón terminado del cuerpo y aplicar después las transformaciones: dibujar la línea de abertura del bolsillo y dibujar el bolsillo como se indica en la figura 1.

Calcar todas las partes (fig. 2 y fig. 3).

En este modelo el bolsillo se prevé sin ribetear, por lo que se alarga el costado delantero en un valor de vista suficiente para que no se vea la costura del fondo del bolsillo (fig. 2, en azul). La vista se habrá determinado anteriormente en el bolsillo (fig. 3).

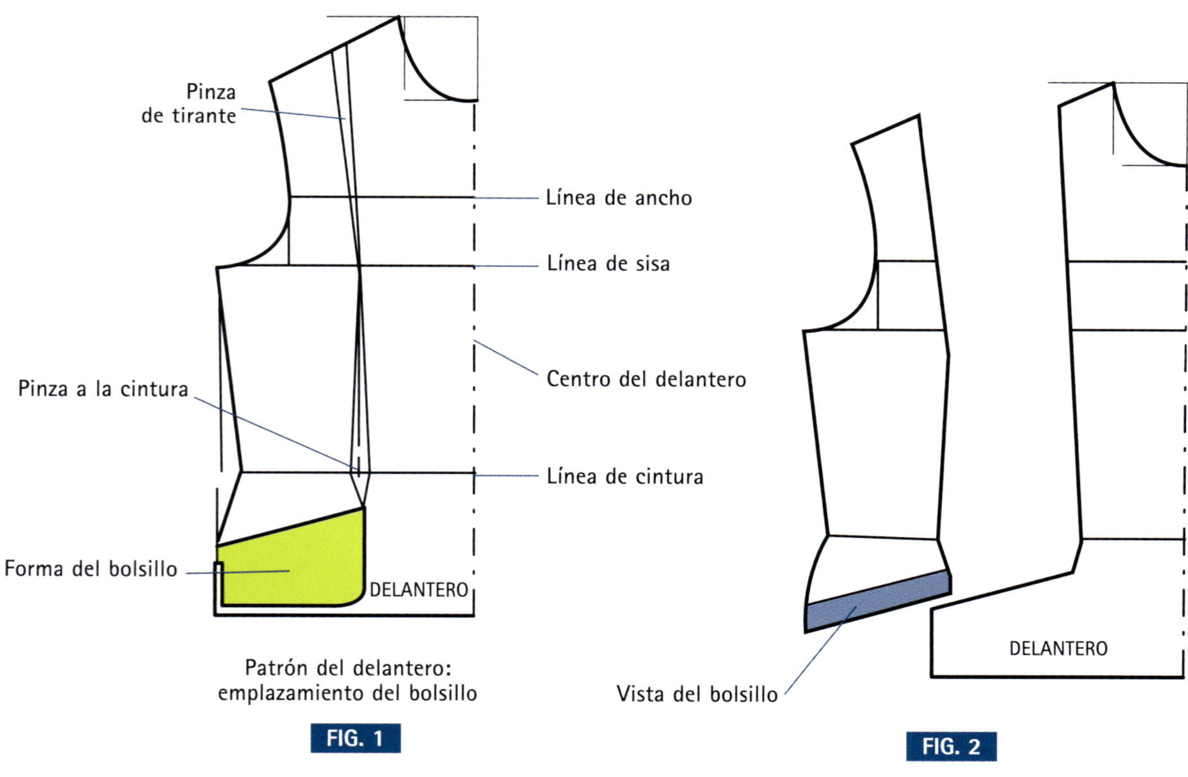

Patrón del delantero:
emplazamiento del bolsillo

FIG. 1

FIG. 2

Cortar el saco del bolsillo de tela de forro para evitar capas voluminosas.

Añadir una costura de 1 cm a cada parte.

Situar las muescas de referencia y las muescas de montaje.

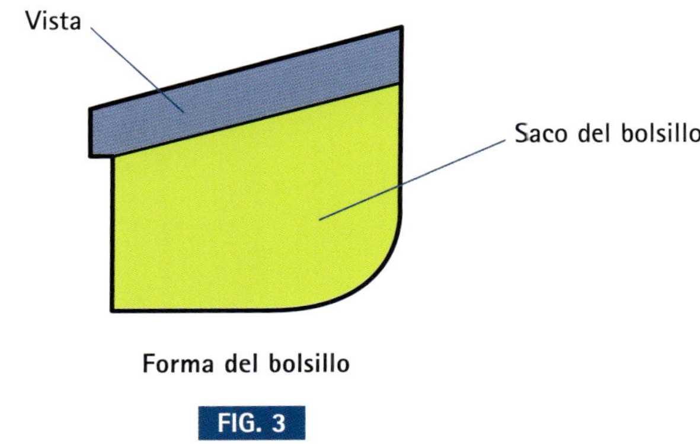

Forma del bolsillo

FIG. 3

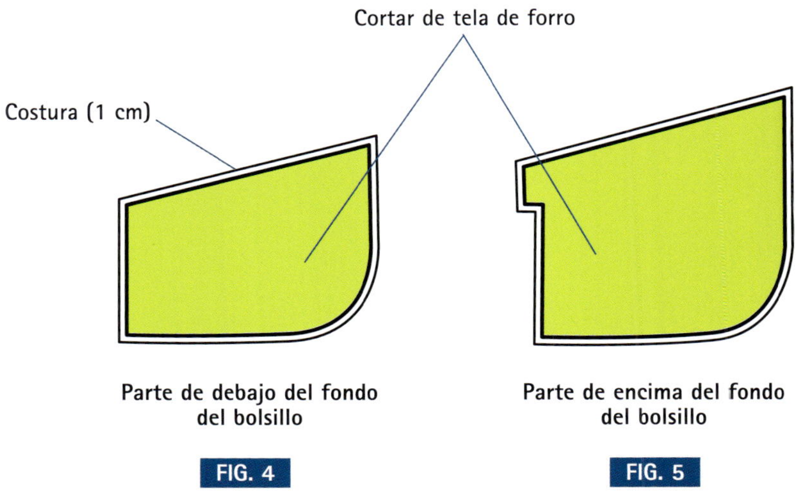

Parte de debajo del fondo del bolsillo

FIG. 4

Parte de encima del fondo del bolsillo

FIG. 5

Bolsillos aplicados

Los bolsillos aplicados se cosen directamente sobre la prenda de vestir y para situarlos no requieren más que marcar con precisión unas muescas de referencia. Se pueden construir enteramente "en plano" pero, antes de cortarlos y de aplicarlos sobre la prenda, se aconseja realizarlos en una tela (toile de prueba, por ejemplo) para controlar su volumen y su emplazamiento.

Este estilo de bolsillos permite una gran creatividad por la amplia gama de formas posibles y por las muchas posibilidades que ofrece de personalizar una prenda. Los bolsillos pueden ser decorativos o prácticos. En este último caso, se estudia bien su comodidad de uso.

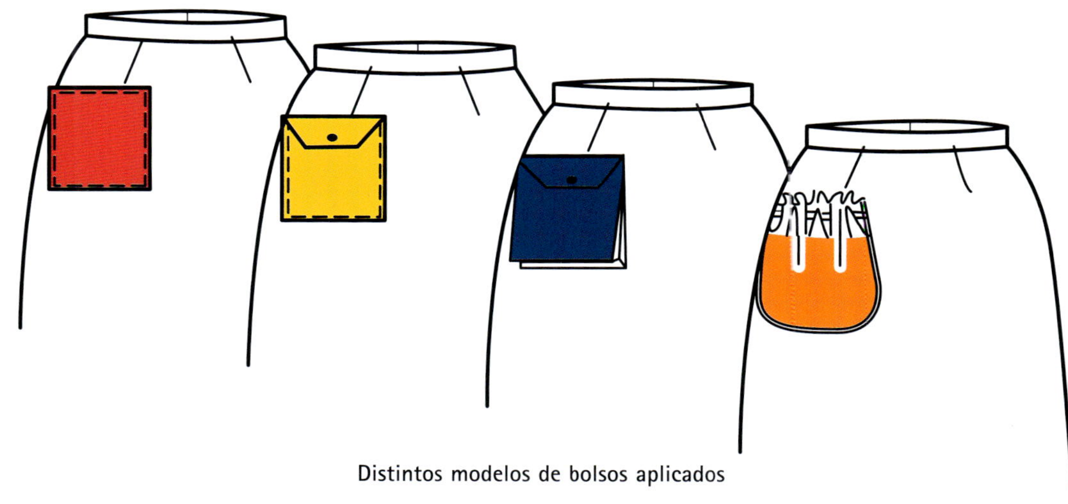

Distintos modelos de bolsos aplicados

Bolsillo con fuelle y solapa

Modelo 1

Determinar las medidas del bolsillo incluyendo una abertura por la que pase cómodamente la mano (ejemplo: un ancho de 14 a 16 cm).

Añadir el grosor que se desee para el fuelle en los lados y abajo del bolsillo (aquí, unos 4 cm, fig. 2).

Para evitar que abulte la tela en las esquinas, "rebajar" el sobrante (cortando las esquinas, ver fig. 2).

Añadir una costura de 1 cm a los lados y abajo, así como un dobladillo de 2 cm en la abertura del bolsillo.

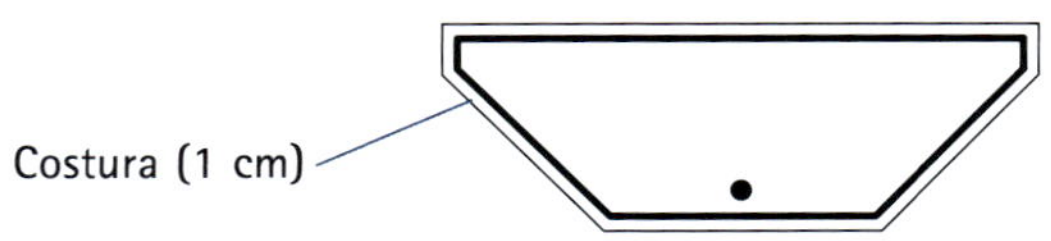

Solapa del bolsillo, cortar 2 veces

FIG. 1

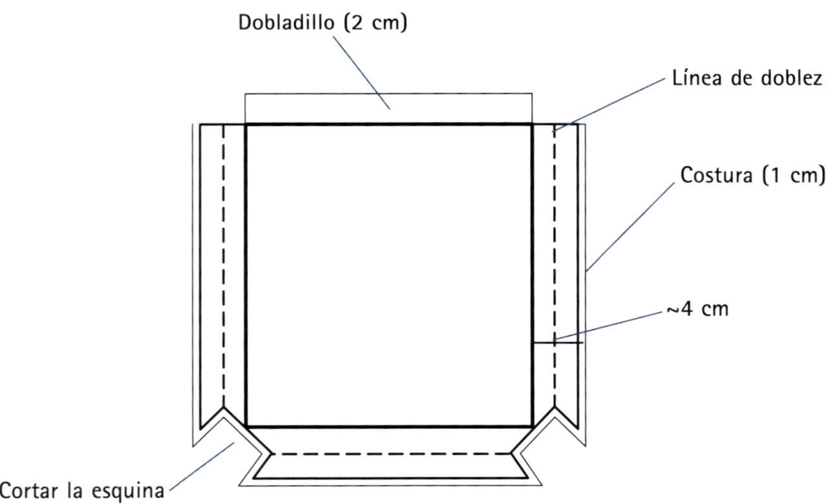

Patrón del bolsillo terminado

FIG. 2

Bolsillo de fuelle con vuelta

Modelo 2

Determinar las medidas del bolsillo incluyendo una abertura por la que pase la mano cómodamente (ejemplo: de 14 a 16 cm de ancho).

Para lograr un efecto saco en el bajo del bolsillo, hacer varios pliegues de 1 a 2 cm cada uno. Construir luego una vista de la vuelta (fig. 1).

Con un calco, copiar la vuelta a partir de la línea de doblez y añadir de 2 a 3 cm (fig. 2). Esta parte quedará pillada en la costura de arriba y del lado de la vuelta.

Marcar las muescas de referencia y de montaje y añadir una costura y un dobladillo.

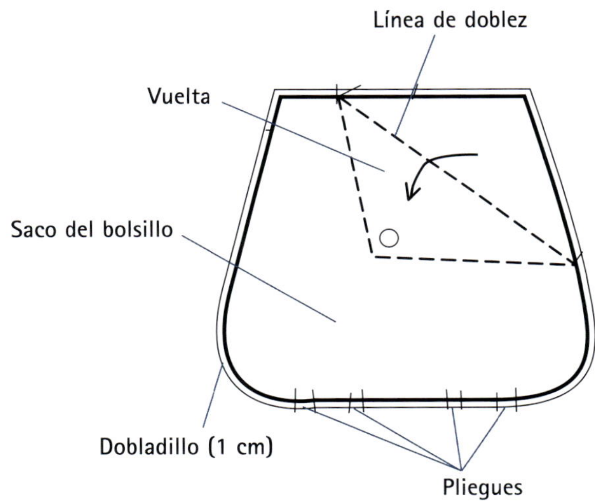

Patrón del bolsillo terminado

FIG. 1

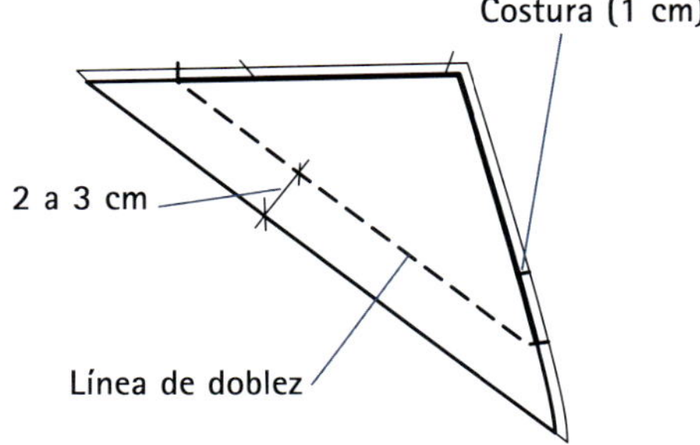

Vista de la vuelta

FIG. 2

Bolsillo de fantasía, con abertura fruncida

Modelo 3

Determinar las medidas del bolsillo con una abertura por la que pase la mano cómodamente (de 14 a 16 cm); aumentar la abertura a cada lado medio ancho del bolsillo (es decir, multiplicar el ancho por dos) para obtener los frunces cuando se cierre la abertura.

Con un calco, copiar la parte de arriba del bolsillo para hacer después una vista.

Marcar el emplazamiento de los ojales por los que se pasará la cinta de frunce.

Añadir una costura y un dobladillo.

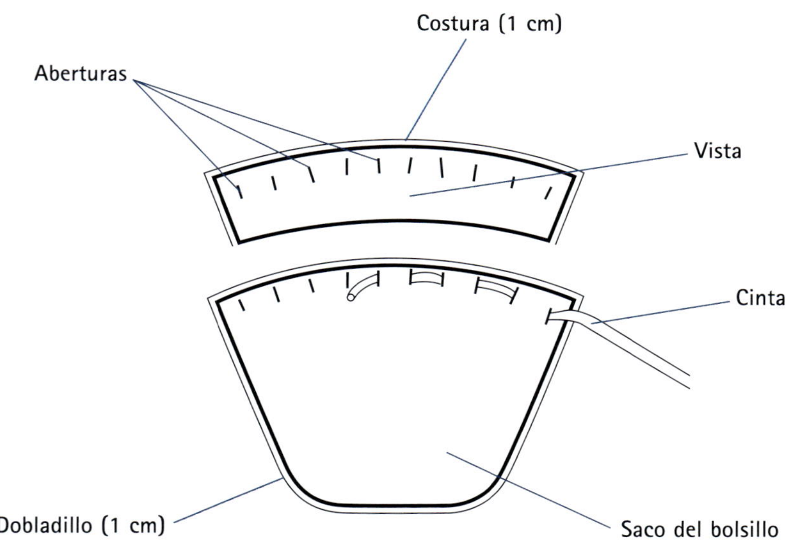

Patrón del bolsillo terminado

FIG. 1

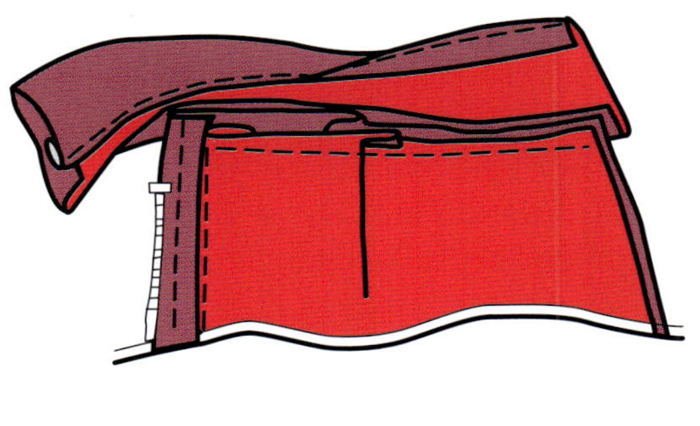

Forros

El forro de una prenda de vestir es su copia perfecta, con algunas diferencias después de ajustarlo. Todas las prendas se pueden forrar del todo o en parte, con una finalidad práctica, estética o técnica.

Con finalidad práctica:
– Para que la prenda resulte cómoda.
– Para dar cuerpo a un modelo confeccionado en una tela muy ligera.

Con finalidad estética:
– Para proporcionar a ciertas prendas de vestir un forro de fantasía que resulte decorativo (a veces, las grandes marcas utilizan forros con su logo).
– Para disimular la transparencia de ciertos modelos o para jugar con contrastes de color por transparencia.

Con finalidad técnica:
– Para que una prenda resulte más cálida, en cuyo caso el forro se hace de tejidos gruesos como lana o piel.
– Para disimular las distintas fornituras de un modelo, como ballenas u hombreras.
– Para tapar las costuras de montaje internas.

Cualquiera que sea la prenda, el forro deberá resultar cómodo y no entorpecer los movimientos del cuerpo.

Forro de una falda

Montaje del forro

En la fase de montaje, la falda y su forro se insertan al mismo tiempo en la cinturilla. Las pinzas del forro, ya estén cerradas por una costura o simplemente dobladas, deben marcarse exactamente en el mismo sitio que las de la falda para evitar posibles molestias y para que la falda y el forro tengan la misma "caída". Cuando la falda es de tejido grueso, es preferible cambiar la orientación de las pinzas de la falda y del forro.

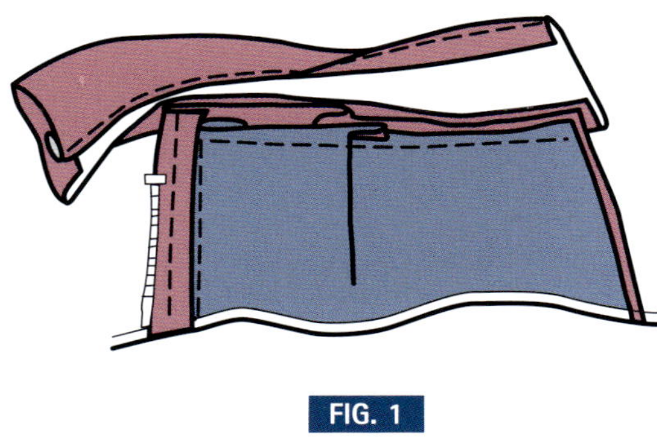

FIG. 1

FIG. 2

Forro de falda clásico

El forro de una falda recta o evasé se construye sobre el mismo patrón que el de la falda, variando únicamente el largo. En el *prêt-à-porter*, los forros de las faldas se hacen flotantes, es decir, que solamente se sujetan en la cinturilla.

En alta costura, es frecuente que el forro esté montado como una "funda", es decir, que también se sujete con una costura en el dobladillo.

FIG. 3

Forro de una falda de vuelo

El forro de una falda de vuelo (en redondo, plisada...) no se corta con el mismo patrón que la falda para que quede más cómodo: se realiza sobre la base del patrón de una falda evasé y, a veces, se le hacen unas aberturas en los costados para que no moleste al andar.

FIG. 4

Forro de una falda larga

En el caso de las faldas largas es mejor no realizar el forro del mismo largo que la falda para mantener la fluidez de la parte baja. El forro se hace sobre el patrón de una falda recta hasta las rodillas y, a veces, con aberturas en los costados.

Forro de una chaqueta o de un abrigo

Para combinar el forro con la prenda de vestir y para que resulte cómodo, hay que hacerle ciertas modificaciones al patrón del cuerpo terminado antes de realizar el patrón del forro.

1. Eliminar la vista del patrón terminado (fig. 1, en violeta). La vista se cortará luego de la tela de la prenda.

2. En la línea de centro de la espalda, ensanchar de 2 a 3 cm el patrón para hacer lo que se llama pliegue de comodidad; se hará, en forma de pliegue aplastado o hacia dentro, arriba en la vista y abajo en el dobladillo.

3. Si la prenda lleva hombreras, eliminar en el patrón del forro el grosor de las hombreras (fig. 1, en verde).

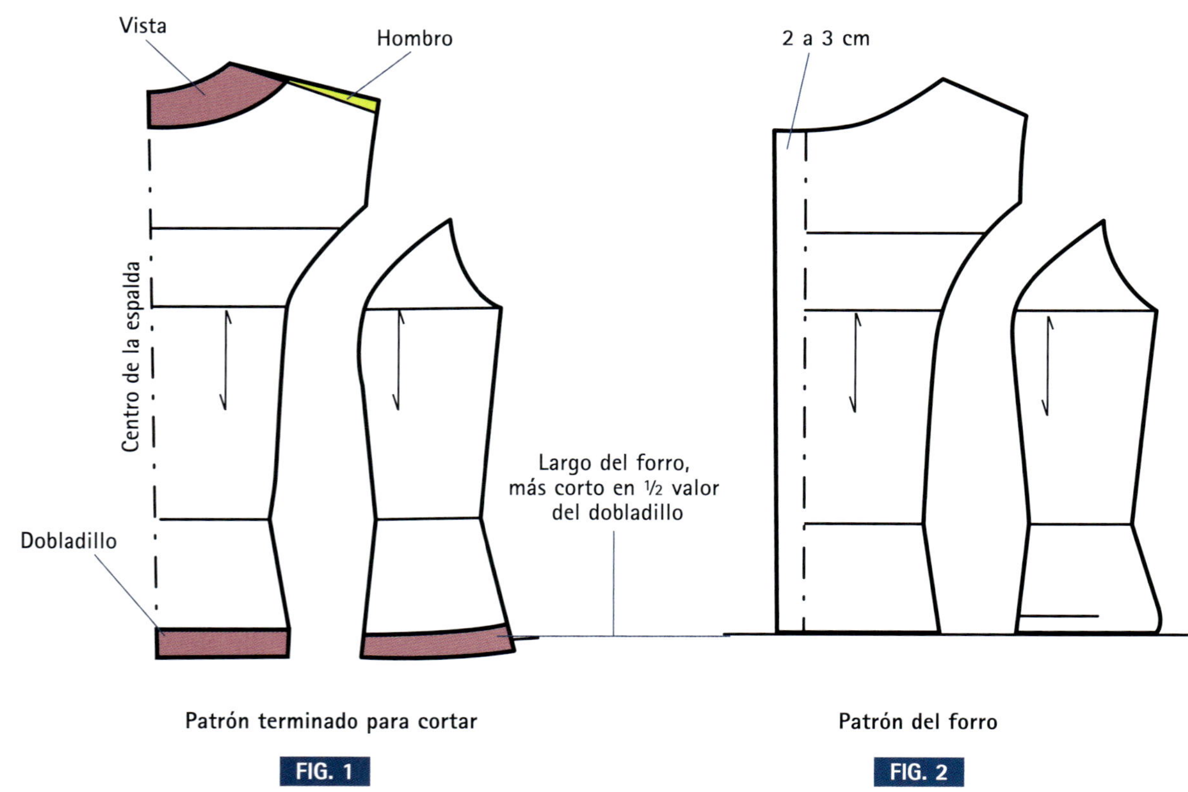

Patrón terminado para cortar

FIG. 1

Patrón del forro

FIG. 2

Acortar el largo del forro restándole la mitad del ancho del dobladillo. Ejemplo: ancho del dobladillo: 5 cm ; 5 : 2 = 2,5 cm; el largo del forro será en este caso 2,5 cm más corto que el largo de la prenda (fig. 1 y fig. 2).

Para una prenda forrada, prever un dobladillo de 3 cm mínimo para que el forro no sobresalga por debajo de la prenda una vez añadida la holgura de comodidad (fig. 4).

Añadir una costura de 1 cm.

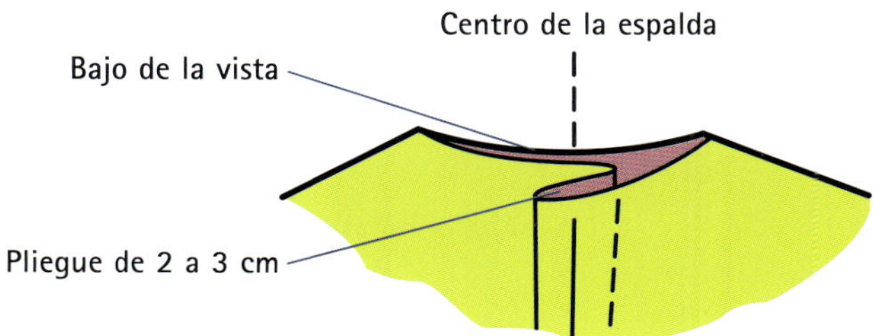

Pliegue del forro en el centro de la espalda

FIG. 3

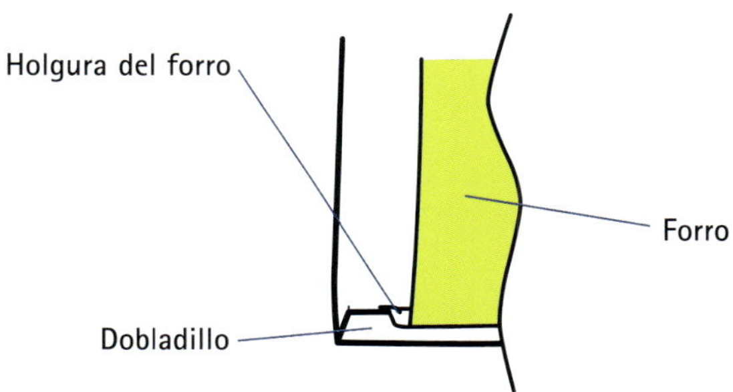

"Holgura" del forro debajo de la prenda

FIG. 4

Secciones de la costura

Cada patrón terminado debe incluir cierto número de indicaciones útiles para las siguientes etapas de realización de la prenda. Entre esas indicaciones se encuentran las secciones de las costuras que sirven para montar la prenda. En este libro se proponen las secciones de base más utilizadas en la confección.

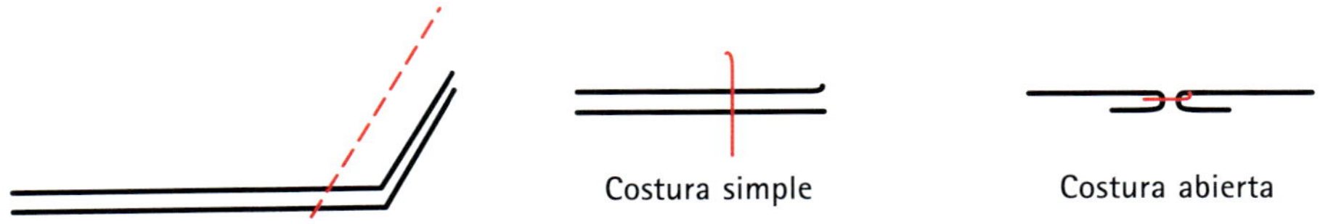

Costura simple

Costura abierta

FIG. 1

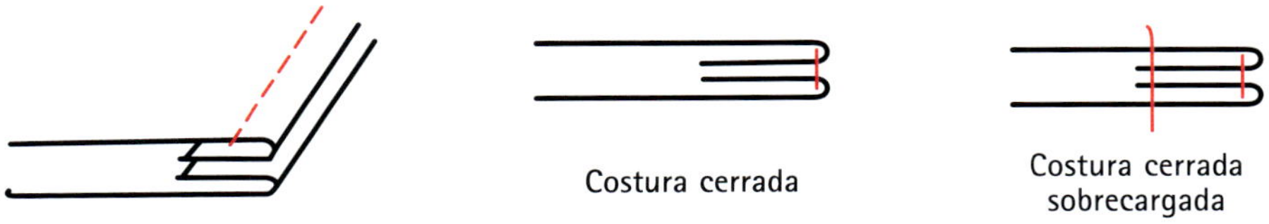

Costura cerrada

Costura cerrada sobrecargada

FIG. 2

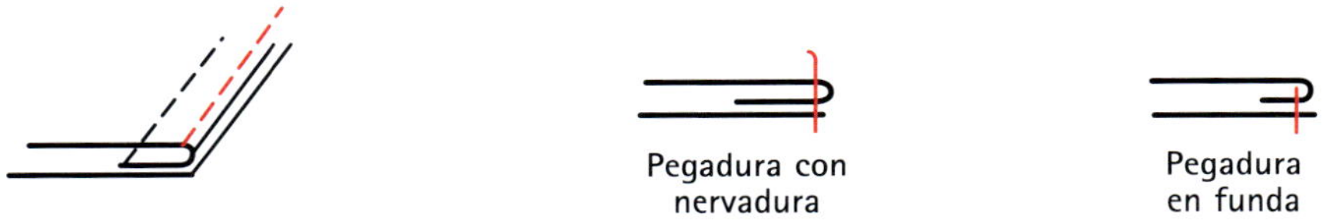

Pegadura con nervadura

Pegadura en funda

FIG. 3

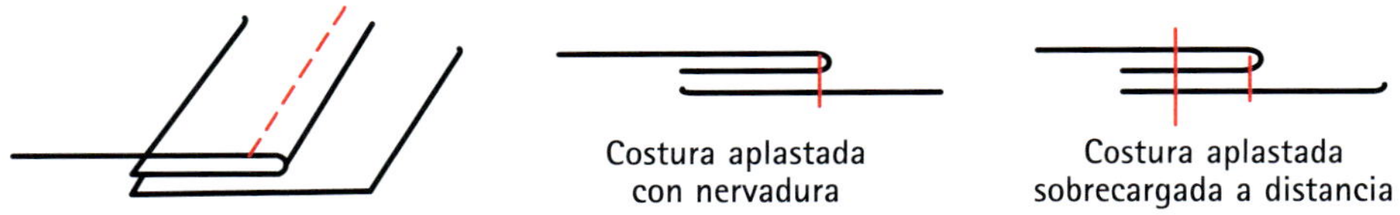

Costura aplastada con nervadura

Costura aplastada sobrecargada a distancia

FIG. 4

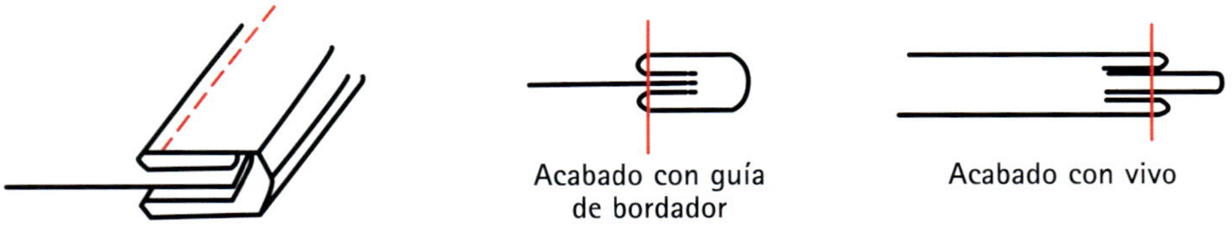

Acabado con guía de bordador

Acabado con vivo

FIG. 5

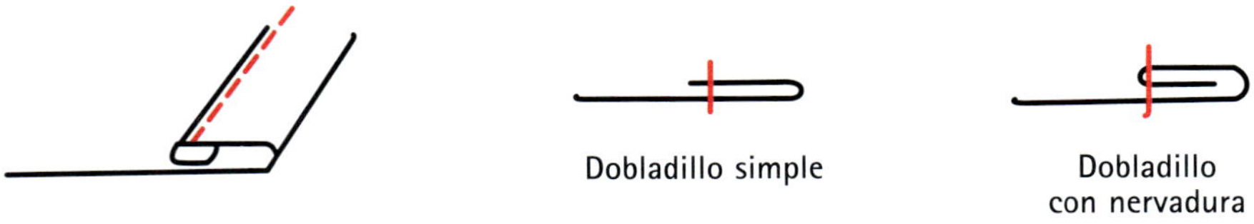

Dobladillo simple

Dobladillo con nervadura

FIG. 6

Diccionario de costura

Acampanar Dar amplitud a una parte de una prenda (por ejemplo, al bajo de una falda).

Ajustar Adaptar la prenda a las medidas deseadas. / Marcar la forma de una línea.

Altura del tiro (pantalón) Largo exterior de las piernas, desde la cintura hasta la línea de tiro entre las piernas.

Amplitud Volumen que se da a la prenda en parte o en su totalidad.

Aplicar Colocar y fijar un trozo de tejido o un accesorio sobre otro tejido.

Automático Sistema de abrochado de una prenda, compuesto por dos piezas de metal o de plástico que encajan una en otra.

Ballena Tira de metal o de plástico flexible que permite reforzar y mantener una parte de la prenda.

Bascular Volver a equilibrar una pieza de una prenda cambiando el hilo de la tela.

Bies Bisectriz del ángulo recto formado por el hilo de trama y el hilo de urdimbre. / Galón de fornitura cortado en el eje de esa bisectriz (45°). / El falso bies se refiere a un corte realizado en un ángulo distinto de 45°.

Bolsillo Añadido de tela en forma de saquito, por el derecho o por el revés de una prenda.

Botón Pequeña pieza de metal, madera, etc., que sirve para abrochar las prendas.

Caída Estado de equilibrio de una prenda respecto al hilo de la tela (hilo de trama o hilo de urdimbre, que deben quedar perpendiculares o paralelos al suelo). / Aspecto de una prenda de vestir sobre el cuerpo debido a un buen corte y unas pruebas bien hechas.

Caída del cuello Parte del cuello que se vuelve y cae sobre la prenda.

Canesú Pieza que se añade a una prenda, marcada por una costura, para obtener un efecto decorativo o un estilo particular.

Ceñir Eliminar la holgura de una prenda a la altura de la cintura mediante costuras.

Costura de doblado *ver* Doblez.

Corte Línea de forma particular que se ejecuta con fines decorativos o prácticos.

Cremallera Dispositivo de cierre formado por dos partes que engranan mediante un cursor.

Cruce Tapilla que se añade por fuera del eje y en la que se colocará la botonadura de una prenda.

Cuello Parte de tela que se añade en torno al escote y que rodea el cuello y/o el escote.

Dar cortes (piquetes) Realizar pequeños cortes a lo largo de una costura para darle más flexibilidad (ejemplo: en una curva, en un ángulo).

Diseño En moda, concepción y construcción de la forma de una prenda de vestir, partiendo del dibujo de un modelo y aplicando la técnica de patronaje en plano o la de modelado.

Dobladillo Acabado del borde de una prenda que consiste en doblar sobre el revés el sobrante de tela.

Doblez Parte de una tela doblada.

Drapear Disponer un tejido de forma armoniosa en pliegues suaves e irregulares.

Ensanchamiento u **Holgura** Ancho, flexibilidad y volumen que se añaden a la prenda de base para hacerla más cómoda.

Entrepierna Largo interior de las piernas, medido desde el tiro hasta el suelo.

Escote Línea de cuello ampliada para lograr mayor comodidad o un efecto decorativo. Abertura arriba del cuerpo para pasar por ella la cabeza; línea curva situada a ras del cuello.

Faldón Parte de la prenda que nace en la cintura y desciende hasta las caderas.

Forro Copia de una prenda cortada en una tela por lo general más fina, que se fija por el revés de la prenda para ocultar las costuras interiores, para darle cuerpo o hacerla más abrigada.

Frunce Estrechamiento de una tela a lo largo de un hilo para reducir el ancho de una parte de una prenda.

Fuelle Trozo de tela que se coloca debajo del brazo para dar holgura a una manga kimono.

Funda (como una funda) Colocar dos piezas de tela derecho con derecho y hacer una costura alrededor reservando una abertura para volver del derecho.

Godet Falso pliegue formado por un corte al bies o por el añadido de una pieza de tela en forma de triángulo, a una falda para ensanchar el bajo.

Gradación Fiel reproducción de un patrón base en otras tallas superiores o inferiores.

Hilo de una tela Sentido del hilo de tejido; el hilo de trama es perpendicular a los orillos; el hilo de urdimbre, paralelo a los orillos.

Holgura *ver* Ensanchamiento.

Hombrera Almohadilla en forma de semicírculo que se coloca en el hombro, en el borde de la sisa, para dar volumen al ancho y subir la línea de los hombros.

Inglete Corte dado en diagonal en una esquina en la que se unen dos piezas de tela, para reducir volumen.

Integrado Término que indica que la parte mencionada forma parte de la prenda, por oposición al término "añadido" o postizo (por ejemplo: el cuello esmoquin es un cuello integrado).

Línea de doblez Línea sobre la que se vuelve una parte de la tela (por ejemplo: en una solapa).

Margen de embebido Medida suplementaria que se añade a la parte redondeada de la corona de la manga, necesaria para la curva natural del brazo.

Montar Encajar las distintas partes de una prenda (por ejemplo: montar una manga en torno a la sisa).

Muesca de montaje Pequeño corte que se da en el borde de una pieza de la prenda y que sirve de unión para mantener una buena caída y equilibrio en la construcción.

Muesca de referencia Pequeño corte que se da en el borde de una pieza del patrón y que permite casarla.

Nesga *ver* Fuelle.

Ojal Hendidura practicada a mano o a máquina en una prenda para permitir el paso de un botón.

Orillo Borde de un tejido formado por la vuelta de los hilos de trama.

Patrón Modelo de papel, cartón o toile que sirve de base para cortar una prenda de vestir.

Patronaje Técnica de realización del patrón de una prenda, desde el estudio del modelo hasta el dibujo sobre plano del patrón terminado.

Pinza Pliegue que se cose por el revés para ajustar una prenda.

Presilla Pequeña anilla de hilos trenzados o de tela que se fija en el borde de una prenda para permitir el paso de un botón.

Puño Parte baja de una manga larga terminada por una vuelta, un dobladillo o un añadido.

Rebajar Aumentar la profundidad de una pinza o de una costura. Recortar un escote o una sisa.

Regla de curvas Regla que se utiliza para dibujar curvas.

Ribete Tira de tela al bies que sobresale de un borde. Se utiliza para adornar ojales y bolsillos.

Sobre doblez Término que se indica en el centro sin costura de una pieza del patrón y que se dibuja por la mitad. El centro de la pieza se coloca sobre el doblez, al hilo de la tela.

Solapa Pieza de una prenda forrada que puede doblarse.

Tapeta Pieza de tela añadida que sirve para disimular una abertura.

Tapeta escondida (botonadura) Sistema de abrochado de una prenda compuesto por ojales invisibles bajo una tira de tela añadida.

Tijeras Herramienta de corte formada por dos cuchillas móviles con filo por dentro.

Tirilla del cuello Parte del cuello montada sobre el escote.

Tiro Línea que divide la parte izquierda y la derecha de las caderas 2, desde el centro de la espalda en la cintura hasta el centro del delantero en la cintura, y que pasa por la entrepierna.

Trama *ver* Hilo de una tela.

Vista Pieza de tela que forra un cuello, una vuelta, etc., para darle buen acabado. Si se coloca en el revés de una vuelta, esta se vuelve sobre el derecho.

Vista integrada Se dice de una pieza añadida por dentro de una prenda y con la misma forma que el original, como por ejemplo una cinturilla o una vista.

Volante Banda de tela añadida que puede ir fruncida, plisada, al bies, en forma de círculo o de espiral.

Vuelta Tira de tela doblada hacia el derecho (por ejemplo: el bajo de un pantalón, el bajo de una manga o una parte del escote delantero sobre la que se cose una vista para formar la vuelta de un cuello).

Zona plana En patronaje, se designa así a la parte que rodea una costura y que se corta al bies para evitar que se marque una punta en la costura después del montaje.

Índice de contenido

OTROS TÍTULOS PUBLICADOS

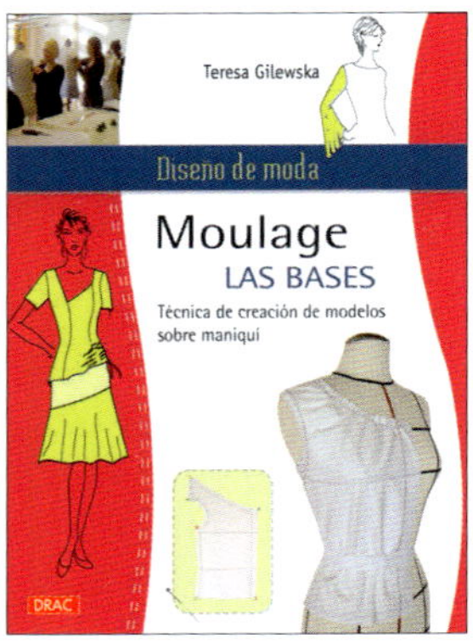

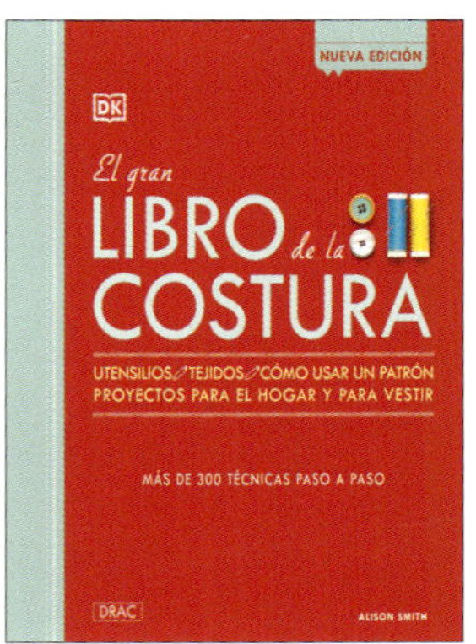